国際比較 若者のキャリア

日本・韓国・イタリア・カナダの雇用・ジェンダー・政策

岩上真珠 編

酒井計史
大槻奈巳
宮本みち子
裵 智恵
平田周一
土屋淳二
C.ブッツィ
P.ペーリ
E.ロネル
F.サルトーリ
I.ペング
M.モイザー

新曜社

共同研究者として多大な貢献をしていただいた，
岡本英雄先生が2009年9月11日に，また
平田周一先生が2012年1月19日に逝去されました。
ここに謹んで本書を捧げます。

執筆者一同

2015年1月

目　次

はじめに　（岩上　真珠）　v

Ⅰ　国際比較の目的と方法　1

序章
グローバル化時代における若者のキャリア形成 …… 岩上　真珠　3
  1. 若者の社会的位置の変化
  2. グローバル化と格差
  3. 初期キャリア形成の変容
  4. 本書のねらいと構成

第1章
4ヵ国調査の概要 ……………………………… 岩上　真珠　15
―――日本・韓国・イタリア・カナダの国際比較　　酒井　計史
  1. 調査設計
  2. 対象者と対象地の選定
  3. 調査方法
  4. 4ヵ国の調査結果

Ⅱ　日本と韓国　33

第2章
初期キャリア形成におけるジェンダー格差 ……… 岩上　真珠　35
  はじめに
  1. 離家
  2. 仕事
  3. 結婚
  4. 年収・意欲
  5. ジェンダー格差の4ヵ国比較

第3章
学校から仕事への移行 ……………………………… 酒井　計史　49
　　——正規雇用と勤続に与える影響
　1. 日本的典型移行とは
　2. 学校から初職への移行の実態
　3. 初職の就業形態と「典型移行」
　4. 初職正規雇用の規定要因
　　　——「学校の紹介」または「間断なき移行」をめぐって
　5. 初職正規雇用の勤続の規定要因
　6. まとめと考察——若者と女性の雇用機会をめぐって

第4章
若者の仕事観とジェンダー意識 ………………………… 大槻　奈巳　71
　1. 不透明な時代の仕事観とジェンダー意識
　2. 雇用，仕事観，ジェンダー意識の関連（クロス集計）
　3. 仕事観とジェンダー意識に影響する諸要因（重回帰分析）
　4. 韓国・イタリア・カナダの傾向
　5. 4ヵ国若者の仕事観とジェンダー意識
　6. まとめ

第5章
日本の若者政策：現状と課題 ………………………… 宮本　みち子　90
　はじめに
　1. 日本の若者の現状
　2. 若者の雇用問題の発生と雇用政策の展開
　3. 成人移行期政策としての少子化対策
　4. 若者の自立支援政策の展開
　5. 若年雇用対策から若者総合政策へ

第6章
韓国の若者政策：現状と課題 ………………………… 裵　智恵　111
　はじめに
　1. 韓国の若者がおかれている現状とキャリア形成
　2. 通過儀礼としての兵役
　3. 若者政策の現状と課題
　4. 結　論

目次

第 7 章
日韓の若者にみる非正規雇用とジェンダー ……… 平田　周一　130
　1. 韓国と日本
　2. 就業とジェンダーの日韓比較
　3. 韓国と日本の学歴社会
　4. 日韓若者の正規／非正規雇用とジェンダー
　5. 日韓若者の就業，教育，ジェンダーの相互関係（多項ロジット分析）
　6. 結　論

　Ⅲ　イタリアとカナダ　147

第 8 章
イタリアの若者政策：現状と課題 ……………………… 土屋　淳二　149
　はじめに
　1.「社会問題」としての「若者」
　2. 若者政策と雇用支援

第 9 章
成人移行期にみる若者の自立問題 …………… カルロ・ブッツィ　174
　──イタリアの家族関係のあり方
　1. イタリアの成人期移行をめぐって
　2. 親と同居する若者類型の分析
　3. 新しい家族の形成
　4. まとめ

第 10 章
就職と学歴 ……………………………………… ピエランジェロ・ペーリ　185
　──ミラノの若者を事例として　　　　　　　エンツォ・ロネル
　1. 雇用環境の変化
　2. 学校から仕事への移行
　3. 就職活動
　4. 仕事の満足感
　5. まとめ

第 11 章
イタリア女性にみる仕事観 ……… フランチェスカ・サルトーリ 198
　──ジェンダー問題を中心として
1. 将来の進路選択と展望
2. 仕事と家族にみるジェンダー意識
3. 仕事の選択と満足感
4. まとめ

第 12 章
トロントの若者にみるキャリアと家族形成 …… イト・ペング 210
　　　　　　　　　　　　　　　　　　　　　　　メリッサ・モイザー
はじめに
1. 先行研究の概観
2. トロント調査の概要と目的
3. トロントの若者のキャリア形成と成人期移行の実態
4. 調査結果の要約
5. 結　論

付録　調査票「若年者の家族・キャリア形成に関する国際比較研究調査」　237

装幀・図版制作　谷崎文子

はじめに

　若者の未婚化や長期の親元同居がいわれるようになって久しい。たしかに，「大人になる」道筋と「大人になる」時期は，1990年代以降大きく様変わりしてきた。その背景の1つには，景気の低迷とかつてない就職難，また急速に進んだ雇用の流動化のなかで非正規雇用などの不安定就労の広がりがあったことは否めない。未婚化，長期親元同居，就職難，就労の不安定化および若者の貧困の問題は，日本に限らず，80年代以降のグローバル化のなかで欧米の若者の多くも経験してきた。日本だけでなく世界的な趨勢といわれる，さまざまな危機に直面している「移行期の若者（Transition in Youth）」への着目と関心が，まず本書の基本的な研究課題である。
　さらに，そこでのジェンダー格差が，より注目すべき重点課題として設定された。なぜなら，たとえば就職への動機づけや実際に望んでいる職種や職業上のキャリアは，社会のジェンダー構造に強く規定されているとおもわれるからである。実際，女子の非正規就労に対しては反応の鈍かった世論が，雇用の流動化と男子の非正規就労化には敏感に反応した。それは，男性の安定的な終身雇用と女性の結婚後の家庭役割重視という，これまでの日本社会の「大人の標準的ライフコース」図式がもはや成り立たない時代に入ったことを，明確に認識せざるを得ない事態であったからであろう。制度的であれ非制度的であれ，社会のジェンダー構造は各国で差がある。そこでわれわれは，この点に関して，国際比較によって課題を浮き彫りにすることを試みた。取り上げた国は，韓国，イタリア，カナダである。韓国，イタリアは，日本と同様，未婚・少子化が進み，かつ比較的ジェンダー格差も大きいとされる。カナダは，日本，韓国，イタリアとは，そうした事情がやや異なる国として，のちに取り上げた（後述）。
　つまり本書は，国際比較を通じて，若者のキャリア形成にみるジェンダー視

点からの差異と,グローバル化という困難な時代に共通する移行期の若者の特徴である,2つの側面に焦点をあてる。そのうえで,各国がどのような取り組みをしているのか,政策面からもアプローチを試みている。

まず2006年に,岩上真珠を研究代表者として2006年度～2008年度の3年間の日本学術振興会科研費補助金を受けて,「若者のキャリア形成過程におけるジェンダー格差の国際比較—労働,教育,家族政策より」を研究課題（研究課題番号18402035）とする研究プロジェクトのための研究会を立ち上げた。研究会のメンバーは,宮本みち子（放送大学）,岡本英雄（当時上智大学,故人）,土屋淳二（早稲田大学）,大槻奈巳（聖心女子大学）,渡辺美穂（国立女性教育会館）,酒井計史（国立女性教育会館）,平田周一（当時労働政策研究・研修機構,故人）の各氏と,それに岩上の計8名であった。翌2007年に,海外から韓国側カウンターパートとして韓国女性開発院のパーク・セヨン氏,イタリア側カウンターパートとしてトレント大学のカルロ・ブッツィ,ピエランジェロ・ペーリ,フランチェスカ・サルトーリ,エンツォ・ロネル各氏の協力を得て,日本,韓国,イタリア3ヵ国において,同一項目での調査を首都圏（1都3県）,ソウル圏（ソウル市および近郊）,ミラノ県（ミラノ市および近郊）で実施した[*1]。

さらに,引き続いて2009年度～2011年度に,同じく岩上を研究代表者として「若者のキャリア形成過程と支援に関する国際比較研究」の科研費補助金（研究課題番号21330122）を得て,カナダとの比較研究にも同じメンバーで取り組んだ。カナダ調査は,トロント大学のイト・ペング,メリッサ・モイザー氏らの協力を得て,日本,韓国,イタリアと基本的に同じ項目で,2010年にトロント大都市圏（トロント市および近郊）において実施された[*2]。

今回,それらの成果を4ヵ国の国際比較として上梓する運びになったことを,長年にわたって親密な研究協力をいただいた各国カウンターパートの諸氏

[*1] 調査報告書は,平成18年度～平成20年度日本学術振興会科研費補助金基盤研究（B）研究成果報告書『若者のキャリア形成過程におけるジェンダー格差の国際比較—労働,教育,家族政策より』として,最終年度（2009年3月）に印刷出版された.なお,その報告書作成の段階で,ファビオ・アスケーロ（当時慶応義塾大学大学院生）,裵智恵（桜美林大学,当時慶応義塾大学大学院生）,千日花（当時上智大学大学院生）,イメルダ・M・フェリペ（上智大学大学院修了生）,中西泰子（相模女子大学,当時首都大学東京大学院生）各氏の協力を得た.ちなみに,裵智恵氏には本書にも執筆いただいている.

なお,韓国調査は国立女性教育会館（NWEC）との共同プロジェクトとして行われた.国立女性教育会館には,特段の謝意を表する次第である.

に心より感謝する次第である。

　ところで，本研究は2度にわたる科研費補助金を受けて2006年度〜2011年度の長期プロジェクトとなり，準備段階を含めると，研究開始から出版まで足掛け9年を要した。この間に，われわれは2名の主要な研究会メンバーを相次いで病気で失うというつらい経験もした。いまや故人となった岡本英雄氏と平田周一氏に本書の刊行を見届けてもらえなかったことは痛恨の極みである。また，海外の研究者にも刊行まで長い間お待たせしてしまった。国際比較研究における各国間のデータ調整やデータ分析の難しさもあるが，本書の刊行までにかなりの時間を要したことは，ひとえに編者の責任である。この間，新曜社の編集者である小田亜佐子氏には，随時適切な指摘とともに，辛抱強くお待ちいただいた。記して感謝する。また，本書の刊行には「きんとう基金」からの出版助成を受けていることをご報告し，同基金に対して感謝の意を表したい。

　2006年当時にわれわれが抱いた問題意識および課題は，解決されるどころか，ますます複雑化しているように思われる。未婚化，少子化は止まる気配がなく，また就労におけるジェンダー格差は依然として大きい。景気は若干回復しつつあるようにもいわれているが，ジェンダー内格差もめだつようになってきており，若者のキャリア形成における「困難」は決して軽減されてはいない。若者のキャリア形成における構造的な問題の解明と支援に向けて，本書がいくばくかのヒントを提供できれば幸いである。

　　2015年1月

編者　岩上　真珠

＊2　カナダ調査の項目に関しては，いくつかの点でカナダ側カウンターパートの意向が反映されている。主なものとしては，①多民族国家であることを反映して，民族性や移民世代数が調査項目に入っている点，②対象者を18歳〜34歳と幅広くとってある点，③すべてのデータがウェイトづけされている点である。ちなみに，4ヵ国の比較に際しては各国の対象年齢をそろえて分析してある（詳しくは第1章参照）。

I　国際比較の目的と方法

序章　グローバル化時代における若者のキャリア形成

岩上　真珠

1. 若者の社会的位置の変化

　経済危機と労働市場の変容にともなう若年失業率の増大，さらには職業取得の道筋の多様化といった現象は，ここ四半世紀に顕著になっており，日本だけに限らない世界的な趨勢でもある。とくに日本ではその背景として，人口高齢化，未婚率の上昇，第一子出産年齢の上昇，少子化が顕著である。国連は2010年を「国際若者（youth）年」と定め，若者への国際的な着目と積極的な関与を表明した。このことは，若者の問題は国際的なテーマであることを認識し，各国が有効な国内対策をとることを要請したものである。欧州委員会は近年若者の生活に関する大掛かりな調査を実施し，2009年にその報告書を出しているが，そこでのおもな指摘は，次の通りである。
　(1)高齢化する社会で若者の比率が相対的に縮小している，(2)親からの巣立ち，結婚，子どもをもつことは急がれていない，(3)将来に備えて，義務教育終了後も教育期間が長期化している，(4)学校から職業へという労働市場への道筋（path）が多様化している，(5)若者はインターネットなどの新しい方法で世界と相互作用し始めている（European Commission, 2009）。これらの指摘は，EU圏のみならず北米やアジア，そしてむろん日本にもあてはまる。
　子どもから大人になる過程（成人期への移行，成人期移行）の様変わりは，本書の基本的な認識の1つである。その意味で報告書の(2)の指摘は興味深い。子どもから大人になるライフコースの道筋には，多くの重要な節目がある。たとえば，進学や就職のために親の家（親元）を離れる（離家＝子どもが親から独立する第一歩とみなされる），結婚もしくはパートナー関係の形成，親にな

る，などである。報告書では，この道が一方向（one-way）ではなく，安定した仕事や十分な収入を確保することの困難や，カップルや婚姻の解消によって，一度親の家を離れた若者が再び舞い戻ってくることもしばしばあることが指摘されている。ＥＵの2007年調査によると，15～30歳のヨーロッパの若者の半数近くは，親の家を離れては生活できないと考えていることがわかった。一方，親の家にいるほうがより快適で責任が少ないと答えた者も2割以上おり，日本と同様，離家条件の階層格差がうかがえる。

　学校から仕事への移行のパターンが多様化しているという(4)の指摘もまた注目される。学校や大学などの公的教育機関を離れるとは，人生の交差点に立つことであり，若者は労働市場に参入するか，しないかという決定を迫られる。しかし，学校から労働市場への道筋は，実際には1つとは限らない。公教育から直接フルタイムの正規雇用（第3章，第8章参照）に就くように単線的でもありうるし，通学しながらパートタイム労働もしくはアルバイトをする，いくつかの就労を組み合わせて働く，働きながら別の職探しをするなど，複線的もしくはコマ切れでもありうる。

　報告書ではさらに，15～29歳までの雇用者の1～2割は，もっと勉学もしくは訓練に携わりたいと望んでいるという結果から，働く若者が勉学や学習への意欲をもたないことを意味しないと指摘し，今日，学校から仕事への道筋もまた，離家と同様one-wayではなくなっていると説明している。

　さて，日本でも1990年代初めのバブル崩壊以降，経済危機をきっかけに，若者をめぐる現象がさまざまな点で注目されるようになっている。ちなみに，ここでいう「若者」とは，10代後半～30代半ばまでの男女が漠然と想定されているが，必ずしも未婚者とは限らない。「若者」は，従来使われてきた「青年」の概念と重なるが，「青年」が発達心理学的なルーツをもつ概念であるのに対して，「若者」は，人口集団を年齢上ざっくりと区別した，より曖昧な概念であり，「青年」よりは広い範囲の年齢層に用いられることが多い。各国の若者（youth）に関する統計では，統計ごとに対象年齢は必ずしも同一ではないが，概ね15歳以上35歳未満の範囲（もしくはその一部）の男女に対して用いられている。ただし，研究の目的によっては40歳代にまで拡大されることもありうる。

　日本では，白書などで統計的に15歳（もしくは18歳）～34歳の年齢階級の人口集団を指す場合が多い。なお，「若年」や「若年者」という用語も用いら

れるが,「若年人口」とは人口学的には 15 歳未満の人口を指すなど,研究領域ごとに異なり,必ずしも同一ではない。

　未婚化やフリーターの増加,親への長期依存など,1980 年代半ば頃から今日につながる若者の現象が指摘されていたが,当初はいずれも「豊かな社会」に生まれ育った若者の側の「甘え」と,それを許容する親の側の過保護という見方が主流であったように思われる。しかし,そうした 80 年代の「バブリーな時代」を経て,90 年代半ばからの経済の急激な冷え込みとともに,90 年代の終わりごろから,別の視点であらためて若者に焦点があてられるようになった。

　未婚化やフリーター問題,親との長期同居という現象が,経済動向や労働市場と関連して説明されるようになった。言いかえれば,それらは若者個人の,もしくは若者と親の「個別的な問題」である以上に,社会全体の「構造的な問題」であるという認識が,アカデミックな世界でも社会一般においても,急速に広がってきたのである。そのきっかけは何といっても,「就職氷河期」と呼ばれた就職難にともなう若者の無就業,就労形態の多様化と若者の経済的自立の困難である。前代未聞の高い若年失業率もそれに拍車をかけた。マスコミも就職時期が就職氷河期に重なった若者を「ロスト・ゼネレーション」と名づけて,この論調で盛んに取り上げるようになった。

　また,長期にわたる若者の親との同居（親〔元〕同居）は,これまで日本の若者の自立志向の弱さ,もしくは家族制度に由来する居住慣行と結びつけて論じられてきたが,景気の悪化と労働市場の変容のなかで,これもまた経済的要因と関連させて説明されることが多くなった。成人年齢に達した子どもと親との同居は,そうした家族慣行を有する日本,韓国などのアジア諸国およびギリシャ,イタリア,スペイン,ポルトガルなど地中海諸国に特徴的と考えられてきたが,本書の 4 ヵ国調査から,カナダでも高い同居率が示された。

　この結果は,ＥＵ調査のデータと同様,近年の若者の居住形態には,文化的要因以上に経済的要因の影響があることをうかがわせる。それはまた,「独立した大人」に至る若者の初期段階の職業キャリア形成の長期化,多様化,困難の表れとしてとらえられると同時に,グローバル化のなかでの「家族」のもつ階層再生産機能,もしくは階層固定化機能の古くて新しい側面としても注目される。

　本書で使用する「キャリア」の用語は必ずしも職業上の経歴だけではない。

それは，学校修了，就職，離家，結婚もしくはパートナー形成，親になるなど，教育，職業，家族，友人・仲間といったライフコース上の主要な諸「経歴」を総合的に指している。とくに，若者が学校を修了してから，就職，離家，経済的独立などを経て成人期へ移行する段階のキャリア形成を，本書では「初期キャリア」形成と呼んでいる（第2章参照）。

2. グローバル化と格差

上述の若者を取り巻く環境の変化は，グローバル化と呼ばれる 1980 年代以降に顕著になった世界的な社会変動と連動している。社会学者のギデンズは，1998 年末に行われた BBC のグローバル化に関する一連の講演をまとめ，1980 年代後半でさえ，研究者も一般の人もあまりグローバル化という言葉は使用しなかったが，20 世紀の終わりを迎えるいま，それが快適もしくはエレガントなことではないにせよグローバル化の結果どうなるかということを，もはや誰も知らずに済ますことはできない，と語っている（Giddens 2002: 7）。

ともあれ，高度な産業化の結果として，誰も明確には認識しないうちに進行し，地球規模でわれわれの生活に根本的な影響を及ぼすことになった 20 世紀末の社会変動，それがグローバル化といえよう。グローバル化は，今日さまざまに定義されているが，一般的には，経済，政治，文化のあらゆる次元で，これまでの国家や地域の枠組みを超えた，地球規模での結びつきが強まることをいう。要するに，人，モノ，金，情報が国際的に流動化する現象を指している。社会学者ベックは，さまざまなグローバル化の次元とグローバル化の論争から次のように共通項を取り出している。

　これらに一貫しているのは，第一の近代の主要な前提を覆すことである。すなわち，相互の境界が明確な閉ざされた国民国家とそれに対応した国民社会という空間のなかで〔人々が〕生活し，行為するという考え方を覆すことである。グローバル化とは，経済，情報，エコロジー，技術，文化横断的なコンフリクト，ひいては市民社会といったさまざまな次元で，日常の行為が国境に制限されなくなるのを経験できるということである（Beck, 1997 = 2005: 46）。

つまり，グローバル化が意味するのは，これまでわれわれがなじんできた「近代の」枠組みが崩壊し，それにとって代わって地球規模での新たな関係が生まれるということであるが，この「新たな関係」のあり方をめぐって，今日さまざまな議論が生じている。注目されているのはグローバル化の負の側面をめぐる議論である。たとえば，グローバル化が進めば地球規模での格差がいっそう激しくなり，国や地域を超えて，富める者はますます富み，貧しい者はますます貧しくなる，という構図が避けられない，という批判がそれである。これは昨今，反グローバリズム運動というかたちでも知られる。

　ベックは，階級格差とは異なる個人化された格差の予兆を，すでに1980年代終わりに『危険社会』で鋭く展開しているが，グローバリティへの動き自体は後戻りできない「第二の近代」の転換への動きであることも指摘している。

　　（チェルノブイリ事故や国際テロリズムに見られるような）地球規模の危険な状況と，その状況に含まれる社会的かつ政治的な紛争および展開の力学は，新しくかつ強力なものである。そればかりではなく，この力学に社会や人間の人生や文化に見られる危険や不確実性が新たに重なる。進歩した社会においては，それらの危険や不確実性によって，産業社会の内部構造──社会階級，家族形態，男女の状況，結婚，親であること，職業──やその中にはめ込まれた個人の生き方の基底にある自明性は，すり減ってしまい，作り変えられる（Beck, 1986 = 1998: 137）。

　若者にとってこの事態は深刻である。なぜなら，彼らはたいてい何の準備もなく，「危険や不確実性に満ちた」なじみのない社会にこれから入っていかなくてはならないからである。さらにそれに景気の変動（不況）が加わり，労働市場への参入は厳しさを増す。他方，従来行われてきたような就職活動（職業探索）の多くは，今日ではもはや通用しなくなってきており，「親の生き方」もすでに拠って立つライフコース・モデルとはならない。その結果，何の指針も手順ももたないまま，若者は不確実性の支配する新たな社会へと押し出されることになった。

　ベックの指摘の通り，リスクの個人化が生じた結果，従来の階級格差とは異なる様相を呈するようになってきたものの，他方では，親の資源格差が容赦なく若者の教育，住宅，および職業探索の手段と支援に投影される可能性はます

ます際立つようになっており（Furlong & Cartmel, 1997＝2009; 山田, 2004），このことが若者の初期キャリア形成とその後のライフコースに影響を与えている（岩上, 2010）。言いかえれば，上位の階層の若者は，豊富な資源を動員して自らのキャリア形成をより有利に展開することができ，反対に，親からの援助が期待できず，また自らの資源も乏しいボトム層の若者は，キャリア形成のスタート時点で，すでに不利に立たされているのである。

　要するに，雇用システムの流動化とグローバル化は，一方ではリスクの個人化を進めると同時に，他方ではライフチャンスにかかわる格差の拡大と，格差のスパイラルによる新たな階層固定化をもたらしているといえよう。

3. 初期キャリア形成の変容

　若者の初期キャリア形成の時期は，学校から仕事へ，そして経済基盤を得て自らの家族を形成するという，「大人」として社会に位置づけられる過程（成人移行期）と重なる。一般的にそれは，長期化，多様化している。今日，学校から仕事への道筋は，完全に学校から離れると同時に「正規の」職業上のポジションを取得する従来どおりの「直進的」理念型から，学校と仕事の領域を行き来する，学校と仕事，あるいは複数の仕事の領域で，同時に複数のポジションをコマ切れにもつ複線型まで，いくつもの道筋がある。さらにそれに対応して，親からの独立や離家の時期，パートナー関係の形成もしくは新しい家族形成の時期や形態も多様化している。

　今日，どのように自らのキャリアを形成するかをめぐって標準化されたライフコースのモデルはないとはいえ，将来におけるリスクを考慮すれば，30代までに職業上の「安定的な」ポジションを得ることは，若者にとっては1つの目安であり，また目標であろう。パートナー関係の形成や結婚，さらには子どもをもつことや子育てといった家族キャリアは，そうした職業キャリアにおける目標の達成と連動している。非正規雇用（第3, 7, 8章参照）から出発することが往々にして問題になるのは，日本の労働市場が柔軟ではないため，正規雇用への中途参入が難しく，安定した将来の職業生活への青写真が描きにくいからである。

　こうした経済的不安定は，家族キャリアの形成にも影響を与える。日本でも，2000年以降「非典型」雇用（第7, 8章参照）から出発する若者が増えて

きているが（小杉, 2010），非正規から正規への移行が困難な労働市場のあり方とあいまって，「非典型」雇用からのスタート組はなかなか安定的な職業キャリアにたどり着けず，そのことが結婚やパートナー関係の形成を難しくしていると指摘されている（津谷, 2011; 太郎丸, 2011）。

ところで，結婚相談所オーネットが2014年新成人の独身男女800人に行ったインターネット調査によると，新成人の仕事観は「仕事だけの人生はいやだ」の次に「職につけるか不安」が大きな関心事となっている（2013年12月調査。オーネット, 2014）。これをみても学校から職場へのスムーズな移行が以前よりも格段に難しくなっている現実と，何にもまして若者自身がそれを自覚している様相がうかがえる。

4. 本書のねらいと構成

4.1 本書の目的

本書のねらいは，不透明で不安定な時代における若者，とりわけ日本の若者の初期キャリア形成の現状と課題を，国際比較を通じて浮き彫りにしようとするものである。

ところで，国際比較研究の目的は主として2つある。第一に，ある「現象」が各国ではどのように表れているか，その現象の相対的な位置を当該国以外との比較から知ることであり，また第二に，その「現象」は各国によってどのように受け止められているか，当該社会における固有の位置づけを同様に知ることである。そうした比較の手法は，たとえば先進社会における若者のキャリア形成という「現象」のもつ意味を相対的に理解し，その「現象」が当該社会の社会構造や社会制度とどのような関連性を有するかの考察にとって不可欠である。

もちろん，国際比較には相応の難しさがあり，また限界もある。国際比較研究のもっとも大きな困難は，なんといっても概念と言語の対応の問題であろう。もちろんそれは「翻訳」の問題でもある。可能な限り概念一致を目指しつつも，つねにある程度の含意の「幅」を覚悟しなければならない。また各国の社会制度（教育制度や雇用制度，家族制度等）が異なるので，それに対応して学歴や業種の分類の仕方が異なり，フェースシート部分の「比較」ができないこともしばしば生じる。このように，完全にはコントロールできない変数間の

比較の限界はあるものの，当該社会の固有の「現象」を，比較を踏まえたグローバルな文脈において考察することは，その現象の多角的な理解のための有効な研究方法であると考える。

また，国際比較にあたってもう1つのねらいは，各国のキャリア形成に関するジェンダー差の分析にある。そのため，すべてのデータはジェンダーによる比較を念頭におき，ジェンダー格差が浮き彫りになるように調査を設計した。グローバル化の進展とともに，相対的に若者のキャリア形成が困難になっている現実を確認するとともに，それがジェンダーにおいてどのように現れるか，ジェンダー格差解消の課題は政策面でどのように対応しうるか，という問題意識も本書に通底するものである。

4.2 本書の構成

本書の構成は，われわれの実施した「若年者の家族・キャリア形成に関する国際比較研究調査」の4ヵ国調査データ分析と，日本，韓国，イタリア，カナダの政府統計や若者支援政策の特徴等，各国のキャリア形成の現状分析から成る。調査データを活かしつつ，総合的にキャリア形成の現状と課題を提示することを目指した。I，II部（第1～7章）では，調査概要および4ヵ国比較と日本，韓国を扱っており，III部（第8～12章）ではイタリア，カナダを扱っている。4ヵ国調査データを用いたのは，第1～4，7，9～12章である。順に紹介していこう。

まず，第1章「4ヵ国調査の概要—日本・韓国・イタリア・カナダの国際比較」（岩上・酒井）では，本書における4ヵ国調査の調査枠組み，調査対象，調査方法，調査の基本データ等が示される。

第2章「初期キャリア形成におけるジェンダー格差」（岩上）では，初期キャリア形成のジェンダー差の4ヵ国比較の結果，非正規雇用率や収入および職業上の達成意欲のジェンダー格差は，日本がもっとも大きいことが指摘される。

第3章「学校から仕事への移行—正規雇用と勤続に与える影響」（酒井）では，日本調査データから初職（学校を卒業・中退して初めて就く職）への入職経路と学校から仕事への移行期間に着目し，標準的移行以外の入職者は長期にわたって不利であること，また正規雇用と非正規雇用の格差とともにジェンダー格差も依然大きく，それらの是正が急務であるとされている。

第4章「若者の仕事観とジェンダー意識」(大槻)では，主として「稼ぎ手役割」意識に注目して，仕事観とジェンダー意識の4ヵ国比較が試みられている。分析の結果，各国ともジェンダー意識が強いほど男性は妻子を養うべきと考えていること，また日本では，仕事観において上昇意欲を引き下げる社会的要因が多く，しかもジェンダーによって上昇意欲の動機づけが異なることが指摘されており，仕事観に対するジェンダーの構造的背景があぶり出される。

第5章「日本の若者政策：現状と課題」(宮本)では，日本の非婚・少子化の現状と1990年代以降の若年失業者の推移を踏まえて若者の雇用問題と雇用政策が説明される。とくに2003年が若者雇用政策の転機であり，急速に進む非正規雇用化に対する今後の総合的な若者政策の課題が示される。

第6章「韓国の若者政策：現状と課題」(裵)では，韓国では1980年代半ば以降，急激な高学歴化が進んだが，他方で1997年の経済危機以降失業率が高まり，男女ともに非正規雇用化も進んだこと，また18歳男子の兵役義務がキャリア形成に固有の影響を与えてきたことなどが示される。韓国政府は97年の経済危機を受けて，2000年代に若者の雇用対策に乗り出したがいまだ効果がみえない。

第7章「日韓の若者にみる非正規雇用とジェンダー」(平田)では，日本と韓国の2ヵ国比較の結果，日韓とも女性の就業率が低く，かつM字型カーブを描いており，女性が非正規雇用になる傾向がある，日韓ともにジェンダー格差がみられるとされる。また日本では学歴が男女ともに正規雇用に結びつくが，韓国では統計的に有意ではなく，韓国の過激な受験競争への疑問が呈される。

第8章「イタリアの若者政策：現状と課題」(土屋)では，「プレカリアート(＝イタリア語で「不安定」を意味するプレカリオ＋貧困層プロレタリアートの造語)」と呼ばれるイタリアの若者が社会問題として捉えられている背景が解説され，イタリア政府の政策動向が示される。

第9章～12章は，イタリアおよびカナダの研究論文で，英文を日本語に翻訳したものを，土屋，岩上，酒井がチェックした。第9章「成人移行期にみる若者の自立問題―イタリアの家族関係のあり方」(Buzzi)では，イタリアでは若者が親と同居する割合が高く，その長期化に焦点をあてながら，それが若者の困難さ，キャリア形成とどのように関連しているかが論じられる。若者のキャリア形成の困難は，不況と市場の不安定化という経済的要因だけでなく，若者の「現在志向性」やプラグマティズムといった，イタリアの伝統的な文化的

要因にも由来している。

　次いで第10章「就職と学歴——ミラノの若者を事例として」（Peri & Loner）では，イタリアでは，学校終了と職業キャリアのスタートが不連続でかつ一様ではないことから，学校から職業への移行を含めたライフコース分析のためには，教育システムと労働市場の関係の分析だけでなく，若者が自らの将来像を描けない現状を知ることが必要で，階層の問題や社会の価値などを組み込んだ文化的アプローチが重要であるとの認識が示される。

　第11章「イタリア女性にみる仕事観——ジェンダー問題を中心として」（Sartori）では，イタリア社会のジェンダー格差が若者の将来展望にどのように関わっているかが示される。一般的に女性の就労率は低く，かつ失業率は高い。イタリアではとりわけ南北の地域格差が大きく，ミラノの若者の間では仕事でも家庭でも平等主義的傾向がみられるものの，伝統的な性別役割観は根強く残っており，女性はいまだ不利な条件下におかれ，その結果自らの職業キャリア満足度も低い。

　第12章「トロントの若者にみるキャリアと家族形成」（Peng & Moyser）は，多民族国家カナダの若者の現状が示される。トロントでは人種的・民族的な多様化が進み，カナダの労働市場は柔軟で，若者は何回か転職したのちに自分のキャリアであると思える仕事にたどり着くなどの分析から，キャリア移行の具体的な経過は，国ごとに大きな違いがあることが指摘されている。

　以上，各章を通して示されているのは，不安定な労働市場に参入する若者が総じて「困難」を抱える構造があること，成人期への移行の遅れ（先送り）や長期化・個別化がみられること，キャリア形成パターンは各国の労働市場の態様を受けて多様であり，きめ細かい総合支援対策が必要であること，などである。

　こうした各国の現状認識と政策課題を踏まえて，今日の若者のキャリア形成に関する議論を深めることが本書刊行の意図である。

参考文献

Bauman, Zygmunt, 2001, *The Individualized Society*, Cambridge: Polity Press.（= 2008, 澤井敦・菅野博史・鈴木智之訳『個人化社会』青弓社.）
———, 2011, *Culture in a Liquid Modern World*, Cambridge: Polity Press.
Beck, Urlich, 1986, *Auf dem Weg in andere Moderne*, Frankfurt am Main: Suhrkamp

Verlag.（＝1998，東廉・伊藤美登里訳『危険社会——新しい近代への道』法政大学出版局.）

———, 1997, *Was ist Globalisierung?: Irrtumer des Globalisms-Antworten auf Globalisierung*, Frankfurt am Main: Suhrkamp Verlag.（＝2005，木前利秋・中村健吾監訳『グローバル化の社会学——グローバリズムの誤謬—グローバル化への応答』国文社.）

European Commission, 2009, *European Research on Youth: Supporting Young People to Participate Fully in Society-The Contribution of European Research.*

Furlong, Andy & Cartmel, Fred, 1997, *Young People and Social Change: Individualization and Risk in Late Modernity*, London: Open University Press.（＝2009，乾彰夫・西村貴之・平塚真樹・丸井妙子訳『若者と社会変容——リスク社会を生きる』大月書店.）

Giddens, Anthony, 2002, *Runaway World: How Globalisation in Reshaping Our Lives*, London: Profile Books.

Held, David（ed.）, 2000, *A Globalizing World? :Culture, Economics, Politics*, London: The Open University.（＝2002，中谷義和監訳『グローバル化とは何か——文化・経済・政治』法律文化社.）

乾彰夫編著，2006,『不安定を生きる若者たち——日英比較フリーター・ニート・失業』大月書店.

IPRASE, 2009.1, *Ricercazione*, Trentino-Italy.

岩上真珠，2010,「ハイ・モダニティ時代の若者の自立」岩上真珠編『〈若者と親〉の社会学——未婚期の自立を考える』青弓社，168-189.

刈谷剛彦・本田由紀編，2010,『大学就職の社会学——データからみる変化』東京大学出版会.

小杉礼子・堀有喜衣編，2006,『キャリア教育と就業支援——フリーター・ニート対策の国際比較』勁草書房.

小杉礼子編著，2009,『叢書・働くということ第6巻 若者の働きかた』ミネルヴァ書房.

小杉礼子，2010,『若者と初期キャリア——「非典型」からの出発のために』勁草書房.

Leaman, Jeremy & Worsching, Martha（ed.）, 2010, *Youth in Contemporary Europe*, London: Routledge.

オーネット，2014,「第19回新成人意識調査」2014年1月6日株式会社オーネット http://onet.rakuten.co.jp/company/activity/report/research/vol63.html（2014.6.18閲覧）

太田聰一,2010,『若年者就業の経済学』日本経済新聞出版社.

太郎丸博,2011,「若年非正規雇用と結婚」佐藤嘉倫・尾嶋史章編『現代の階層社会1　格差と多様性』東京大学出版会,131-142.

津谷典子,2011,「未婚化の要因―ジェンダーからみた学歴と雇用」阿藤誠・西岡八郎・津谷典子・福田亘孝編『少子化時代の家族変容――パートナーシップと出生行動』東京大学出版会,19-44.

山田昌弘,2004,『希望格差社会――「負け組」の絶望感が日本を引き裂く』筑摩書房.

第1章　4ヵ国調査の概要
―― 日本・韓国・イタリア・カナダの国際比較

岩上　真珠・酒井　計史

1. 調査設計

1.1　調査の枠組み
　本調査では，若者のキャリア形成過程として，(1)職業探索行動・予期的社会化，(2)若者の初期キャリア形成における問題（初職への参入），(3)キャリアの安定化と結婚・出産，(4)将来展望，の4つの局面を設け（**図1.1**），さらに，各局面を「成人期への移行」ととらえて，そうした移行過程に影響を与える諸要因との関連を**図1.2**のように想定した。

1.2　調査項目
　日本調査では構造化質問紙を用いた調査を実施した。質問項目は，年齢などの基本項目，家族，結婚，教育歴，職歴，経済階層，意識に関する諸項目から成る（**表1.1**）。なお，韓国，イタリア，カナダ調査においても，調査方法は異なるが，基本的には同一の調査内容（質問項目および選択肢）によって行われた。

2. 対象者と対象地の選定

2.1　対象者の設定
　調査対象者は，調査時点（2007年）で25～30歳の男女である。その理由として，①成人期への移行と労働市場への参入を大半の者が経験していると思われること，とはいえ，②まだ初期キャリア形成の途上にあって離転職の経験に

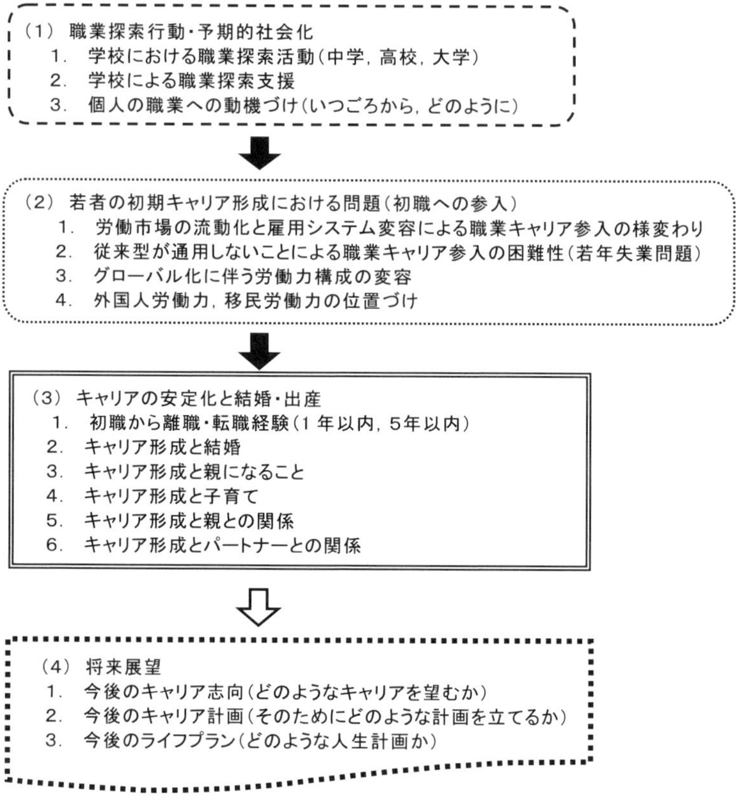

```
(1) 職業探索行動・予期的社会化
  1. 学校における職業探索活動(中学, 高校, 大学)
  2. 学校による職業探索支援
  3. 個人の職業への動機づけ(いつごろから, どのように)
```

```
(2) 若者の初期キャリア形成における問題(初職への参入)
  1. 労働市場の流動化と雇用システム変容による職業キャリア参入の様変わり
  2. 従来型が通用しないことによる職業キャリア参入の困難性(若年失業問題)
  3. グローバル化に伴う労働力構成の変容
  4. 外国人労働力, 移民労働力の位置づけ
```

```
(3) キャリアの安定化と結婚・出産
  1. 初職から離職・転職経験(1年以内, 5年以内)
  2. キャリア形成と結婚
  3. キャリア形成と親になること
  4. キャリア形成と子育て
  5. キャリア形成と親との関係
  6. キャリア形成とパートナーとの関係
```

```
(4) 将来展望
  1. 今後のキャリア志向(どのようなキャリアを望むか)
  2. 今後のキャリア計画(そのためにどのような計画を立てるか)
  3. 今後のライフプラン(どのような人生計画か)
```

図1.1　若者のキャリア形成過程の概念図

差があると思われることによる。もちろんこれは，日本の事情が第一に考慮されたもので，この年齢層のもつ社会的意味は各国で同じではない。韓国では，男性は20代に兵役義務があり，兵役終了後に本格的なキャリア形成を始める者が多く，年齢は当初からやや長めに25～34歳と設定された。カナダでは，多様なエスニシティを念頭に，18～34歳までの幅広い年齢層が設定された。これらはいずれも対象国のカウンターパートの意見を反映したものである。

　また，2007年時点で25～30歳の男女を対象としたもう1つの理由は，彼らの出生コーホートが1976～82年に当たることにある。1970年代後半～80年代初めの出生コーホートは，日本においては注目される。彼らはおおよそ90年代後半から2000年代半ばにかけて（高等学校以上の）学校を卒業あるいは中

第1章　4ヵ国調査の概要

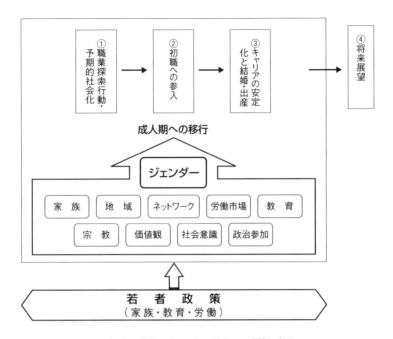

図1.2　若者のキャリア形成への影響要因

退した人たちであるが，彼らの学卒・就職時は「バブル景気」後の不況期に当たり，「就職氷河期」と呼ばれる新卒者の就職難の時期として知られている。

図1.3は，過去40年間の15〜24歳の若年労働者の完全失業率（以下，失業率と略）の推移を示したものである。若年者の失業率が1993年以降男女ともかつてないスピードで上がり始め，2003年をピークとしていったん下がるものの，再び上昇の兆しをみせている。対象コーホートの労働市場への参入時期（1995〜2005年）は，ちょうどこの若年労働者の高失業率の時期にあたっている。高卒であれ大卒であれ，「新卒者」としてこれまでほぼ順調に学校から仕事への移行を果たしていた日本の若者が，戦後初めて「移行」の困難に直面した時期であり，その後の動きをみれば，90年代後半は歴史的な転換点でもあったことがわかる。これ以降，新卒者（就職希望者）のほぼ全員が卒業と同時に「正規雇用」として就職するという就業パターンが，急速に崩れていくことになる。

17

表1.1 4ヵ国調査 質問項目一覧

属性
Q1-1 生年月・年齢
Q1-2 性別
Q1-3 きょうだい人数
Q2-1 現在の居住地域

同居家族
Q1-4 同居家族
Q1-4SQ 同居家族人数

親の状況
Q2-1 中学卒業時の居住地域
Q2-2 中学卒業時の家庭の経済的な暮らし向き
Q2-3 中学3年時の将来の進路志望
Q6-1 現在の親の暮らし向き
Q6-2 中学卒業時の父母の就業状況

離家
Q1-5 中学卒業以降の親との別居経験
Q1-5SQ1 中学卒業以降の親との別居開始年
Q1-5SQ2 親との別居意向

結婚・結婚志向
Q1-6 婚姻状況
Q1-6SQ1 初婚年齢
Q1-6SQ2 結婚相手の有無
Q1-6SQ3 結婚志向
Q1-6SQ3-1 結婚したい年齢
Q1-6SQ4 結婚していない理由

学歴
Q2-4 最後に通った学校
Q2-5 最後に通った学校の修了状況
Q2-5SQ1 最後に通った学校を修了した年月

就業経験
Q2-6 学校終了後に就職したか
Q2-6 初めて仕事をした年月
Q2-7 転職経験(回数)
Q2-8(1) 失業経験(3ヵ月以上無職)の有無
Q2-8(1) 失業(3ヵ月以上無職)の回数
Q2-8(2) 仕事を探す苦労の有無
Q2-8(3) やむをえず短期間の仕事をした経験の有無

就業状況(現職)
Q2-9 現在の収入を伴う仕事の有無
Q2-9 現在の仕事に就いた年月
Q3-1 現在の仕事に就いた経緯
Q3-2 現在の就業形態
Q3-2SQ 正規雇用への希望
Q3-3 現在の仕事の職種
Q3-4 具体的な仕事内容
Q3-5 会社全体の従業員数
Q3-6 1週間の就業日数
Q3-6 労働時間
Q3-6 1週間の残業時間
Q3-6 1週間の就業の有無
Q3-7 現在の仕事の継続希望
Q3-8 仕事意識
Q3-9 転職経験(回数)

初職
Q4-1 初職への入職経路
Q4-2 初職の就業形態
Q4-3 初職の職種
Q4-4 初職の具体的な仕事内容
Q4-5 初職の会社全体の従業員数
Q4-6 初職を辞めた年月
Q4-7 初職を辞めた理由

キャリア形成
Q5-1 1・2)望ましい仕事内容・働き方
Q5-1 3)望ましい仕事への障害

Q5-2 初職の理想

Q5-3 生活スキル認知

Q5-4 社会意識

Q5-5 ジェンダー意識

経済状況
Q6-3 昨年1年間の個人収入
Q6-4 昨年1年間の世帯収入

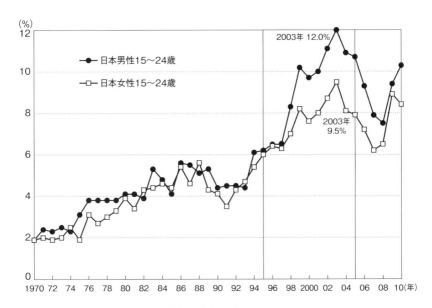

図1.3 日本の若年者完全失業率の推移（15〜24歳）
各年4月，季節調整値
（出典）総務省統計局『労働力調査』長期時系列データ（2010.10）より作成

2.2 対象地の選定

　さて，調査対象となった韓国，イタリア，カナダであるが，この選定には2段階の手続きを踏んでいる。日本と同様，少子化，未婚化が顕著で，労働市場のジェンダー格差が相対的に大きいと想定される，韓国，イタリアの2ヵ国がアジアとヨーロッパからまず選定された。次いで，多文化国家であり，かつキャリア形成のジェンダー格差が小さいと想定されるカナダを，上記2ヵ国とは異なる傾向が予想される国として選定し，最終的に日本，韓国，イタリア，カナダの4ヵ国比較を試みた。

　さらに上記の理由以外に，調査対象としてこれらの国々を選定した背景には，比較研究の推進にとって欠かすことのできない研究上の連携の確保という面がある。カウンターパートとなったそれぞれの国の研究者とは，本研究が発足する以前から若者のキャリア形成に関する類似した問題意識を共有しており，個別に連携して研究体制を整えていたことも大きかった。

　これらの4ヵ国での具体的な調査対象地は，日本では首都圏（東京，千葉，

神奈川，埼玉），韓国ではソウル圏（ソウル市および近郊），イタリアではミラノ県（ミラノ市および近郊），カナダではトロント大都市圏（GTA：トロント市および近郊）である。各都市はそれぞれ，首都もしくは首都に並ぶ国の教育・政治・経済の中心地であり，調査地として類似性をもつと想定された。

2.3 出生率・未婚率・失業率のナショナル・データの比較

　若者のキャリア形成に影響を与えると思われる，出生率，未婚率，失業率の国ごとの趨勢について，1980年代以降の動向を一通り概観しよう。

　出生率　先進諸国はいずれも少子化傾向が強いが，対象になった4ヵ国も合計特殊出生率が低下傾向にある（図1.4）。とくに，1990年代以降の落ち込みが目立つ。2005年にはカナダ，イタリア，および2006年以降は日本もやや回復しているものの，少子化の基調は依然変わらない。未婚化の進行は，結婚年齢の上昇もしくは結婚しないまま加齢する者の増加と，既婚者1カップルあたりの子ども数の減少が理由として考えられるが，近年の少子化は未婚化によるところが大きいとされる。

　未婚率　結婚年齢が上昇し，かつ20代，30代で結婚しない男女が増える傾向は，先進諸国共通であるが，日本，韓国，イタリアではこの傾向が顕著である。これら3ヵ国では，1980年から25〜30歳の男女とも未婚率が上昇しており，なかでも日本，イタリアでは50％を超えている。とくに男性の未婚率の高さが目立つ。カナダは，1991〜2001年の10年間はやや下がっている（図1.5）。この未婚化傾向の1つに，経済的な理由があげられる。つまり，不安定な就業もしくは失業が結婚を妨げているというのである。日本でも，とくに90年代後半からは未婚化の経済的理由に注目が集まるようになっている。

　失業率　1980年代以降，欧米の若年失業率の高さが問題となってきた。25〜30歳の失業率は，イタリア，カナダとも高いが，カナダは2000年代に入ってやや回復している。一方，日本は失業率2〜3％前後で推移してきたが，1992年のバブル崩壊以降じわじわと上昇し，2000年以降，韓国，カナダと並んで6〜7％前後で横ばいとなり，若者の就職難が社会問題となってきた。以前ならば，キャリアが安定し始めると思われていた20歳代後半において，一定の失業者が構造的に存在する傾向がみてとれる（図1.6）。日本においては，ほぼ100％に近い水準で推移していた新卒者の就職状況が，バブル崩壊後の経済の冷え込みによって大幅に崩れたものの，他方で初職における新卒者優先の

第 1 章　4ヵ国調査の概要

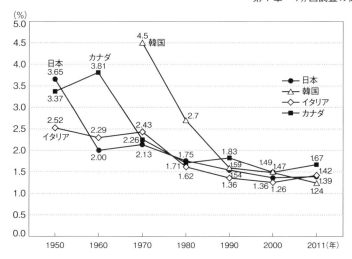

図 1.4　4ヵ国の合計特殊出生率の推移

（出典）日本，カナダ，イタリア：国立社会保障人口問題研究所 2014『人口統計資料集』．ただしカナダのデータは 2009 年．韓国：内閣府『平成 25 年度　少子化社会対策白書』（2013）

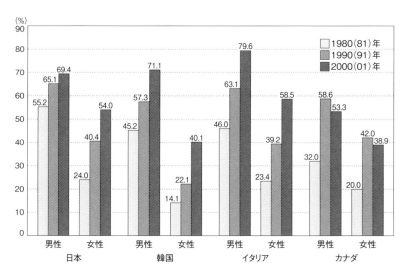

図 1.5　4ヵ国の未婚率の推移（25〜29 歳）

注（1）　未婚率 = 25〜29 歳未婚者数／25〜29 歳人口（配偶関係不詳を除く）× 100
　（2）　イタリアとカナダは（　）内の年次．イタリア 1991 年は E U 統計局（Eurostat）(http://epp.eurostat.ec.europa.eu/portal/page/portal/eurostat/home)
（出典）United Nations, Demographic Yearbook (http://unstats.un.org/unsd/demographic/products/dyb/dyb2.htm)

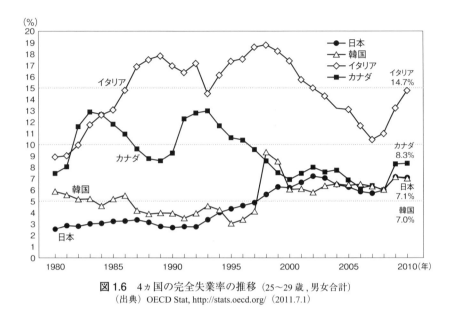

図 1.6　4ヵ国の完全失業率の推移（25～29 歳，男女合計）
（出典）OECD Stat, http://stats.oecd.org/（2011.7.1）

規範は根強く，新卒以外での労働市場への参入は依然として厳しいという構造があると思われる。

3. 調査方法

各国において，大都市在住の 25～30 歳男女を対象に，**表 1.1** に示したような共通の質問項目を用いた質問紙調査を，各国のカウンターパートと連携して実施した。各国とも男女 500 ずつ，合わせて 1,000 票の標本確保を目指した。調査期間は 2007～10 年である。

各国の調査概要は**表 1.2** に示す。調査方法は各国で異なる。韓国では 25～34 歳，カナダでは 18～34 歳が設定されたため，この両国においては，25～30 歳の当該年齢の標本数が相対的にやや小さくなっている。4ヵ国回答者の国別の性・年齢・居住地分布は，**図 1.7～1.10.2** に示す通りである[*1]。

ところで，カナダ調査にあたっては，民族的・文化的多様性も考慮する必要がある。カナダ国外で生まれた者，すなわち移民一世のカナダ人は，回答者の約 4 分の 1（24.0％）にのぼり，2006 年国勢調査全国平均値である 19.8％（Statistics

第1章 4ヵ国調査の概要

表1.2 4ヵ国調査の概要と方法

国	対象地域	調査法 （標本抽出）	調査時期	配布数・目標数	回収数 合計	男性	女性	有効回収率
日本	首都圏（東京都・埼玉県・神奈川県・千葉県）	住民基本台帳より層化二段抽出法 郵送法	2007年11〜12月	5,000	970	387	583	19.40%
韓国	首都圏（ソウル市・仁川市・京畿道）	インターネット（Web）調査	2008年3〜4月	1,000	823 [1,118]	395 [560]	428 [558]	−
イタリア	ミラノ県（ミラノ市と近郊市町村）	CATI（コンピュータ電話調査）	2007年11月	1,000	1,000	516	484	−
カナダ	トロント大都市圏（GTA）	インターネット（Web）調査	2010年3月	1,000	389 [1,001]	160 [488]	229 [513]	−

日本	調査対象	首都圏（東京都, 千葉県, 埼玉県, 神奈川県）在住の25〜30歳男女（2007.10.31現在）
	標本抽出	住民基本台帳より層化二段無作為抽出（第一段抽出単位・国勢調査区に基づく[町丁・字]100地点, 第二段抽出単位・満25〜30歳の男女個人5,000人）
	調査法	郵送法（自記式構造化質問紙を郵送, 郵送で回収）
	標本数	970票（配布5,000票, 有効回収970票, 有効回収率19.4%）
	調査期間	2007.11.14〜12.17
韓国	調査対象	首都圏（ソウル市, 仁川〔インチョン〕市, 京畿〔キョンギ〕道）在住の25〜34歳男女
	標本抽出	調査機関と協力会社のパネルを対象に設計された標本宛にメール送信→ 調査趣旨説明と参加対象者の確認（Screening Question）→ 質問参加→ 標本目標数に達した時点で締切
	調査法	E-mailによるインターネット（Web）調査
	標本数	1,118票
	調査期間	2008.3.31〜4.20
イタリア	調査対象	ミラノ県（ミラノ市と近郊の市町村）在住の25〜30歳男女
	標本抽出	CATI（コンピュータ支援電話調査ソフト）を用いた電話調査
	調査法	コンピュータで無作為に電話回線所有世帯を抽出→ 架電（約6,000件）→ 該当者1名選定（該当者2名以上の場合は誕生日の近い1名）→ 質問参加→ 標本目標数に達した時点で締切
	標本数	1,000票
	調査期間	2007.11.1
カナダ	調査対象	トロント大都市圏（GTA：トロント市とダーラム郡, ホールトン郡, ピール郡, ヨーク郡の4郡）在住の18〜34歳男女
	標本抽出	第12章参照
	調査法	インターネット（Web）調査
	標本数	1,001票
	調査期間	2010.3.1

（注）回収数は25〜30歳を集計．韓国とカナダの［ ］は全回収数

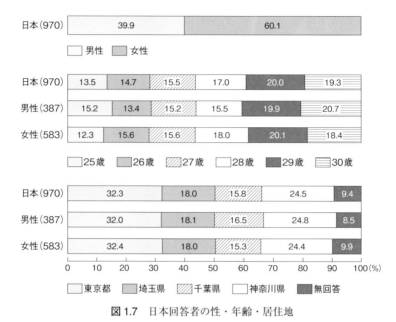

図1.7 日本回答者の性・年齢・居住地

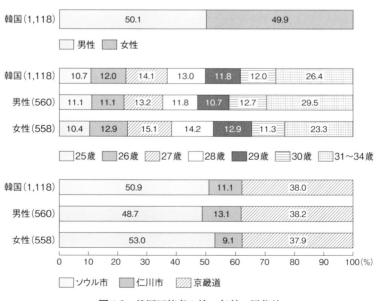

図1.8 韓国回答者の性・年齢・居住地

第 1 章　4ヵ国調査の概要

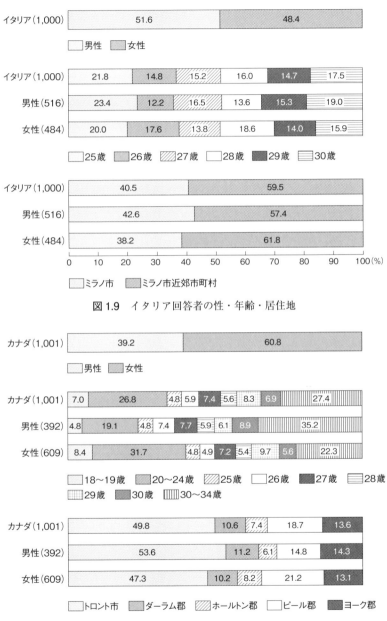

図 1.9　イタリア回答者の性・年齢・居住地

図 1.10.1　カナダ回答者の性・年齢・居住地

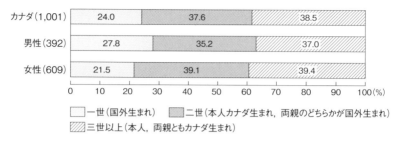

図 1.10.2　カナダ回答者の移民世代

Canada, 2010) をかなり上回る。カナダ生まれのうち，少なくとも両親のいずれか一方が国外生まれ，つまり二世のカナダ人は37.6％，残りの38.5％は，カナダ生まれの両親をもつカナダ人である。2006年国勢調査のGTAの一世カナダ人は45.7％であった（Statistics Canada, 2010)。なお，回答者のうち，自分の民族的出自を「カナダ人」としたのは8.1％に過ぎず，「複数の出自」は3分の1（33.9％）にのぼる（第12章参照)。

4. 4ヵ国の調査結果

　最後に，それぞれの調査結果をみておこう。図1.11.1～5および図1.12.1～4は，4ヵ国回答者の属性，教育，就業状況の分布（25～30歳）である。教育制度の違い，職種分類および正規雇用・フルタイムの概念の相違，事実婚の普及の相違など，4ヵ国が全く同一ではないものもあるが，学歴，職業，婚姻などのカテゴリーは，できる限り調整してある。なお図1.11.5（学歴）および図1.12.4（個人年収）の項目は，実情に合わないとしてイタリアでは質問されなかった[*2]。さらに，第9～12章のイタリア，カナダの調査データは重みづけされているため，本章の分析とは異なることがある。

　カナダで事実婚を含む既婚者が多いこと，反対にイタリアでは男女とも未婚率がきわめて高いことが目立つ。またイタリアは，現在未婚で親元同居が男女とも8割以上ときわめて高い。親との同居率は各国ともに過半数を示すが，未婚で「ひとり暮らし」は，男女とも日本がもっとも高い。日本では男性の4分の1は未婚者でひとり暮らしである。日本で，未婚のひとり暮らしが相対的に多い背景には，教育や仕事の関係で，親元から離れて居住する首都圏以外の地

域出身者が比較的多いこと，また「同棲文化」（パートナーとの同居）がヨーロッパや北米ほど普及していないためと推測される。

参考文献

Eurostat, http://epp.eurostat.ec.europa.eu/portal/page/portal/eurostat/home（2011.7.1 閲覧）

岩上真珠編，2009，『若者のキャリア形成過程におけるジェンダー格差の国際比較――労働，教育，家族政策より』平成 18 年度～平成 20 年度　日本学術振興会科学研究費補助金基盤（B）研究成果報告書（研究課題番号 18402035）．

国立社会保障・人口問題研究所，2014，『人口統計資料集』．

内閣府，2013，『平成 25 年度　少子化社会対策白書』．

OECD, *Stat. Extracts*. http://stats.oecd.org/（2011.7.1 閲覧）

佐藤香，2011，「学校から職業への移行とライフチャンス」佐藤嘉倫・尾嶋史章編『現代の階層社会 1　格差と多様性』東京大学出版会，65-79．

総務省統計局，『労働力調査』長期時系列データ http://www.stat.go.jp/data/roudou/longtime/03roudou.htm（2011.7.1 閲覧）

菅桂太，2011，「離家の遅れと未婚化―日米比較分析」阿藤誠・西岡八郎・津谷典子・福田亘孝編『少子化時代の家族変容――パートナーシップと出生行動』東京大学出版会，69-91．

田渕六郎，2011，「若者の離家―日独伊 3 ヵ国比較分析」阿藤誠・西岡八郎・津谷典子・福田亘孝編『少子化時代の家族変容――パートナーシップと出生行動』東京大学出版会，45-68．

United Nations, *Demographic Yearbook* http://unstats.un.org/unsd/demographic/products/dyb/dyb2.htm（2011.7.1 閲覧）

---

*1　図中の（ ）は実数，0.0%は該当者なしを示す（以下の章も同じ）．
*2　たとえばイタリアでは，大学在学中に仕事を始めて長期にわたって留年，卒業しないでそのまま仕事に移行，何年間か学校を離れた後に大学に復帰，しばらく働いて大学院に進学など，「最後に通った学校」が 25～30 歳段階できわめて特定しにくいという事情がある．実際，20 代後半の「在学中」の割合はイタリアがもっとも高い．また，学校修了後の就業経験も，「仕事をしたことがない」がイタリアでは圧倒的に多いが，これは「学校修了」時期がきわめてあいまいなことと関連していると思われる．また，イタリアでは社会調査において個人収入の正確な回答を得ることが難しく，虚偽の回答も多いという事情がある（第 10 章注 6 参照）．

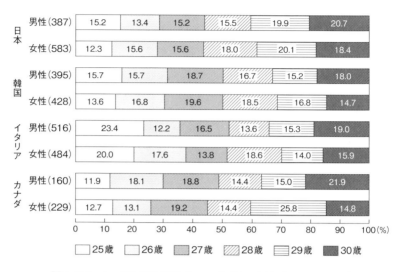

図 1.11.1　4ヵ国の年齢構成（25〜30歳男女．年齢は図1.12まで同じ）

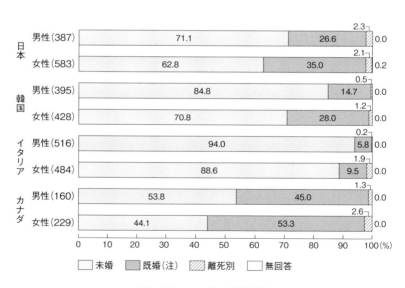

図 1.11.2　4ヵ国の婚姻状況

（注）カナダは既婚に事実婚・パートナーとの同居を含む．カナダの法律婚は男性27.5％，女性30.6％，事実婚・パートナーとの同居は男性17.5％，女性22.7％

第1章 4ヵ国調査の概要

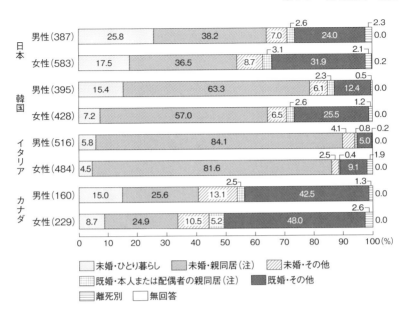

図1.11.3 4ヵ国の居住状況 （注）親同居は親子以外の同居者を含む

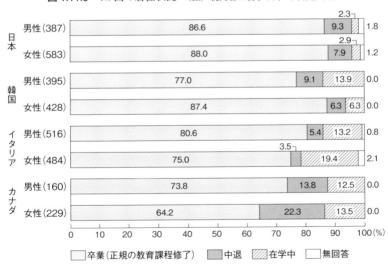

図1.11.4 4ヵ国の就学状況

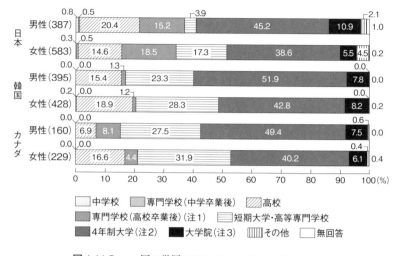

図 1.11.5 4ヵ国の学歴（最後に通った学校．在学中を含む）
(注1) カナダは職業訓練・商業・技術学校を高校卒業に含む
(注2) 日本は4年制大学に医学部を含む
(注3) カナダの専門職大学院は男性5.0%，女性3.5%．大学院博士課程は男性2.5%，女性2.6%

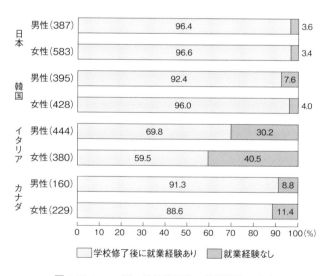

図 1.12.1 4ヵ国の学校修了後の就業経験の有無

第 1 章　4 ヵ国調査の概要

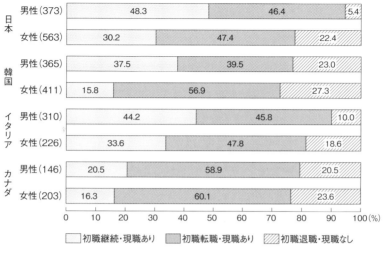

図 1.12.2　4 ヵ国の初職継続と現職の有無

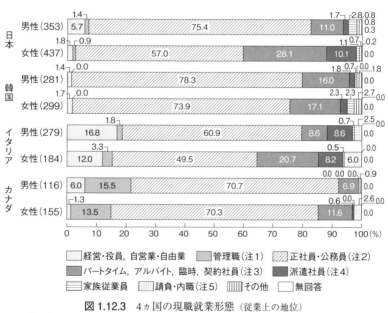

図 1.12.3　4 ヵ国の現職就業形態（従業上の地位）
（注 1）課長職以上
（注 2）イタリアは一般のフルタイム雇用 (週 35 時間以上)，カナダは常用労働
（注 3）韓国は時間制労働，イタリアは一般のパートタイム雇用（週 35 時間未満）
（注 4）イタリアは労働時間不明
（注 5）イタリアは準従属的労働，インターンを含む

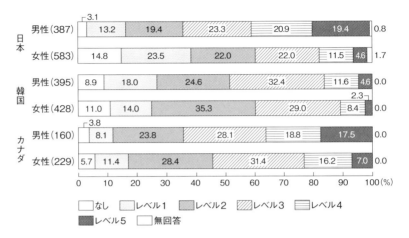

図 1.12.4 4ヵ国の個人年収

各国の年収レベルは以下の通り．イタリアは調査項目なし
レベル1　日本：200万円未満，韓国：10〜990万ウォン，カナダ：1〜9,999ドル
レベル2　日本：200万円台，韓国：1000万ウォン台，カナダ：10,000〜29,999ドル
レベル3　日本：300万円台，韓国：2000万ウォン台，カナダ：30,000〜49,999ドル
レベル4　日本：400万円台，韓国：3000万ウォン台，カナダ：50,000〜69,999ドル
レベル5　日本：500万円以上，韓国：4000万ウォン以上，カナダ：70,000ドル以上

Ⅱ　日本と韓国

第2章 初期キャリア形成における
ジェンダー格差

岩上　真珠

はじめに

　ここでは，初期キャリア形成に関する4ヵ国の男女別比較を行い，調査結果に表れた各国の態様から，日本におけるジェンダー格差の現状と問題点を指摘したい。

　初期キャリア形成とは，一般的には，いくつかのライフイベント——学校修了，親からの独立，就職，経済的独立，結婚／パートナー関係の形成——を経験することによって新たな役割を取得し，同時に，フル・シティズンシップ（「成人」としての権利義務）を獲得して自らの社会的基盤を形成する過程をいう。それはまた個人のライフコースにおける成人移行期とそれに続く成人期の開始時期と重なるが，近年はどの先進諸国においても，この時期が相対的に遅く始まること，またその期間の長期化が指摘されている。

　キャリア形成には，学歴，親の経済階層，地域，エスニシティなど，多くの社会・経済的要因が関わるが，本章ではとくに，離家，仕事，結婚をめぐるジェンダー格差に焦点を当てることにする。

1. 離家

1.1　親との同別居

　離家（leaving home）とは，大人になる自立過程の1つで，親元から離れることである。かつては，どの社会でも，10代後半から20代にかけて，親元から離れて暮らすことが自立の一歩とされた*1。アジアや南欧地中海諸国は異な

るが，多くの EU 諸国と北米では，こうした離家モデルは「順調な」自立過程の節目として文化的にも支持されてきた。しかし近年，未婚者の親元同居の期間が長期化し，10～20代で離家しない者が欧米でも増えている。日本，韓国，イタリアの親同居率は高いが，カナダでも 25～30 歳の男女のほぼ半数は親と同居している（図 2.1）[2]。4ヵ国とも親との同別居率に顕著なジェンダー差は認められない。

なお図 2.1 では，日本の親同居率は想定したほど高くないが，これは進学や就職のために離家し，そのまま首都圏に住んでいる地方出身者が多くいるためであり，親が首都圏居住と思われる者だけに限定してみると，日本でも同居率は男女とも 70％を超える。カナダ以外の 3ヵ国では，未婚者の親との同居率には居住地による有意差が明確に表れている（図 2.2）。

1.2 離家経験

30 歳まで一度も離家（親と別居）経験がない者は，イタリア以外ではほぼ半数，イタリアは実に 9 割近くに達する（図 2.3）。韓国ではややジェンダー差がみられるが，これは男性に兵役義務があることと関係していると思われる。もっとも，このことを逆にいえば，10 代後半での離家規範が強いとみられていたカナダでも，未婚男性の 3 人に 1 人強，女性の 2 人に 1 人弱は，30 歳までに一度も親元から離れた経験がなく，これは上述の同居率と関連した新しい傾向といえよう。

長期にわたる親元同居の理由には，一般的には，未婚化の進展，高学歴化（教育期間の長期化）および経済の不安定化があるといわれているが，こうしたなかで，「一定の年齢には親元を離れるべき」という従来の離家規範自体も弱化してきていると思われる。

---

[1] もちろん，こうした離家規範には国による違いや，また同じ社会でも階層による違いがみられる．

[2] 本書のカナダ共同研究者ペング（第 12 章）によると，こうした現象は 1990 年代以降のことであるという．

第 2 章　初期キャリア形成におけるジェンダー格差

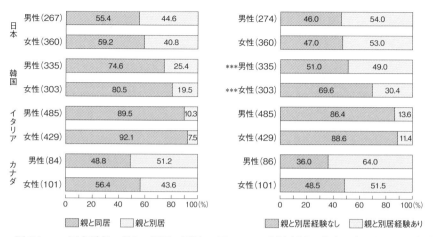

図 2.1　4 ヵ国未婚者の親との同居・別居
25～30 歳男女．年齢は図 2.16 まで同じ

図 2.3　4 ヵ国未婚者の親と 1 年以上の別居経験
χ^2 検定　$*p.<0.05$　$**p.<0.01$　$***p.<0.001$

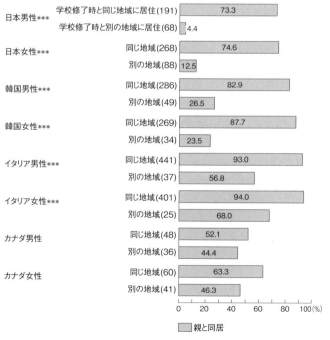

図 2.2　4 ヵ国未婚者の居住地と親との同居
χ^2 検定　$*p.<0.05$　$**p.<0.01$　$***p.<0.001$
学校修了＝日韓：中学修了時，イタリアとカナダ：高校修了時または 18 歳時

2. 仕事

2.1 初職の非正規雇用率

初職（first job）とは，学校を卒業（または中退）して最初に就く職業を指す。各国とも正規雇用と呼ばれるフルタイムの常用労働に就く者（常雇者）が多いが，日本だけジェンダー差が明白で，男性に比べて女性の非正規雇用比率が有意に高い。イタリア*3を除く3ヵ国の中では，日本の男性の正規雇用比率がもっとも高い（図2.4）。

2.2 現職の非正規雇用率

調査時点で就業している現職者の非正規雇用比率もまた，日本にのみジェンダー差がはっきりみてとれる（図2.5）。

図2.4の初職と比べて，日本の男性，および韓国，カナダの男女の現職の非正規比率はいずれも初職より低いが，日本の女性だけが高い。これは，日本男性，韓国，カナダの男女は，初職は非正規でも転職して正規に移るのに対して，日本の女性は，正規から非正規に転職するほうが多いことを示している。これは，図2.6の転職経験に示す通り，日本では男女とも，非正規雇用の初職からなかなか正規雇用になりにくいという非柔軟な労働市場の構造的特徴に加えて，正規雇用の女性でも結婚すると子育てのために一時仕事を中断するか非正規へ変わる者が多いことが理由と思われる。

2.3 転職回数と非正規雇用率

初職から現職までの転職経験をみると，現職が正規雇用である日本の男女，韓国の男性，イタリアの男女では転職経験がない者が多い。なかでも，日本男性の正規雇用の6割は転職経験がない。これに対してカナダは，男女とも4分の3は転職経験があり，転職しながらキャリア・アップをめざす様子がうかがえる。なお，韓国は男性に比べて女性の転職回数が際立って多い（図2.6）。

---

*3 イタリアは規定の期間を超えて在学する者が相対的に多く，在学中から仕事を始めたり，仕事をすることによって在学年を長引かせたり，学歴と職歴が複合している場合が多い．したがって「初職」を特定しにくく，イタリアの質問項目に「初職」はない．また，イタリアの従属的労働，自立的労働は，第8章注28参照．

第 2 章　初期キャリア形成におけるジェンダー格差

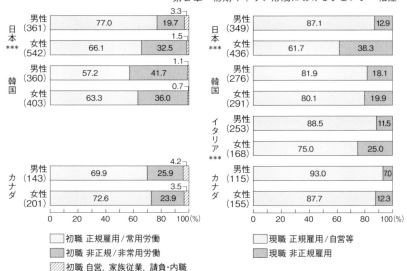

図 2.4　3 カ国就業経験者の初職就業形態
χ^2 検定　*$p.$<0.05　**$p.$<0.01　***$p.$<0.001
正規雇用（日韓）＝管理職＋正規雇用
常用労働（カナダ）＝管理職＋常用労働
非正規雇用（日韓）＝正規雇用以外（パートタイム，アルバイト，契約，派遣等）
非常用労働（カナダ）＝常用労働以外（パートタイム，契約社員等）
注記したものを除き，以下も同じ集計

図 2.5　4 カ国現職者の正規・非正規比率
各国男女別非正規雇用とそれ以外（正規雇用・自営等）のクロス表の χ^2 検定
*$p.$<0.05　**$p.$<0.01　***$p.$<0.001
イタリア正規雇用：一般のフルタイム雇用＋準従属的労働，週労働時間 35 時間以上
イタリア非正規雇用：一般のパートタイム雇用＋準従属的労働，週労働時間 35 時間未満
現職が初職（転職経験なし）を含む．図 2.7.4 まで同じ

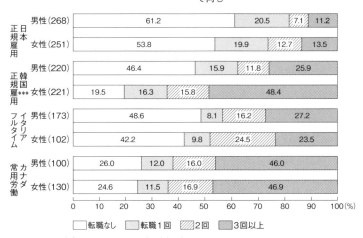

図 2.6　4 カ国現職者（正規雇用）の転職経験　χ^2 検定　*$p.$<0.05　**$p.$<0.01　***$p.$<0.001

39

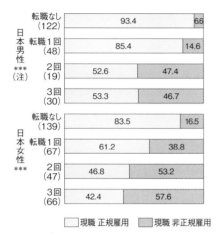

図 2.7.1 日本現職者の転職回数別正規・非正規比率

χ^2 検定　*$p.<0.05$　**$p.<0.01$　***$p.<0.001$
（注）男性は「転職2回」に期待値5を下回るセルがあるため，2回と3回のカテゴリーを統合した時の χ^2 検定結果を表示

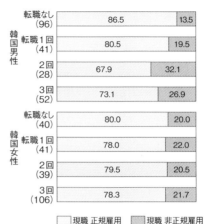

図 2.7.2 韓国現職者の転職回数別正規・非正規比率

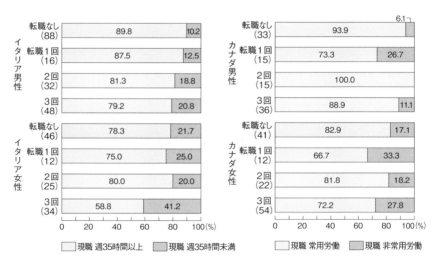

図 2.7.3　イタリア現職者の転職回数別正規・非正規比率
　　週労働時間不明は集計から除外

図 2.7.4　カナダ現職者の転職回数別正規・非正規比率（20〜34歳）

さらに，前述したとおり日本では労働市場が非柔軟で，転職がキャリア・アップにつながらず，現職が正規雇用は男女とも転職回数が少なく，非正規雇用のほうが転職回数が多い（図 2.7.1～4 参照）。

2.4 無業者

図 2.8 は，全回答者に占める調査時点の無業者比率，図 2.9 は同じく無業者比率を婚姻状況別，就業経験のタイプ別にみたものである。日本と韓国の女性は既婚者で「就業経験あり無業」が高くなっており，結婚して仕事を辞めたと推測される。実際，政府統計でも，女性の就業率を示す曲線が結婚・子育て期間中に下がるM字型を描くのは，先進国では日本と韓国だけである。一方イタリアは，男女とも「就業経験なし無業」と「就業経験なし在学中」が高い。これは，4ヵ国中ではイタリアの失業率が際立って高いこと（第1章参照），およびイタリアの労働市場の特殊性（第8章参照）も反映しているように思われる。

3. 結婚

3.1 未婚率とジェンダー

カナダ以外は圧倒的に未婚者が多い。イタリアは男性のほとんどが未婚である。次いで韓国，日本女性がやや未婚率は下がるが，それほど大きなジェンダー差はない（第1章図 1.11.2 参照）。

未婚理由をみると，第1位は，日本・カナダの男女ともに「適当な相手にめぐり合わない」，イタリアは男女ともに「まだ若すぎる」であった。ちなみに，第2位はやや分散しており，日本では男女ともに「自由や気楽さを失いたくない」，イタリアは男女ともに「適当な相手にめぐり合わない」，カナダは男性が「結婚資金が足りない」，女性が「必要性を感じない」であった（図 2.10）。興味深いのは，イタリアでは未婚者の半数近くが「まだ若すぎる」と感じていることと，カナダでは男性の4割弱，女性の3割強が「必要性を感じない」ことである。結婚がキャリア形成のマイル・ストーンとしてはもはや従来のような意味をもたなくなりつつあることがわかる。

とはいえ，結婚志向はけっして低くはなく，各国ともに過半数は「結婚したい」と答えている（図 2.11）。結婚志向が高いのは，日本の女性と韓国の男性であり，この両国では逆パターンではあるが，ジェンダーによる有意差がみら

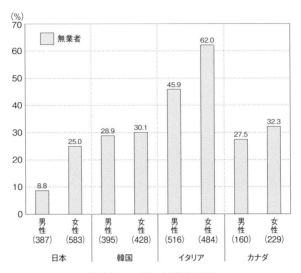

図2.8 4ヵ国の無業者比率

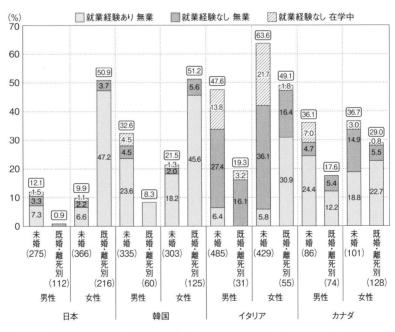

図2.9 4ヵ国の婚姻状況別，就業経験タイプ別無業者比率 （カナダの既婚は事実婚を含む）

第2章 初期キャリア形成におけるジェンダー格差

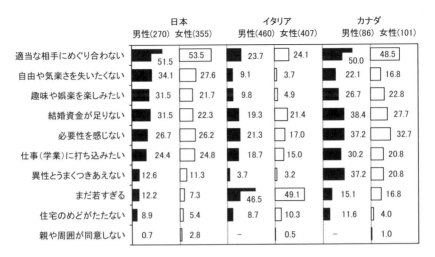

図2.10 3ヵ国未婚者の結婚しない理由（25〜30歳）
韓国は質問項目なし　複数回答　日本の回答の多い順

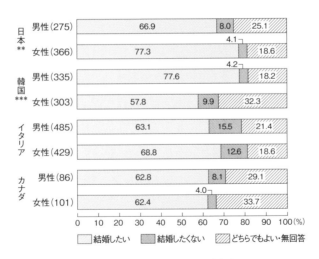

図2.11 4ヵ国未婚者の結婚志向
χ^2検定 　$*p.<0.05$　$**p.<0.01$　$***p.<0.001$

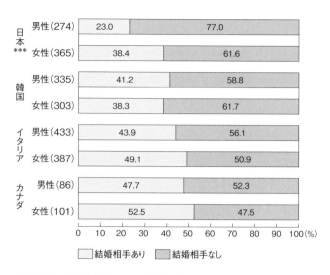

図2.12　4ヵ国未婚者の結婚を考えている相手の有無　χ^2検定　$*p<0.05$　$**p<0.01$　$***p<0.001$

れる。反対に,「どちらでもいい」という回答は,韓国の女性とカナダの男女に多い。各国の結婚および結婚適齢規範の相違がうかがえる。

3.2　結婚志向と結婚を考えている相手の有無

カナダ女性以外,結婚志向が低くない割には,現在結婚を考えている相手が「いない」者が各国ともに多い。図2.12に示すように,ほぼ5〜6割の未婚男女に相手が「いない」が,日本の男性では8割近くが「いない」。また,日本ではジェンダー差も顕著である。すなわち,結婚を考えている相手が「いる」女性もそれほど多くないとはいえ,男女で有意差がみられるのは日本だけである。結婚していない理由でも,日本では男女とも「適当な相手にめぐり合わない」がもっとも多かったが(図2.9参照),パートナー形成の困難さ,結婚への遠さは,日本の未婚男性にもっとも顕著に表れているようだ。

4.　年収・意欲

為替レートの問題もあり,また当該社会での平均賃金も異なるので比較はできないが,同じ国でみると,日本,韓国でジェンダー差があった。いずれも男

第2章　初期キャリア形成におけるジェンダー格差

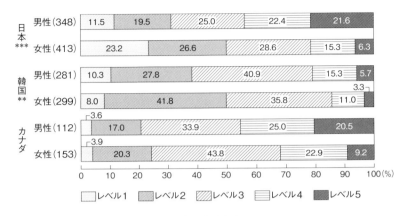

図 2.13　3ヵ国現職者の個人年収（調査前年度年収）

χ^2検定　*$p.$<0.05　**$p.$<0.01　***$p.$<0.001
レベル1　日本：200万円未満，韓国：10〜990万ウォン，カナダ：1〜9,999ドル
レベル2　日本：200万円台，韓国：1000万ウォン台，カナダ：10,000〜29,999ドル
レベル3　日本：300万円台，韓国：2000万ウォン台，カナダ：30,000〜49,999ドル
レベル4　日本：400万円台，韓国：3000万ウォン台，カナダ：50,000〜69,999ドル
レベル5　日本：500万円以上，韓国：4000万ウォン以上，カナダ：70,000ドル以上
イタリアは質問項目なし

性よりも女性が低い（図2.13）。にもかかわらず，「高い収入を得たい」のは，日本ではむしろ男性である（図2.14.1）。ほかの意欲も，「仕事の専門能力を高めたい」は日本で，「管理職をめざしたい」は日本と韓国でいずれも女性が低く，有意なジェンダー差がみられた（図2.14.2〜3）。

ここでとくに注目されるのは，日本では仕事に関するほとんどの項目についてジェンダー差がみられることである。日本では，男性に比べて女性の非正規雇用率が際立って高く，したがって男女の収入差は大きい。にもかかわらず，日本の女性は男性ほど「高い収入を得たい」「仕事の専門能力を高めたい」「管理職をめざしたい」とは考えていない。職業キャリアに関する女性の意欲の低さは，4ヵ国中もっとも顕著である。

ちなみに，「管理職をめざしたい」は，韓国でジェンダー差があるとはいっても，男女とも相対的に意欲が高いなかでの差であり，韓国では男性のほぼ9割，女性の7割が「管理職をめざしたい」のに対して，日本では男女ともに4ヵ国中もっとも意欲が低く，なかでも女性は4人に3人が「そう思わない」と答えており，日本女性の意欲の低さが際立っている（図2.14.3）。

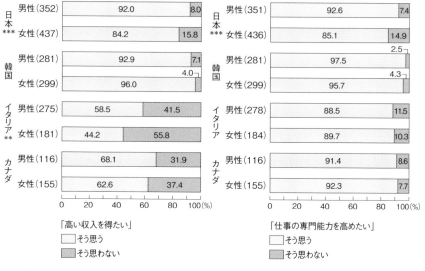

図 2.14.1　4ヵ国現職者の高収入志向
χ^2検定　$*p.<0.05$　$**p.<0.01$　$***p.<0.001$
そう思う=「とてもそう思う」+「まあそう思う」
そう思わない=「あまりそう思わない」+「まったくそう思わない」（以下図 2.16 まで同じ）

図 2.14.2　4ヵ国現職者の専門志向
χ^2検定　$*p.<0.05$　$**p.<0.01$　$***p.<0.001$

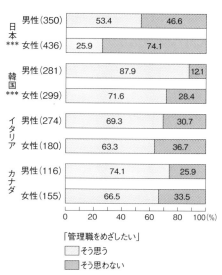

図 2.14.3　4ヵ国現職者の管理職志向
χ^2検定　$*p.<0.05$　$**p.<0.01$　$***p.<0.001$

5. ジェンダー格差の4ヵ国比較

これまで、離家、仕事、結婚、年収・意欲に関して、4ヵ国の特徴をみてきた。

離家については、4ヵ国ともとくに男女の有意差はみられなかった。親との1年以上の別居では、韓国で男女に有意差がみられたが、これは韓国男性の兵役義務が理由と思われる。初職では、日本女性の非正規雇用率が男性に比べて有意に高かった（****p.* < 0.001）。また現職の非正規雇用でも同じく日本だけが、男性に比べて女性が突出している（****p.* < 0.001）。現職が正規雇用の転職回数をみると、韓国で女性が多く（****p.* < 0.001）ジェンダー差がみられた。

婚姻状況については、25～30歳で、カナダ以外は未婚者が圧倒的に多いが、日本では男性より女性の既婚率が高く（**p.* < 0.05）若干ジェンダー差がみられた。結婚志向については、日本では女性が、韓国では男性が高くジェンダー差がみられたが、結婚相手の有無では、日本男性の「いない」比率がきわめて高く、ジェンダー差が大きかった（****p.* < 0.001）。

年収については、日本と韓国でジェンダー差が有意にみられた。とくに日本の女性は最下位のレベル1に5分の1以上が属しており、収入のジェンダー差が各国でもっとも顕著であるにもかかわらず、男性ほど「高い収入を得たい」と思っていない（****p.* < 0.001）。

こうした分析結果から垣間見えるのは、日本においては、労働市場および職場が依然根強いジェンダー格差を内包している現実と、他方で仕事は結婚まで、家庭が第一で仕事は二の次といった、性別分業観にとらわれている女性自身の意識の根深さである。これはあきらかに構造的な問題であり、こうしたジェンダーによる差別的な初期キャリア形成が続く以上、あるいは社会がそれを前提としている限り、日本の若者、とりわけ女性のキャリア形成は、不透明でリスキーなグローバル化社会に対応しうるライフコース設計からは程遠いように思われてならない。

参考文献

裵智恵，2011，「女性の働き方と性別役割分業意識」斎藤友里子・三隅一人編『現代の階層社会3　流動化のなかの社会意識』東京大学出版会，173-186．

Esping-Andersen, Gosta, 2009, *The Incomplete Revolution: Adapting to Women's New Role*, Cambridge: Polity Press.（＝大沢真理監訳，2011,『平等と効率の福祉革命――新しい女性の役割』岩波書店.）

平田周一，2011,「女性のライフコースと就業―M字カーブの行方」石田浩・近藤博之・中尾啓子編『現代の階層社会2　階層と移動の構造』東京大学出版会，223-237.

岩上真珠編，2009,『若者のキャリア形成過程におけるジェンダー格差の国際比較――労働，教育，家族政策より』平成18年度～平成20年度　日本学術振興会科学研究費補助金基盤（B）研究成果報告書（研究課題番号18402035）.

岩澤美帆，2010,「職縁結婚の盛衰からみる良縁追求の隘路」佐藤博樹・永井暁子・三輪哲編著『結婚の壁――非婚・晩婚の構造』勁草書房，37-53.

中井美樹，2011,「ライフイベントとジェンダー格差―性別役割分業型ライフコースの貧困リスク」佐藤嘉倫・尾嶋史章編『現代の階層社会1　格差と多様性』東京大学出版会，143-159.

Sartori, Francesca, 2009, *Differenze e disuguaglianze di genere*, Bologna: Il Mulino.

第3章　学校から仕事への移行
―― 正規雇用と勤続に与える影響

酒井　計史

1. 日本的典型移行とは

　現在，若者の学校から仕事への移行は大きな揺らぎと変容の中にある．本章は，学校から仕事への移行，具体的には，若年者が初めて就く職（初職）は，学校の紹介かそれ以外か，学校を出て職に就くまでに間をおくかおかないかに着目し，それらの正規雇用と勤続年数（5年後もその職に留まっているかどうか）への影響を検討する．

　学校から仕事への移行の「日本的」な特徴は，第一に「学校経由の就職」というしくみである．具体的には，学校教育段階によって関与の仕方や影響力は異なるが[1]，学校が新卒予定者の就職に深く関与する．新卒者の求職活動は最終学年の在学中に行われるが，在学中に「過去の卒業生の就職先に関する情報の提供や，個々の就職先への志願者の振り分けと推薦等の形で，個々の学校が実質的な関与を行うことが多い」（本田，2005: 29-30）．

　学校経由の就職がもっとも典型的にみられるのは高校である．過去の採用実績に基づく企業と学校の中長期的な「実績関係」によって，学校が進路指導として就業希望者の職業斡旋を実質的に行う[2]．こうして，高校は実質的に職

---

[1]　同じ教育段階でも，専攻による違いもある．たとえば，高等学校であれば「普通科」と「職業科」（工業科と商業科など），短大・大学であれば「文系」と「理系」など．一般にいずれも後者のほうが「学校の紹介」，もしくは学校の関与が強いといえる．

[2]　企業は職業安定所を経由して高等学校に求人票を出す．高等学校は求人票に記載された「枠」に見合うように進路指導を通して生徒を選抜し，企業に推薦する．推薦は一人一社に限られ（「一人一社制」），就職協定で定められた解禁日に一斉に採用試験が実施される（苅谷，1991）．

業配分の機能を担ってきた（苅谷, 1991）。

　第二は「新規学卒者一括採用」慣行である。企業や役所が学校を卒業したばかりで本格的な就業経験（在学中のアルバイト等を除く）のない新規学卒者を一括して採用，雇用するというものである。こうした慣行は韓国でもみられるが，欧米では新卒・既卒の区別なく通年採用が一般的である。

　日本では新規学卒者を対象とする新卒労働市場とそれ以外の労働者を対象とする一般労働市場は明確に区別されている。さらに，新規学卒採用は，基幹労働力となる人材を長期雇用を前提に採用し自社内で育成する「日本的雇用慣行」と密接に関連している*3（小野, 1989; 乾, 1996）。

　これらの帰結として，新卒者は最終学年の在学中に求職活動を行い，3月の卒業前に就職先が決定し，卒業と同時に間を置かず新年度の4月から職業に就くことが当たり前となってきた。すなわち，切れ目のない学校から仕事への移行，「間断なき移行」（岩永, 1983）によって，安定雇用である正社員，正規雇用の職に就き，無業や失業が生じないことが規範化してきた。つまり，日本における学校から仕事への「典型移行」とは「学校を卒業し，間断なく，正規雇用者となる」（香川, 2005）ことであるといえる。

　こうした「日本的」といえる特徴を支えてきたのは，第二次世界大戦後の高度経済成長とそれに伴う雇用機会の持続的拡大であった。しかし，1990年代後半以降，経済不況による企業の新卒採用の抑制や単純業務の非正社員への置き換え，第二次ベビーブームに端を発する大学卒業者の増加など人口学的な諸要因などが相まって，新卒の正規雇用の求人が，新卒者数に対して縮小した。その結果，学校から仕事への移行がスムーズにいかなくなり，日本においても遅ればせながら，若年雇用問題が社会問題として認識されるようになった（本田, 2005）。

　日本調査の対象となった1976年11月〜1982年10月生まれの首都圏在住者たちは，おおよそ1995〜2005年に高校以上の学校を卒業または中退し，データ上では1993〜2007年に職に就いている。この時期は「バブル景気」後の不況の時期で1993〜2005年にかけての「就職氷河期」と呼ばれる新卒者の就職難の時期と重なっている。本章では，若年労働市場の揺らぎと変化の中で，日本の若者たちがどのようにしてこの時期に職に就いたのか，上述の日本的特徴

---

　*3　ただし，これは男性のみで，女性は結婚や出産までの労働力として位置づけられてきた．

とされてきた典型移行が本調査でも当てはまるかを検討する。なお，以下ではジェンダー差をみるためにすべて男女別集計を示す。

2. 学校から初職への移行の実態

2.1 初職の入職経路

まず，初職の入職経路からみてみよう。調査対象4ヵ国の25～30歳の就業経験者に，離学（学校を卒業または中退）して，初めて就いた職に，どのような経路や情報源で就職したか（以下「初職への入職経路」とする）をたずねた結果が図3.1である。

各国とも主要な回答は，「学校の紹介」，「親族・知人の紹介」，「広告」，「インターネット（の求人情報）」の4つであり，目立った男女差はみられない。各国とも「公的な機関の紹介」は6％以下でそれほど多くない。一方で各国それぞれの特徴もみられる。

日本では「学校の紹介」が男女とも30％を占め，特徴的である[*4]。日本以外の3ヵ国では「親族・知人の紹介」がもっとも高く，人的ネットワークが初職において重要であることがわかる。日本と韓国では「インターネットの求人情報」が2番目に高く，とくに韓国はインターネットを利用したオンラインの求職・求人サービスが盛んであることから[*5]，30％弱を占めている。

続いて，日本について詳しく検討する。図3.2は初職の入職経路のうちおもな6項目である。図3.2の学歴を卒業と中退に分け，卒業は学校の種類別に4つのカテゴリーに，中退は該当者が少ないため1つのカテゴリーとした[*6]。

大学・大学院卒を除くどの学歴も男女とも「学校の紹介」がもっとも高い。そのうち中学・高校でもっとも高く，男性の短大・高専も高い。1990年代後半の若年労働市場の変化を経ても「学校の紹介」はかなりの規模で存続してい

[*4]　日本・韓国・アメリカ・イギリス・フランスの青少年（18～24歳）対象の内閣府「第8回世界青年意識調査」（2007～08年実施）では，本調査とは選択肢が若干異なるものの，日本は「学校の紹介」が約23％でもっとも高く，他の4ヵ国は10％に満たない（内閣府政策統括官・共生社会政策担当編，2009）．

[*5]　たとえば民間では，「ジョブ・コリア」や「インクルート」などがある．また，韓国雇用労働部傘下の韓国雇用情報院（KEIS）が運営する「ワークネット」は，ホームページを通した求職・求人サービス，就職関連情報，オンラインでの職業適性検査，職業相談など多様な就職関連サービスを行っている．また，インターン採用情報，若年者向けの就職支援プログラムなどにオンラインで参加が申し込めるなど，総合的な就業支援を実施している（岩上編，2009: 302-304）．

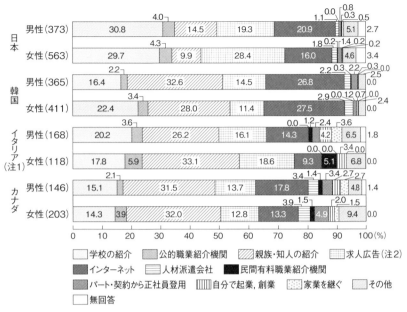

図 3.1 4ヵ国就業経験者の「初職への入職経路」(在学中を含む．在学中のアルバイトを含まない)
(注1) イタリアは初職の質問項目はないが，「転職経験なし」「就業経験あり無業者」に情報があるため，「転職経験なし，現職への入職経路」「就業経験あり無業者，初職への入職経路」を合計して算出．
(注2) 日本，韓国，イタリア：「就職情報誌・新聞の求人欄」+「貼紙，看板，新聞の折り込み」

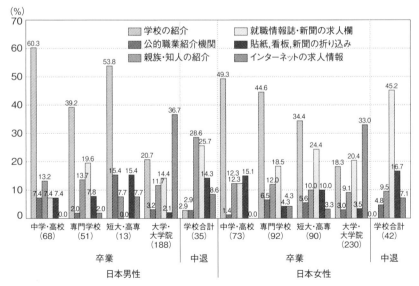

図 3.2 日本就業経験者の学歴別「初職への入職経路」(主なもの6項目．在学中を除く)

ることがわかる．

　大学・大学院卒では，男女とも「インターネット」や「就職情報誌」が高い．本調査回答者が就職した時期には，大学生の就職は企業が大学を指定して求人を行う「指定校制」よりも，自由応募が主流となっていた．大学・大学院卒の「学校の紹介」は低いが，それでも男女とも2割前後である．

　ただし，「学校の紹介」といっても，学校の関与の仕方や程度は教育段階によって相当異なる．大学生の「学校の紹介」には，大学のキャリアセンターにあった求人票を見て応募したという，実際には自由応募に当たるものも含まれているかもしれない[*7]．本調査ではこうした点を区別できないが，本章では広い意味で，「学校が新卒予定者の就職に関与する」ものを「学校の紹介」とする．

　また，「学校の紹介」は，どの学校の卒業においても，女性より男性が高いことも指摘しておく必要があるだろう．男性の稼ぎ手役割が強い日本では，男性が優先されるといったことがあるのかもしれない．そもそも「学校の紹介」は卒業予定者でないと利用できないと考えられる．したがって，中退では「学校の紹介」は男女とも初職の入職経路となっていない．

2.2　初職への移行期間

　次に，学校から仕事への「間断なき移行」の実態をみてみよう．図3.3は初職への入職年月から初職前の離学（卒業または中退）年月を引いて「移行期間」を算出し，5カテゴリーに区分し[*8]，学歴別に集計したものである[*9]．

　卒業者では，3月卒業翌年度4月就職が「間断なき移行」の典型であるから「離学後1ヵ月以内」が「間断なき移行」となる．確かに男女ともこれがもっ

[*6] 以下のクロス集計も，この学歴カテゴリー別に集計している．また，日本における「専門学校」は，「専修学校」として，①高等課程（主に中学卒業者対象），②一般課程（主に入学資格なし），③専門課程（主に高卒者対象）の3種類が存在している．一般にはどれも「専門学校」と呼ばれている．よって，本稿でもこれら3種類の専修学校を「専門学校」としている．法的には，専門課程だけが独占呼称として「専門学校」と名乗ってよいことになっており，量的にも専門課程が他を圧倒している．本調査の専門学校卒業者もそのほとんどが専門課程修了者であると考えらる．専門課程の2011年3月卒業者の就職内定率は86.2%（2011年4月1日現在），大学卒業者よりも4～5ポイントが低いが，分野間で就職率は大きく異なり，資格教育の分野（医療，衛生，教育・福祉）は就職率が高く，非資格分野（文化・教養，服飾・家政）は低いと指摘されている（植上，2011）．

[*7] とはいえ，この時期の大学生の就職は自由応募が主流であることから，「学校の紹介」という選択肢を選んだ回答者は，指定校制，研究室やゼミの教員の紹介・斡旋など，学校の関与がより直接的である者が多いと考えられる．

とも高い.

卒業の学校別にみると,「離学後1ヵ月以内」は男女とも大学・大学院が80％台ともっとも高い. 女性では教育段階が上がるにつれ「離学後1ヵ月以内」が少しずつではあるが高くなる傾向がある. 男性でも, 短大・高専を除けば, 女性と同様の傾向がある.

また, どの学校卒業でも女性より男性がやや高い傾向がみられる.「学校の紹介」で指摘したことが「間断なき移行」にも当てはまる.

中退は「離学後1ヵ月以内」は男女とも40％台と, 卒業よりかなり低い. その一方で,「離学前にすでに就業」と「離学後1ヵ月以内」を合計すると, 男女とも約60％となる. それでも卒業の両者を合わせた水準には達しない.「離学後2～13ヵ月」が男女とも20％台後半と高い. 先の入職経路の結果も踏まえると, 学校を中退すると, 仕事への移行段階で, さまざまな困難に直面すると推測できる.

以上の結果から, 日本の学校から仕事への移行において特徴的であると言われてきた「間断なき移行」は, 大学・大学院以外の卒業者では揺らいでいるといえる.

2.3　入職経路と移行期間の組み合わせにみる移行パターン

本節のまとめとして,「入職経路」と「移行期間」の回答を組み合わせて初職への移行パターンを検討する. というのは, 移行期間を検討した際,「不明」が多く結果が読み取りにくかった. したがって, ここでは「学校の紹介」か「間断なし」のどちらか一方を満たしたものを,「標準的」移行として集計する.

「離学前にすでに就業」を除き, 入職経路が「学校の紹介」または移行期間が「間断なし」(離学後1ヵ月以内) を「標準的」, 入職経路が「その他」で移

---

*8　「離学後1ヵ月以内」とは, 初職就職年月と離学年月の差が0ヵ月または1ヵ月の場合. 3月卒業4月入社であれば1ヵ月, 3月卒業3月入社であれば0ヵ月となる. 3月に入社式を行う企業もみられることから, 離学前就業とはみなさないことにした. ちなみに, 就業経験者 (n=936) の「初職に就いた月」の度数分布は, 4月が74.0％, 3月が7.1％とそれぞれ第1位と2位を占めた (岩上編, 2009: 375).
　　　また「離学前に就業」が少なからずいる. 男女とも専門学校卒と, 中退でその割合が高いことから, 前者は仕事に就いて自らの生計を立てながら学校に通い, 後者は正式な退学届を出す前に就業していたと考えられる. これらの回答者の移行期間はマイナスの値となるが, そのように考えると不自然な値ではなかった.
*9　「典型移行」の要件には学校を卒業することが含まれる. その意味で中退は「典型移行」に該当しないが, それとは別に以下のクロス集計では中退の状況にも着目していく.

第3章 学校から仕事への移行

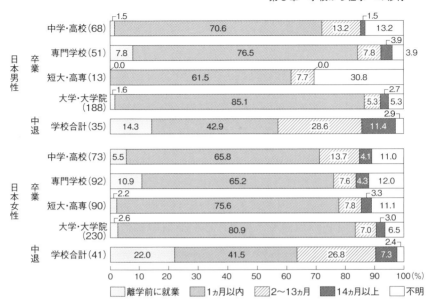

図3.3 日本就業経験者の学歴別「初職への移行期間」（在学中を除く）

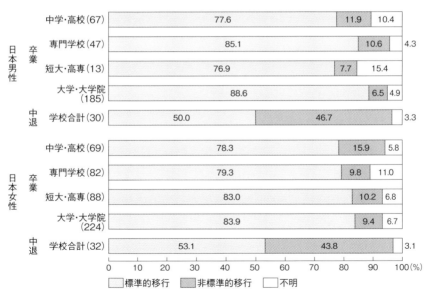

図3.4 日本の就業経験者の学歴別「初職への移行パターン」標準／非標準
　　　（在学中，離学前就業者を除く）
　標準的移行　＝「学校の紹介」または移行期間が「間断なし」（離学後1ヵ月以内）
　非標準的移行＝「その他」の入職経路かつ移行期間が「間断あり」（離学後2ヵ月以上）

行期間が「間断あり」(離学後 2 ヵ月以上) を非「標準的」，それ以外の回答は「不明」とした。図 3.4 は学歴別に示した。移行期間は「不明」だが「学校の紹介」である場合，「標準的」に含まれるようになり，図 3.4 では「不明」は図 3.3 より大幅に減っている。

「学校の紹介」または「間断なし」は，どの学校の卒業でも 75％以上であり，学歴差は小さい。他方，入職経路が「その他」で移行期間が「間断あり」の割合は，男性では 10％を超えている。女性では 10％前後みられる。中退では男女とも 40％台と，卒業より圧倒的に高い。

以上から，この調査では移行が「学校の紹介」または「間断なし」といった「標準的移行」が，かなりの規模で存続していることが確認できる。

3. 初職の就業形態と「典型移行」

3.1 初職の就業形態

次に，初職の就業形態をみていこう。図 3.5 は学歴別初職の就業形態である。図 3.4 とは異なり，再び離学前就業者を含む集計に戻してある。

初職の正規雇用に着目すると，男性では，短大・高専以上の卒業で高い。専門学校がもっとも低く 50％台である。ただし，専門学校には「自営」等の就業形態が約 10％と比較的多く含まれている。女性は，中学・高校で正規雇用はかなり低いが，学歴差は男性より小さい。男性より女性はどの学歴においても正規雇用は低く，その分非正規雇用が高い。男性でも非正規雇用は，中学・高校，専門学校とも 20％台と，短大・高専や大学・大学院に比べて高い。

学歴の中退では，正規雇用はどの学校卒業よりも低く，その分非正規雇用がかなり高い割合を占めている。

労働市場の変化によって，初職の非正規雇用比率が高まっていると考えられるが，本調査では，男性より女性に，学歴別では男女とも中学・高校に，男性ではさらに専門学校に，より高い傾向がみられる。新卒労働市場の変化は，そうした若者により大きな影響を与えたと考えられる。

3.2 日本的「典型移行」の検討

先に述べたように，日本的な「典型移行」とは，「学校を卒業し，間断なく，正規雇用に就く」ことと定義できる。そこで，図 3.4 と図 3.5 を組み合わせて，

第3章 学校から仕事への移行

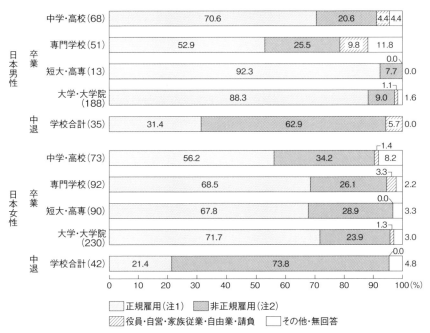

図 3.5 日本の就業経験者の学歴別「初職の就業形態」(在学中を除く. 離学前就業者を含む)
(注1) 正規雇用 ＝管理職＋正規雇用
(注2) 非正規雇用＝正規雇用以外（契約，派遣，パートタイム，アルバイト等）

日本的な「典型移行」をみることにする（図3.6）。離学前就業者を除き，移行が「学校の紹介」または「間断なし」（「標準的」）で，初職正規雇用についたものを「典型移行」とし，それ以外は非「典型移行」とする。これらのどれにも当てはまらないものは「不明」とした。さらに，非「典型移行」のうち初職を「正規」「非正規」「自営等」の3つに区分し，学歴別にみていく。

「典型移行」比率に着目すると，男性では短大・高専以上の卒業で高い。専門学校がもっとも低く51.1％である。女性は，中学・高校卒ではかなり低いが，男性より学歴差は比較的小さい。女性はどの学歴においても男性より「典型移行」は低く，そのぶん非「典型移行」のうち非正規雇用が高い。男性でも，非「典型移行」のうち非正規雇用は中学・高校が高い。

非「典型移行」のうち正規雇用はほとんど存在しない。このことは，「学校の紹介」または「間断なし」（「標準的」）の移行でないと，正規雇用に就きにくいことを端的に示している。

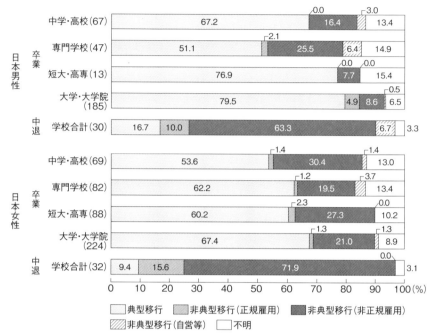

図 3.6 日本の就業経験者の学歴別「初職への移行パターン」典型／非典型移行
（在学中，離学前就業者を除く）
典型移行　＝学校を卒業し，間断なく正規雇用の初職に就く
非典型移行＝上記以外の初職に就く

　学歴の中退では，「学校の紹介」または「間断なし」かつ正規雇用（卒業で「典型移行」に当たる）は，男性約15％，女性約10％に過ぎない。卒業ではほとんどみられなかった，「その他」の移行で「間断あり」かつ正規雇用（卒業で非「典型移行」のうち正規雇用に当たる）は，男性10％，女性約15％と，卒業より高いが決して多くない。「その他」または「間断なし」かつ非正規雇用（卒業で非「典型移行」のうち非正規雇用に当たる）は，男性約60％，女性約70％とかなり高い割合を占めている。

　本節の最後に，図3.4の「学校の紹介」または「間断なし」（「標準的」移行）の比率と，図3.6の「典型移行」の比率を見比べてみよう（図3.7）。
　「学校の紹介」または「間断なし」の比率は，卒業では70〜80％であった。男性の高専・短大卒と大学・大学院卒では，その比率と「典型移行」の比率はあまり変わらない。ところが，男性の中学・高校と専門学校卒，女性のすべて

第 3 章 学校から仕事への移行

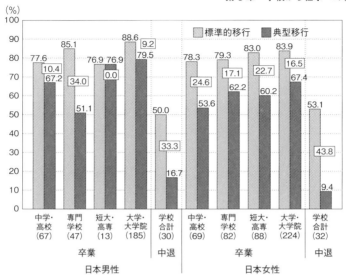

図 3.7 日本の就業経験者の学歴別・学校卒業／中退別「初職への移行パターン」標準的／典型移行（在学中，離学前就業者を除く）

の学校卒業で，「学校の紹介」または「間断なし」の比率より「典型移行」の比率は 10〜20％低い。男性の高専・短大卒は自営等が約 7％，不明が約 15％と多いことを考慮しなければならないが，それを差し引いても「典型移行」の比率は低いといえる。

この両者の差の部分（図 3.7 の□で囲んだ値）が，「学校の紹介」または「間断なし」の移行で正規雇用にならなかった／なれなかった者を表している。おそらく，新卒労働市場の悪化で，従来ならば正規雇用に移行するはずがそうなれなかったと考えられる。両者の差は，どの学校卒業でも男性より女性が大きく，男性では中学・高校と専門学校卒で大きい。さらに，中退は卒業より大きい。

新卒労働市場の変化を経た近年では，男性より女性，男性では中学・高校卒と専門学校卒において非正規への移行が一定の割合で生じる可能性を示唆する結果である。かつて正規雇用であった仕事が，有期契約や派遣労働に置き換えられ，新卒者でもそうした雇用形態がこの時期に一定の割合でみられるようになったといえよう。

4. 初職正規雇用の規定要因
——「学校の紹介」または「間断なき移行」をめぐって

　初職正規雇用を規定する要因は，より良好な雇用機会を得られるかどうかの条件に関連する。若年労働市場の悪化によって，男性より女性に，学歴では男女とも中学・高校に，男性では専門学校において，正規雇用が低い傾向がみられた。学歴以外のどのような要因が初職正規雇用に影響を与えているか，とくに初職への「学校の紹介」または「間断なき移行」に着目して分析する。

　親や家族に関する要因は 3 つの変数を用いる。「初職前の親と別居経験」は，「経験あり」「経験なし」に分類した[*10]。親の経済的要因として，「中学卒業時の家庭の暮らし向き」を 5 段階の間隔水準で測定する質問を設定し，暮らし向きがよいほど得点が高くなるようスコアづけした変数を作成した。親の就業状況は，中学卒業時の父母の就業状況を組み合わせ，「父雇用，母有業」，「父自営・家族従業」[*11]，「父雇用，母無業」の 3 カテゴリーの多項ダミー変数を作成し，「父雇用，母有業」を参照カテゴリーとした。

　学歴は，これまでの図でみてきた 5 カテゴリーを多項ダミー変数として，「大学・大学院卒」を参照カテゴリーとした。初職の入職経路は，「学校の紹介」と「それ以外」に，移行期間は「間断なし」と「間断あり」とした。労働市場の関連の変数，需要側の要因として初職入職前年の 15～24 歳の若年失業率[*12]，供給側の要因として 18 歳時人口を変数として導入した。婚姻状況は，初職への入職時の「既婚」と「未婚」に分けてダミー変数を作成した。

　表 3.1 は，初職が正規雇用（対　非正規雇用）を従属変数としたロジスティック回帰分析の結果を男女別，さらに男女別で〈中学・高校，専門学校〉卒と〈短大・高専，大学・大学院〉卒の 2 つの学歴別に分けて示した。

　まず，「学校の紹介」と「間断なし」が初職正規雇用に及ぼす効果をみてみよう。男女の全体では，男女とも「学校の紹介」，「間断なし」に統計的に有意な効果がみられる。オッズ比（なりやすさ）では，「間断なし」より「学校の

[*10] 初職前の親との別居経験は，これまで別居経験のない者を「経験なし」，さらに，これまで別居経験があり「初職入職年」から「親との別居年」を引いて，0 またはマイナスとなった者を「経験なし」，プラスとなった者を「経験あり」とした．

[*11] 「父自営・家族従業」のカテゴリーには，母の就業状況（就業・無業）を問わない．

[*12] 日本の若年失業率の推移は，第 1 章図 1.3 を参照．

紹介」が高い。

学歴が〈中学・高校，専門学校〉卒の男性では，「学校の紹介」が統計的に有意な効果である。「間断なし」は有意ではないが，有意傾向ではある（$p. < 0.1$）。〈短大・高専，大学・大学院〉卒の男性では，「学校の紹介」，「間断なし」とも有意な効果がないが，「間断なし」が有意傾向であった。

女性ではどの学歴も「学校の紹介」，「間断なし」とも有意な効果がみられたが，〈中学・高校，専門学校〉卒では「学校の紹介」が，〈短大・高専，大学・大学院〉卒では「間断なし」がオッズ比が高い。

ほかの要因について統計的に有意な効果をみると，男女とも学歴が〈短大・高専，大学・大学院〉卒では，「中学卒業時の家庭の暮らし向き」がよいほど正規雇用になりやすい。学歴が高いカテゴリーでは親の経済力の影響を指摘できる。また，〈中学・高校，専門学校〉卒の女性では，初職前に親との別居「経験あり」が正規雇用になりやすい。この結果の解釈には注意が必要であるが，親と同居して経済的にある程度安定していれば，初職が非正規雇用になりやすいことになる。親の経済力は本人がコントロールできない要因である。そうした要因も，〈短大・高専，大学・大学院〉卒では，初職正規雇用の機会に影響を与えている。

〈中学・高校，専門学校〉卒の男性では，「学校の紹介」の効果のみが有意であったことから，親の経済力の影響を小さくする機能を「学校の紹介」という制度的コンテクストが果たしていると考えられる。

5. 初職正規雇用の勤続の規定要因

5.1 初職入職5年後の勤続率

初職正規雇用の仕事への適応を示すのが，次に検討する初職正規雇用の勤続率の問題である。勤続が長い，離転職せずに勤続していることは，その職に適応していることを必ずしも意味しないが，初期キャリア形成における1つの指標と捉えて分析を進めることにする。

前節までの検討結果では，以前の世代より厳しい労働市場環境のなかで学校から仕事へ移行してきた若者たちにとって，苦労して得た職は果たして長く勤められる仕事であったのかという疑問がわく。そこで，初職正規雇用の勤続の規定要因を分析する前に，初職正規雇用者の入職1・3・5年後の勤続者の割合

表3.1　日本の初職正規雇用の規定要因（二項ロジスティック回帰分析）

	男性 全体		中学・高校、専門学校		短大・高専、大学・大学院	
	B	Exp(B)	B	Exp(B)	B	Exp(B)
初職前・親と別居経験ありダミー（対 別居経験なし）	.478	1.61297	.511	1.667	.608	1.836
中卒時・家庭の暮らし向き(注1)	.608	1.837 **	.387	1.473	.965	2.625 **
中卒時・父母就業(参照：父雇用、母有業)						
父自営・家族従業	-.018	.982	-.567	.567	.373	1.451
父雇用・母無業	-.719	.487	-.815	.443	-.768	.464
その他	.757	2.133	-.877	.416	40.897	6.E+17
学歴(参照：大学・大学院卒)						
中学・高校卒	-2.016	.133 **	.042	1.043	—	—
高卒後の専門学校卒	-2.229	.108 ***	(注2)	(注2)	—	—
短大・高専卒	-1.761	.172	—	—	-1.403	.246
中退計	-2.554	.078 ***	-.028	.972	-3.917	.020 ***
初職・学校の紹介ダミー（対 学校の紹介以外）	3.122	22.702 ***	4.095	60.025 ***	1.043	2.839
初職・間断なしダミー（対 間断あり）	1.475	4.373 **	1.643	5.169 +	1.359	3.891 +
初職入職年の前年若年失業率	-.053	.949	.017	1.017	-.281	.755
18歳時人口	.017	1.017	-.018	.982	.026	1.026
初職入職年既婚ダミー（対 未婚）	34.067	6.E+14	—	—	35.433	2.E+15
定数	-3.426		.344		-3.744	
度数(n)	(285)		(98)		(187)	
モデルχ2検定	***		***		***	
-2対数尤度	183.191		64.918		103.472	
Nagelkerke R2乗	.484		.637		.382	

雇用者のみ（自営・家族従業等は初職に少ないため除外），離学前就業者除く
　+p＜0.01　*p＜0.05　**p＜0.01　***p＜0.001
(注1) 1点＝苦しかった，2点＝どちらかといえば苦しかった，3点＝ふつう，4点＝どちらかといえばゆとりがあった，5点＝ゆとりがあった
(注2)〈中学・高校，専門学校〉の参照カテゴリーは「高卒後の専門学校卒」

（勤続率）をみておこう。図3.8に，男女別・学歴別に1・3・5年後の勤続率を示した。男女とも1・3・5年が経過していくと，初職正規雇用の勤続率は低くなっていく。また，男性より女性の勤続率が明らかに低い。

男性の学歴では，中学・高校や専門学校は，短大・高専，大学・大学院に比べて，5年後の勤続率は低く50％台となる。女性でも同様の傾向があり，中学・高校や専門学校は30％台まで下がっている。

5.2　初職正規雇用5年勤続の規定要因

以上の結果を踏まえると，1・3年後も比較的勤続率が高いが，ある程度離転職が発生している5年勤続率の規定要因を探るために，図3.8と同様，初職入職後5年以上を分析対象として，前節と同じロジスティック回帰分析を用い

第 3 章　学校から仕事への移行

	女性					
	全体		中学・高校、専門学校		短大・高専、大学・大学院	
	B	Exp(B)	B	Exp(B)	B	Exp(B)
初職前・親と別居経験ありダミー（対 別居経験なし）	.135	1.145	2.306	10.033 *	-.237	.789
中卒時・家庭の暮らし向き(注1)	.141	1.152	-.230	.794	.419	1.520 *
中卒時・父母就業(参照：父雇用、母有業)						
父自営・家族従業	-.437	.646	-.709	.492	-.457	.633
父雇用・母無業	-.132	.876	-.088	.916	-.265	.767
その他	-.324	.723	-.119	.888	-.586	.557
学歴(参照：大学・大学院卒)						
中学・高校卒	-.890	.411	-.685	.504	—	—
高卒後の専門学校卒	-.165	.848	(注2)	(注2)	—	—
短大・高専卒	-.562	.570	—	—	-.456	.634
中退計	-1.116	.328 *	-.628	.534	-.578	.561
初職・学校の紹介ダミー（対 学校の紹介以外）	2.373	10.729 ***	4.854	128.197 ***	1.100	3.004 *
初職・間断なしダミー（対 間断あり）	1.784	5.954 ***	1.591	4.910 *	2.065	7.885 ***
初職入職年の前年若年失業率	.216	1.242	.727	2.068	.208	1.231
18歳時人口	.024	1.024	.081	1.085	.034	1.035
初職入職年既婚ダミー（対 未婚）	-.523	.592	1.847	6.343	-1.031	.357
定数	-6.864		-19.717		-9.425	+
度数(n)	(409)		(131)		(278)	
モデルχ2検定	***		***		***	
-2対数尤度	79.221		270.477		264.393	
Nagelkerke R2乗	.701		.270		.294	

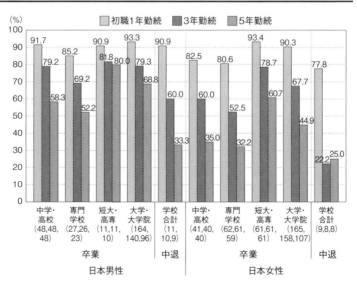

図 3.8　日本初職正規雇用の学歴別勤続率（入職 1・3・5 年後）
　　　　在学中，離学前就業者，離転職者を除く

て分析した（表 3.2）。

モデル 1 は，初職非正規雇用の分析と同じ変数を投入したモデルであるが，婚姻状況は初職 5 年後とした。モデル 2 は，モデル 1 に加えて初職の要因の効果を検討した。追加した変数は，初職の職業（職種）を 5 カテゴリーに分けて，多項ダミー変数を作成し，「専門・技術，管理」を参照カテゴリーとして投入した。また，初職の企業規模は，勤め先企業が「1,000 人以上の大企業または官公庁」「1,000 人未満の中小企業」とした。

表 3.2 左に男性，表 3.2 右に女性のそれぞれ 5 年勤続を従属変数としたロジスティック回帰分析の結果を示した。スペースの都合上，男女全体ではモデル 1・2 の両方を表示し，学歴別の分析ではモデル 2 のみを表示した。

分析結果は，男性はモデルそのものが統計的に有意ではないものの[*13]，男女とも「学校の紹介」「間断なし」に有意な効果はみられない。むしろ，男女とも中学卒業時の父母の就業状況が，「父雇用・母有業」より「父自営・家族従業」が勤続していない，すなわち離転職している，「大企業・官公庁」が勤続しているなど，親の就業状況，初職の勤め先の効果がみられた。親の就業状況の効果は，父の自営業を手伝うあるいは家業を継ぐために，離転職したと考えられる。

さらに，女性は初職の職業（職種）で，「専門・技術，管理」より，「事務」，「販売」が勤続していない，すなわち離転職している。さらに，結婚の影響も大きく，結婚は勤続していない，すなわち離転職しており，未婚が勤続するといえる。既婚者の多くは離職したと推測される。

男性の学歴は，〈中学・高校，専門学校〉卒，〈短大・高専，大学・大学院〉卒ともにモデルが統計的に有意ではない。男性の〈短大・高専，大学・大学院〉卒は統計的に有意な効果もない。男性の〈中学・高校，専門学校〉卒では，「間断なし」の効果が有意であり，「間断なし」の方が勤続している。男性の〈中学・高校，専門学校〉卒は，「間断なし」が勤続できる職に就く雇用機会が大きかった，逆に言えば，男性の〈中学・高校，専門学校〉卒は，間断があるとそうした機会が狭められたと考えられる。

それとは対照的に，女性の〈中学・高校，専門学校〉卒では，「間断なし」

[*13] 男性全体も，男性の学歴別も，モデルそのものが統計的に有意でないが，有意な要因はクロス集計で影響が確認できるので，以下では男性においても有意な要因があれば挙げている。

は有意傾向（$p. < 0.1$）であるが，マイナスの効果となり，「間断なし」が離転職しており，男女で全く効果が異なる。

さらに，男性では「父雇用・母有業」より「父自営・家族従業」は勤続していない，すなわち離転職しており，初職の職業が「専門・技術，管理」より「運輸，生産工程・建設，農林」が勤続する，といった結果が有意であった。つまり，男性の〈中学・高校，専門学校〉卒では，「父自営・家族従業」ではなく，「間断なし」，「運輸，生産工程・建設，農林」が，勤続する傾向がある。このことは，基幹労働力となる人材の長期雇用を前提に，自社内で技能を育成する「日本的雇用慣行」と深い結びつきがあると考えられる。

他方，女性はどの学歴でも回帰モデルは統計的に有意である。女性の〈中学・高校，専門学校〉卒では，既婚が勤続していない，すなわち未婚が勤続，初職の勤め先が大企業・官公庁が勤続といった結果が有意であった。

女性のモデルでは，〈短大・高専，大学・大学院〉卒は，「父雇用・母有業」より「父自営・家族従業」が勤続していない，すなわち離転職している。既婚が勤続していない，すなわち未婚が勤続，初職の職業が「専門・技術，管理」より「事務・販売」が勤続，といった結果が有意であった。女性で未婚が勤続するという結果は，逆に言えば結婚すると離転職することを意味しており，女性の初職の就業継続において，結婚・出産が依然として大きな影響を与えていることが確認できる。

また，女性の〈中学・高校，専門学校〉卒では，「大企業・官公庁」以外の勤め先（すなわち「1,000人未満の中小企業」），〈短大・高専，大卒・大学院〉卒では「専門・技術，管理」以外の職業（すなわち「事務」と「販売」）では勤続は難しいともいえる。

以上のように，本調査の回答者では男女・学歴によって勤続に与える効果は異なるが，男性の〈中学・高校，専門学校〉卒以外では，「学校の紹介」，「間断なき移行」は勤続への効果がないことが明らかになった。

表3.2 日本の初職正規雇用の5年勤続規定要因（二項ロジスティック回帰分析）

男性	全体				中学・高校、専門学校		短大・高専、大学・大学院	
	モデル1		モデル2		モデル2		モデル2	
	B	Exp(B)	B	Exp(B)	B	Exp(B)	B	Exp(B)
初職前・親と別居経験ありダミー（対 別居経験なし）	-.720	.487 +	-.680	.507	-.642	.526	-.473	.623
中卒時・家庭の暮らし向き(注1)	-.051	.951	-.019	.981	-.844	.430 +	.183	1.201
中卒時・父母就業(参照：父雇用、母有業)								
父自営・家族従業	-1.243	.289 **	-1.381	.251 **	-1.852	.157 *	-1.095	.334
父雇用・母無業	-.639	.528	-.687	.503	.225	1.252	-.942	.390
その他	1.167	3.212	.823	2.278	1.053	2.867	75.877	9.E+32
学歴(参照：大学・大学院卒)								
中学・高校卒	1.027	2.792	.662	1.939	.153	1.166		
高校後の専門学校卒	-.037	.964	.191	1.211	(注2)	(注2)		
短大・高専卒	38.560	6.E+16	39.111	1.E+17			38.771	7.E+16
中退計	-1.411	.244	-1.009	.365	-.604	.546	-39.577	.000
初職・学校の紹介ダミー（対 学校の紹介以外）	-.283	.753	-.167	.847	-.292	.747	-.602	.548
初職・間断なしダミー（対 間断あり）	.214	1.239	.463	1.588	4.090	59.759 *	-.894	.409
初職入職年の前年若年失業率	.435	1.545	.397	1.487	.657	1.929	.165	1.179
18歳時人口	.029	1.029	.022	1.022	.015	1.015	.005	1.005
初職5年後年既婚ダミー（対 未婚）	.276	1.317	.099	1.104	-.421	.656	.443	1.557
初職・職業(参照：専門・技術、管理)	—	—						
事務	—	—	.197	1.217	1.704	5.498	-.211	.810
販売	—	—	-.037	.964	.902	2.465	-.154	.858
サービス	—	—	-.434	.648	1.048	2.851	-1.737	.176
運輸、生産工程・建設、農林	—	—	.486	1.626	2.729	15.320 *	-.369	.691
初職・大企業、官公庁ダミー（対 1000人未満企業）	—	—	.796	2.217 +	.706	2.026	.847	2.332
定数	-7.405	6.E-04	-6.613	1.E-03	-1.E+01	.000	-9.E-01	4.E-01
度数(n)	(159)		(159)		(62)		(97)	
モデルχ2検定	+		+					
-2対数尤度	180.129		174.594		63.298		97.044	
Nagelkerke R2乗	.191		.232		.377		.280	

雇用者のみ（表3.1と同じ） 離学前就業者を除く ＋p.＜0.01 ＊p.＜0.05 ＊＊p.＜0.01 ＊＊＊p.＜0.001
(注1)(注2)は表3.1と同じ

6. まとめと考察——若者と女性の雇用機会をめぐって

本章の目的は「初職への入職経路」と「移行期間」に着目し，それらが初職正規雇用と初職の勤続に与える影響を検討することにあった。

「学校の紹介」による初職への入職は，とくに中学・高校卒業においてはかなりの規模で存続しており，初職正規雇用の規定要因としても影響が大きかった。「典型移行」の分析から，「学校の紹介」または「間断なき移行」以外のルートは，正規雇用に就きにくいという日本の労働市場の柔軟性のなさを端的に示す結果となった。

女性	全体				中学・高校、専門学校		短大・高専、大学・大学院	
	モデル1		モデル2		モデル2		モデル2	
	B	Exp(B)	B	Exp(B)	B	Exp(B)	B	Exp(B)
初職前・親と別居経験ありダミー（対 別居経験なし）	-.373	.689	-.473	.623	-.830	.436	-.731	.481
中卒時・家庭の暮らし向き(注1)	-.109	.897	-.145	.865	-.190	.827	-.034	.967
中卒時・父母就業(参照：父雇用、母有業)								
父自営・家族従業	-.845	.430 *	-.921	.398 *	-.560	.571	-1.166	.312 *
父雇用・母無業	-.240	.787	-.414	.661	.536	1.709	-.592	.553
その他	1.062	2.891	.811	2.250	1.605	4.976	.976	2.653
学歴(参照：大学・大学院卒)					—	—		
中学・高校卒	-.440	.644	-.493	.611	-.8022	.448	—	—
高卒後の専門学校卒	-.450	.638	-.579	.560	(注2)	(注2)	—	—
短大・高専卒	1.019	2.770 *	.974	2.648 +	—	—	.902	2.464
中退計	-1.578	.206	-1.422	.241	-43.580	.000	-.603	.547
初職・学校の紹介ダミー（対 学校の紹介以外）	.032	1.032	-.042	.958	-.084	.919	-.143	.867
初職・間断なしダミー（対 間断あり）	-.305	.737	-.564	.569	-2.771	.063 +	-.085	.919
初職入職年の前年若年失業率	.191	1.211	.090	1.094	.340	1.405	-.033	.967
18歳時人口	.030	1.031	.026	1.027	.070	1.073	.002	1.002
初職5年後未既婚ダミー（対 未婚）	-1.228	.293 ***	-1.440	.237 ***	-1.918	.147 *	-1.405	.245 **
初職・職業(参照：専門・技術、管理)	—	—						
事務	—	—	-.925	.397 *	.621	1.862	-1.539	.215 **
販売	—	—	-1.315	.268 *	1.314	3.722	-1.902	.149 **
サービス	—	—	-1.096	.334	-.536	.585	-.692	.500
運輸、生産工程・建設、農林	—	—	-.743	.476	1.413	4.108	-1.910	.148 +
初職・大企業、官公庁ダミー（対 1000人未満企業）	—	—	1.167	3.211 ***	2.326	10.233 **	.742	2.100 +
定数	-5.589	4.E-03	-3.189	4.E-02	-11.972	6.E-06	1.891	7.E+00
度数(n)	(229)		(228)		(80)		(148)	
モデルχ 2検定	***		***		*		***	
-2対数尤度	275.386		254.017		68.874		163.692	
Nagelkerke R2乗	.215		.311		.460		.323	

　初職正規雇用の規定要因の分析結果からは，「学校の紹介」や「間断なき移行」は，男女・学歴によって，どちらの効果があるかは異なるものの，両者とも正規雇用の初職を見つけるには重要な要因であった．今後も一定の規模で存続していくものと予想される．

　若年雇用の拡大が見込めないなかで，この結果のデメリットが増大していくことが懸念される．なぜなら，大学・大学院卒業では，初職正規雇用への移行は親の経済力といった本人のコントロールできない要因にも左右されており，不利な立場の若者は雇用機会が狭まり，初職で正規雇用に就けないと格差はさらに拡大してしまう．したがって，高等教育における学生と学生の親の社会経済階層の問題にはもっと敏感になる必要があり，支援が必要なのはそうした学

生であるといえる。

　次に，初職正規雇用者の勤続率の分析から，男性より女性，学歴では短大・高専卒，大学・大学院卒より中学・高校卒や専門学校卒，卒業より中退で，入職5年後の勤続率が低い，すなわち離転職率が高いことがわかった。男性の中学・高校や専門学校卒の勤続率は50％台，女性の中学・高校卒や専門学校卒の勤続率は30％台，女性の大学・大学院卒でも40％台と低かった。かなりの者が初職正規雇用の職を辞めてしまうことがわかった。

　5年勤続の規定要因の分析から，「学校の紹介」「間断なし」以外の要因で，正規雇用から離転職していくことが確認できた。とくに女性では，結婚による離転職というパターンは強固であった。さらに女性の〈中学・高校，専門学校〉卒では勤め先が中小企業，〈短大・高専，大学・大学院〉卒では「事務」「販売」の職業で，勤続が難しいことも示された。

　もっとも，初職の勤続や離転職の要因として，初職の採用時の条件である「学校の紹介」や「間断なき移行」の影響が小さいことは常識的なことかもしれない。しかし，本調査では男性の〈中学・高校，専門学校〉卒では，「間断なし」が勤続しやすい結果がみられた。逆にいえば，「間断あり」は正規雇用でも勤続しにくい，すなわち離転職しやすいことを示している。女性の〈中学・高校，専門学校〉卒は，男性とは異なったパターンを示しているので，これは男性に特徴的であるといえる。

　男性の〈中学・高校，専門学校〉卒では，初職の正規雇用は「学校の紹介」のみが有意な効果であったことと合わせて考えると，「学校の紹介」または「間断なき移行」以外のルートは初期キャリア形成において遠回りしやすい，あるいは不利を被りやすいと考えられる。ただし，勤続の規定要因の分析では男性の回帰モデルが成り立っていないことから，〈中学・高校，専門学校〉卒の特徴といえるかどうかは留保がつく。興味深い結果が得られたものの，より規模の大きい調査で再度検討することが必要である。

　以上を踏まえて，学校から仕事への移行以外の要因を含めて，若年雇用の労働政策のあり方を考えると，今後若年雇用の大幅な拡大が見込めない日本では，離学後の一時的迂回から取り返せないような不利を被る労働市場のあり方は改善されるべきである。

　まず，初職で正規雇用に就けなかった若者たちにも再チャレンジの機会が与えられるような，移行ルートの多様化を前提にした，より柔軟性のある労働市

場が必要である。「典型移行」はなくならないだろうが，非典型移行の若者たちが長期にわたって不利な状況におかれてよいことにはならない。

　第二に，賃金，待遇，キャリア形成といった点で，正規雇用と非正規雇用の格差を縮小していくことが重要である。近年は，若年層で同じ職場の正社員と同一または近い働き方をしている有期契約雇用者が増えており，とくに女性に顕著である。従来の一般職正社員の非正規置き換えによって，新卒採用で有期契約しか就職先がないこともある。有期契約雇用の待遇（賃金，能力開発など）を正規雇用に近づけていく施策や，正規雇用に転換する制度なども，間接的ではあるが，若者のキャリア形成にも資することになる*14。

　第三に，日本の労働市場におけるジェンダー格差は依然大きいままである。たとえば本章の分析結果では，初職正規雇用や「典型移行」の割合は，どの学歴においても男性より女性が低かった。こうした女性に不利な労働環境を改善することで，同じように不利を抱える男性にも効果を見込めるような，ジェンダー中立の観点からの諸施策を進めていくことが重要である。

参考文献

本田由紀，2005，『若者と仕事――「学校経由の就職」を超えて』東京大学出版会．
―――，2006，「若年層の雇用の現状と課題―「ダブル・トラック」化にどう取り組むか」樋口美雄＋財務省財務総合政策研究所編『転換期の雇用・能力開発支援の経済政策』日本評論社，55-83．
乾彰夫，1996，「「学校」「労働市場」間の日本的接続と日本型大衆社会」『日本労働社会学会年報』第 7 号：85-79．
石田浩，2005，「後期青年期と階層・労働市場」『教育社会学研究』第 76 集：41-57．
岩上真珠編，2009，『若者のキャリア形成過程におけるジェンダー格差の国際比較――労働，教育，家族政策より』平成 18 年度～平成 20 年度　日本学術振興会科学研究費補助金基盤（B）研究成果報告書（研究課題番号 18402035）．
岩上真珠編著，2010，『「若者と親」の社会学――未婚期の自立を考える』青弓社．
岩永雅也，1983，「若年労働市場の組織化と学校」『教育社会学研究』第 38 集：134-145．

---

*14　ただし，筆者は有期契約労働の拡大には反対の立場である．

香川めい，2005，「学校から職業への移行のあり方とキャリア形成―初職・昇進・現職」『東京大学大学院教育学研究科紀要』第44集：119-127.
―――，2007，「学校から職業への移行に関する二つの経路―「間断」のない移行と〈学校経由〉の就職」『東京大学大学院教育学研究科紀要』第46集：155-164.
―――，2008，「初職への移行プロセスと初職以後の初期キャリア―移行期間と入職経路の影響に着目して」渡辺勉編『世代間移動と世代内移動 2005年SSM調査シリーズ3』同調査委員会，187-207.
苅谷剛彦，1991，『学校・職業・選抜の社会学――高卒就職の日本的メカニズム』東京大学出版会.
苅谷剛彦・本田由紀編，2010，『大卒就職の社会学――データからみる変化』東京大学出版会.
小杉礼子，2011，『若者と初期キャリア――「非典型」からの出発のために』勁草書房.
黒澤昌子・玄田有史，2001，「学校から職場へ―「七・五・三」転職の背景」『日本労働研究雑誌』490号：4-18.
内閣府政策統括官・共生社会政策担当編，2009，『第8回世界青年調査 報告書』.
小野旭，1989，『日本的雇用慣行と労働市場』東洋経済新報社.
菅山真次，1998，「「就社」社会の成立―職業安定行政と新規学卒市場の制度化1925-1970」『日本労働研究雑誌』457号：2-16.
植上一希，2011，『専門学校の教育とキャリア形成――進学・学び・卒業後』大月書店.

第4章　若者の仕事観とジェンダー意識

大槻　奈巳

1. 不透明な時代の仕事観とジェンダー意識

1.1　景気低迷期の若年労働市場

　本章では，雇用が不安定化し，初期キャリア形成が多様化しているなかで，若者の仕事観とジェンダー意識について考えたい。ここで検討する仕事観とは「管理職になりたい」「仕事の専門能力を高めたい」という志向性，ジェンダー意識とは「男性の稼ぎ手役割」についての意識である。

　第1章でもふれたように，私たちは1976～82年生まれ，調査時点（2007年）で25～30歳の若年層がどんな考えを持ち，どんなライフスタイルで生きているかに大きな関心をもった。なぜ彼らに関心をもったのか。それは，第一に彼らが小学生の時期に日本のバブル経済が幕を開け，その後，中学生の時期にそれが終焉し，超氷河期と呼ばれた時期に就職活動を行い，高校や大学を卒業した。長らく2～3％未満で推移していた日本の失業率は，1994年2.9％に上昇，その後も上がり続け，2002年には過去最高の5.4％となり，それ以降も4～5％の高い水準で推移している。有効求人倍率も1993年に1を切り，1.06に回復したのは2006年である。高校生の就職率は約40％，大学生の就職率は60.1％という年であった。社会に出てからは「失われた10年もしくは20年」と呼ばれる景気低迷期のなかで過ごし，少し光が見えたかと思われた2000年代中頃のイザナミ景気の直後にリーマンショックを経験している。

　年功賃金，長期雇用といった日本的雇用システムは大きな曲がり角をむかえ，会社に在籍していれば毎年賃金が上がるという状況はなくなり，早期退職制度を用いた従業員の削減も驚くことではなくなった。非正規雇用で働く人た

ちも増え，調査時点の 2007 年では，男性の 15～24 歳 45.7％，25～34 歳 13.9％，女性の 15～24 歳 50.4％，25～34 歳 41.3％が非正規雇用で働いていた。いままで，非正規雇用の多くは既婚女性が占めており，一部の研究者しか非正規雇用として働く問題点を指摘してこなかった。しかし，2000 年に入り，非正規雇用で働く若年層の増加，とくに男性の非正規雇用は世間の耳目を集め，「フリーター」や「ニート」といった言葉が社会の中で普通に，そして否定的な意味をもって使われるようになっていった。

OECD が日本に関する報告書（2010）で指摘したように，日本の長期失業率は過去 10 年間に高まり，2007 年には OECD 平均を超えたこと，日本では若年労働市場における職業流動性が労働市場の二重構造の拡大に従って高まったので，所得が低くキャリア向上の展望が限定的な非正規雇用に多くの若者が就いたこと，非正規から正規への移動の可能性は低いこと，女性は男性に比べて非正規雇用の可能性が高いことが注目される。

1.2 若年層の仕事観：「管理職になりたい」「仕事の専門能力を高めたい」志向性

このような状況下で，NHK 放送文化研究所が 1973 年から 5 年ごとに行っている意識調査では，「仕事も余暇も」というワークライフ・バランスの両立型がとくに若年層において増え，半数を占めているという（NHK 放送文化研究所, 2010）。両立型の志向性は女性の方がやや強いが，男女ともに同様の傾向である。日本の男性にとって仕事が人生の中心的な位置を占め，それは他国と比較して高いことが指摘されてきたが（三隅・矢守, 1993），働き方の実態としては男性の長時間労働が増えているものの（小倉, 2007），意識の上ではこの 30 年間で「仕事志向」が弱まり，とくに若年層は仕事中心ではない意識が広がっていると考えられる。

では，出世意識はどうであろうか。片桐新自は 1992 年から 5 年ごとに大学生に対して調査を行い，「ある程度の収入を得られるなら，出世するより気楽な地位にいたい」かどうかを質問している。年度によってやや上下しているが，男子学生も女子学生も 6～7 割は出世するより気楽な地位にいたいと答えている（片桐, 2007）。新入社員に対してもさまざまな調査が行われているが，日本能率協会調査（2010）では「将来管理職になりたい」と回答した男性は 63.6％，大卒・大学院卒の女性では 50.5％であった（日本能率協会, 2013.12.1 閲覧）。産業能率大学「会社生活調査」（2012）によると，男性新入社員の

56.8%，女性新入社員の 28.7%が管理職志向を持ち，この割合は 10 年前のほぼ 2 倍であるという。調査を始めた 2000 年以降もっとも高い割合となり，長期雇用志向の強まりや「女性を積極的に登用する企業が増えた」ことなどが要因であると分析されている（産業能率大学，2012）。

雇用が不安定化し，長期雇用があたりまえではなくなった若年層は「管理職になりたい」という意識を持っているのだろうか。仕事中心性が弱まるなかで，管理職志向も弱まってきたのだろうか。それとも，不透明な状況下で雇用の安定をもとめて管理職志向が強まっているのだろうか。企業内のコースが複線化するなかで，ジェネラリストよりスペシャリスト志向が強まり，管理職より専門能力志向が強まっているのであろうか。もしくは「管理職」は遠い存在として，そもそも志向しなくなったのだろうか。本章では，これらの疑問について考えてみたい。

1.3 若年層のジェンダー意識：稼ぎ手役割意識

仕事観と強いつながりをもつと考えられてきたのが「稼ぎ手役割」（家族扶養）意識である。日本における男性＝稼ぎ手という近代家族モデルは，男性たちが稼ぎ手役割を果たすために仕事中心のライフコースを選択することによって成立してきた。先にみたように，日本男性の仕事中心傾向が弱まり，日本型雇用システムが機能しなくなってきたいま，不透明な時代に生きる若年層は稼ぎ手役割をどのように考えているのか。

キャリア形成が多様化するなかで，女性が出産前後に退職するライフコースはここ 20 年間変わっていない。子どもの第 1 子出生年別に第一子出産前後の母親の継続就業率をみると，2005〜09 年において出産退職が約 44%，妊娠前から無職だった約 24%とあわせると，7 割近くが離職している。1985〜89 年では約 36%が妊娠前から無職，約 37%が出産退職している。育児休業制度の整備が進んだが，この状況はあまり変わっていない（内閣府，2011）。

また，「一般に女性が仕事を持つことの意識」をみると「子どもができたら仕事を辞め，子どもが大きくなったら再び仕事を持つ方がよい」より，「子どもができてもずっと働き続けた方がよい」が女性の意識，男性の意識ともに上回っているが，近年の変化として「男は仕事，女は家庭」という性別役割分業に賛成する若年女性の割合が増えていることが指摘されている（松田，2005，山田，2009）。つまり，若年女性は実態として出産を契機に仕事を辞め，意識と

して性別役割分業に肯定的であり,稼ぎ手役割は男性が負うものと考えている。

男性の稼ぎ手役割意識には変化があるのだろうか。2004年,「ジェンダーと社会学研究会」では首都圏の25～49歳男性を対象に質問紙調査を実施し,雇用不安定化のなかの就業状況や稼ぎ手役割意識を検証した(目黒・矢澤・岡本編,2012)。筆者も研究会のメンバーであったが,分析の結果,「雇用が不安定」は25～39歳で約2割,40～49歳で約3割を占め,男性既婚者の稼ぎ手役割意識は強固で,転職経験や雇用の不安定は男性にとって稼ぎ手役割は重要であるという意識に影響を与えていないことがわかった(大槻,2012)。雇用の不安定,離職・転職経験は,男性自身の稼ぎ手役割意識には影響を与えないが,一方で離職・転職経験のある男性ほど,女性の家族扶養,女性の経済的自立を重要と考え,雇用の不安定な男性ほど,女性が働いて家計を助けることは重要と考えていた。男性にとって雇用不安定化や離職・転職経験は,自分自身の稼ぎ手役割意識を変化させないが,女性の経済的自立や妻の家計補助を重要であると考えていた。

1.4 調査のねらい

以上のような問題設定に基づいて,1976～82年生まれ(25～30歳)の日本の男女に焦点を当て,「就職氷河期」と呼ばれた時期に働き始めた若者の仕事観とジェンダー意識を探ることにする。具体的には「管理職をめざしたい」「専門能力を高めたい」という意識,および男性の稼ぎ手役割意識について,韓国,イタリア,カナダの調査結果も参考にしながら検討する(岩上編,2009参照。質問文と回答は本書巻末の調査票を参照されたい)。

調査対象は首都圏(千葉,埼玉,東京,神奈川)在住の1976～82年生まれ,2007年10月31日現在で25～30歳の男女5,000人,つまり「就職氷河期」と呼ばれる時期に働き始めた若者たちである。本調査の有効回答数は970票,有効回収率は19.4%であった(第1章参照)。

2. 雇用,仕事観,ジェンダー意識の関連 (クロス集計)

2.1 雇用不安と転職経験

現職の有無(Q2-9)や転職経験(Q2-7)について,「いつ職を失うか不安で

ある」(Q3-8-A-ク)に「そう思う」(とてもそう思う+まあそう思う)*1 と回答した(以下,雇用不安)のは,男女全体で「現職あり」25.3%,「転職経験あり」46.8%であった。

婚姻状況(Q1-6)では,男性既婚 29.1%,男性未婚 25.6%,女性既婚 26.5%,女性未婚 21.2%が雇用不安があると回答していた。男性既婚で3割近く,年収では低い方が,学歴でもおおむね低い方が雇用不安があると回答していた。現職の就業形態(Q3-2)では,非正規雇用の男性既婚 33.3%,男性未婚 43.6%,女性既婚 33.3%,女性未婚 39.8%が雇用不安があると回答しており,かなり高い。

「転職経験あり」(Q2-7)は,男性既婚 49.5%,男性未婚 45.5%,女性既婚 76.5%,女性未婚 55.2%であり,転職の経験がかなりひろがっていたことがわかる。年収が低く,学歴の低い方が転職経験ありと回答していた。さらに,非正規雇用の男性既婚 66.7%,男性未婚 76.9%,女性既婚 88.2%,女性未婚 78.8%が「転職経験あり」と回答しており,きわめて高い。現職の職業(職種)(Q3-3)では,もっとも高いのが保安,農林漁業,運輸・通信で6割近くであった。

2.2 仕事観

今後の仕事について,「管理職をめざしたい」(Q3-8-B-ウ)に「そう思う」と回答した(以下,管理職志向)のは,男性既婚 58.3%,男性未婚 50.8%,女性既婚 21.4%,女性未婚 25.8%であり,男性の約半数,女性の4分の1が管理職志向と回答した。これは4ヵ国調査において,日本がもっとも低い割合であった。

年収(Q6-3)では,男性既婚は年収が高いほど管理職志向であり,男性未婚,女性既婚,女性未婚では年収がなし～100万円未満か500万円以上,つまりもっとも年収が低いか高い女性が管理職志向であった。

学歴(Q2-4)では,未婚男性はおおむね学歴が高いほど,女性は専門学校卒が管理職志向であった。

「仕事の専門能力を高めたい」(Q3-8-B-イ)に「そう思う」と回答した(以下,専門志向)のは,男性既婚 92.2%,男性未婚 92.6%,女性既婚 80.6%,女

---

*1 回答は4択あり,「そう思う(重要である)」は「とてもそう思う(とても重要である)」「まあそう思う(まあ重要である)」の合計.以下同じように集計.

性未婚 86.4% であった。年収をみると,男性既婚は(数は少ないが)年収が低く,男性未婚は年収が「なし〜100 万円未満」か「500 万円以上」,つまりもっとも年収が低いか高い男性であった。女性既婚もおおむね似た傾向であったが,女性未婚は年収が高いほど専門志向であった。

2.3 ジェンダー意識（男性の稼ぎ手役割）

「男性は妻子を養うべきである」(Q5-5-イ)を「そう思う」と回答した（以下,ジェンダー意識（男性の稼ぎ手役割））のは,男性既婚 69.9%,男性未婚 61.6%,女性既婚 52.0%,女性未婚 56.7% であった。サンプルの抽出方法が異なるので単純には比較できないが,2004 年調査より,男性を稼ぎ手役割と考えていた男性の割合が低い。男性は既婚,未婚ともに年収の高い方が「そう思う」,女性は既婚・未婚とも年収の高い方が「そう思わない」と回答していた。男性は自分が稼ぎ手役割を遂行できれば「そう思う」,女性は自分に収入があり男性の稼ぎ手役割に頼らなくてもよければ「そう思わない」と回答したと考えられる。

2.4 仕事観とほかの質問項目との関連

「管理職をめざしたい」（管理職志向）「仕事の専門能力を高めたい」（専門志向）と,雇用不安(Q3-8-A-ク),転職経験(Q2-7),現職の就業形態(Q3-2),仕事の満足度(Q3-8-A-ア),仕事を探す苦労の有無(Q2-8-2),社会的成功の重要度(Q5-4-ア),中学卒業時の家庭の経済的な暮らし向き(Q2-2),中学卒業時の母就業の有無(Q6-2),「男性と女性は本質的に違う」(以下,ジェンダー意識（男女の本質的違い））(Q5-5-ア)との関連を探った。

管理職志向と関連があったのは,以下の 4 点である。①男性未婚の仕事の満足度が高く,②男性未婚・既婚,女性未婚・既婚の社会的成功が重要である方が管理職志向であり,③女性未婚のジェンダー意識（男女の本質的違い）は管理職志向ではなく,④女性既婚・未婚の専門志向の方が管理職志向であった（**表 4.1**）。

専門志向と関連があったのは,以下の 2 点である。①男性未婚の「仕事を探す苦労あり」,②女性未婚の社会的成功が重要,女性未婚・既婚の管理職志向の方が,専門志向であった（**表 4.2**）。

第4章 若者の仕事観とジェンダー意識

表4.1 日本の管理職志向と仕事の満足度，社会的成功の重要度，ジェンダー意識（男女の本質的違い），専門志向の関連

			今の仕事に満足している			社会的成功			男性と女性は本質的に違う			仕事の専門能力を高めたい		
		管理職をめざしたい	そう思う	そう思わない	χ^2検定	重要である	重要でない	χ^2検定	そう思う	そう思わない	χ^2検定	そう思う	そう思わない	χ^2検定
男性	未婚	そう思う	56.6%(152)	42.0%(88)	*	59.5%(173)	31.3%(64)	***	52.8%(195)	47.6%(42)		52.5%(223)	35.3%(17)	
	既婚	そう思う	58.6%(70)	57.6%(33)		70.5%(78)	21.7%(23)	***	63.6%(77)	45.8%(24)		61.1%(95)	25.0%(8)	
女性	未婚	そう思う	25.8%(240)	25.8%(89)		34.6%(211)	10.3%(116)	***	24.2%(289)	39.5%(38)	*	29.8%(285)	0.0%(44)	**
	既婚	そう思う	22.5%(71)	18.5%(27)		29.8%(57)	9.8%(41)	*	19.0%(84)	35.7%(14)		26.6%(79)	0.0%(19)	* Fisher

χ^2検定　+p.<0.01　*p.<0.05　**p.<0.01　***p.<0.001　Fisher：フィッシャーの直接検定
そう思う　　　＝「とてもそう思う」＋「まあそう思う」
そう思わない＝「あまりそう思わない」＋「まったくそう思わない」
重要である　　＝「とても重要である」＋「まあ重要である」
重要ではない＝「あまり重要ではない」＋「まったく重要ではない」
「管理職をめざしたい」は「そう思う」のみ表示．「そう思わない」の%と度数は省略．たとえば男性未婚で「今の仕事に満足している」を「そう思う」回答者のなかで，「管理職をめざしたい」を「そう思う」割合は56.6％（152人）である．

表4.2 日本の仕事の専門志向と仕事を探す苦労の有無，社会的成功の重要度，管理職志向の関連

			仕事を探す苦労の有無			社会的成功			管理職をめざしたい		
		仕事の専門能力を高めたい	あり	なし	χ^2検定	重要である	重要でない	χ^2検定	そう思う	そう思わない	χ^2検定
男性	未婚	そう思う	99.0%(103)	89.6%(134)	**	93.6%(173)	90.8%(65)		95.1%(123)	90.6%(117)	
	既婚	そう思う	88.9%(36)	93.9%(66)		93.6%(78)	87.0%(23)		96.7%(60)	86.0%(43)	
女性	未婚	そう思う	84.2%(146)	88.5%(182)		92.4%(211)	76.7%(116)	***	100.0%(85)	82.0%(244)	**
	既婚	そう思う	81.0%(42)	80.4%(56)		82.5%(57)	78.0%(41)		100.0%(21)	75.3%(77)	* Fisher

χ^2検定　+p.<0.01　*p.<0.05　**p.<0.01　***p.<0.001　Fisher：フィッシャーの直接検定
「仕事の専門能力を高めたい」は「そう思う」のみ表示．「そう思わない」の%と度数は省略

表 4.3 日本のジェンダー意識（男性の稼ぎ手役割）と現職の雇用形態，初職の理想，社会的成功の重要度，ジェンダー意識（男女の本質的違い）の関連

			現職の雇用形態			初職の理想 (1)			社会的成功			男性と女性は本質的に違う		
		男性は妻子を養うべき	正規	非正規	χ^2検定	Aに近い	Bに近い	χ^2検定	重要である	重要でない	χ^2検定	そう思う	そう思わない	χ^2検定
男性	未婚	そう思う	61.2% (183)	67.6% (37)		71.4% (133)	49.0% (102)	**	67.2% (174)	49.2% (65)	*	66.0% (197)	45.2% (42)	*
	既婚	そう思う	70.4% (81)	80.0% (5)		70.9% (55)	71.7% (46)		71.8% (78)	69.6% (23)		76.6% (77)	54.2% (24)	*
女性	未婚	そう思う	53.6% (207)	62.2% (111)		58.2% (201)	54.5% (121)		60.7% (211)	50.9% (116)	+	61.9% (289)	21.1% (38)	**
	既婚	そう思う	33.3% (39)	64.7% (51)	**	56.9% (58)	45.0% (40)		64.9% (57)	34.1% (41)	**	56.0% (84)	28.6% (14)	+

χ^2検定 $+p.<0.10$ $*p.<0.05$ $**p.<0.01$ $***p.<0.001$
注 (1) 初職の理想 = A：最初からずっと続けられる仕事を選ぶべきだ　B：最初はいろいろな仕事をためしたほうがよい

2.5 ジェンダー意識とほかの質問項目との関連

ジェンダー意識（男性の稼ぎ手役割）と雇用不安，転職経験，現職の就業形態，仕事の満足度，仕事を探す苦労の有無，初職の理想（Q5-2），社会的成功の重要度，中学卒業時の家庭の経済的な暮らし向き，中学卒業時の母就業の有無，ジェンダー意識（男女の本質的違い）との関連を探った（**表 4.3**）。

男性の稼ぎ手役割と関連があったのは，以下の4点である。①女性既婚は非正規雇用，②男性未婚は初職の理想「ずっと続けられる仕事」，③男性未婚，女性既婚は社会的成功が重要，④男女，未婚・既婚ともジェンダー意識（男女の本質的違い）の方が，男性を稼ぎ手役割と考えていた。

3. 仕事観とジェンダー意識に影響する諸要因（重回帰分析）

では，具体的に現職をもつどのような若者が「管理職をめざしたい」「仕事の専門能力を高めたい」と考えていたのか。

婚姻状況，年齢（Q1-1），学歴，年収，現職の就業形態，現職の職業，転職経験，雇用不安，就業継続希望（Q3-7），仕事の満足度，仕事を探す苦労の有無，社会的成功の重要度，ジェンダー意識（男女の本質的違い），中学卒業時の家庭の経済的な暮らし向き，中学卒業時の母就業の有無を説明変数として，重回帰分析を行った。

3.1 「管理職をめざしたい」(管理職志向)に影響する要因

　管理職志向に影響を与えていたのは，男女全体とも専門志向，社会的成功の重要度の順であった。また，男性全体では年収が高く，女性全体では雇用不安のある方が管理職志向であった。個人年収が高い男性は，より多く収入を得るために積極的な管理職志向であったが，女性は職を失う不安を解消するために消極的な管理職志向であった。

　男性全体では中学・高校卒より専門学校卒が管理職志向ではなく，女性全体と女性既婚では中学・高校卒より短大・高専卒が管理職志向ではなかった。

　男性全体と男性未婚，女性全体と女性既婚では，現職の職業が専門・技術，管理より販売・サービスが管理職志向であった(**表**4.4)。

3.2 「仕事の専門能力を高めたい」(専門志向)に影響する要因

　男女全体とも，専門志向に大きな影響を与えていたのは，管理職志向であった。管理職志向であるほど専門志向であった。一方，現職の職業は専門・技術，管理より事務/販売，サービスが専門志向ではなかった。

　男性全体では，中学・高校卒業より短大・高専卒が，現職の就業形態は正規雇用より非正規雇用/自営その他が，中学卒業時の家庭の経済的な暮らし向きは苦しかった方が専門志向であった。また，専門・技術，管理より保安，農林漁業，生産工程ほか，就業継続より中断，退職希望が専門志向ではなかった。男性全体と男性未婚では，仕事を探す苦労ありが専門志向であり，男性既婚では，中学卒業時の母就業より母専業主婦が専門志向ではなかった。

　女性全体と女性未婚では，社会的成功が重要である方が専門志向であり，女性既婚では年収の低い方が専門志向ではなかった(**表**4.5)。

3.3 年収の高い男性，現職を守りたい女性

　以上をまとめると，管理職志向であったのは，男女，未婚・既婚とも専門志向であった。未婚男性は年収が高く，社会的成功が重要，既婚男性は社会的成功が重要であった。未婚女性は雇用不安があり，社会的成功が重要であった。

　専門志向であったのは，男女，未婚・既婚とも管理職志向であった。未婚男性は仕事を探す苦労あり，未婚女性は社会的成功が重要，就業中断，退職希望であった。

　ここからわかることは第一に，管理職志向が減っているのは，管理職より社

表 4.4 日本現職者の管理職志向に影響する要因（重回帰分析）

	管理職をめざしたい（とても思う＝4……まったく思わない＝1）					
	男性			女性		
	全体	未婚	既婚	全体	未婚	既婚
	β	β	β	β	β	β
既婚ダミー（既婚＝1・未婚＝0）	0.053			-0.051		
満年齢	-0.046	-0.050	0.096	0.041	0.032	0.096
学歴（参照カテゴリー：中学・高校卒）						
専門学校卒	-0.193 **	-0.205 *	-0.192	-0.070	-0.070	0.076
短大・高専卒	-0.088	-0.134 +	-0.019	-0.133 *	-0.087	-0.250 *
大学・大学院卒	-0.020	-0.020	-0.009	-0.043	-0.006	-0.036
個人年収（中央値）	0.138 *	0.149 *	0.016	0.098 +	0.067	0.279 +
就業形態（参照カテゴリー：正規雇用）						
非正規雇用	0.042	0.108	0.006	-0.020	-0.025	0.060
自営その他	-0.021	-0.019	-0.013	-0.031	-0.051	0.029
職業（参照カテゴリー：専門・技術，管理）						
事務	0.036	0.046	-0.048	0.033	0.004	0.166
販売，サービス	0.144 *	0.153 *	0.145	0.159 **	0.105 +	0.404 **
保安，農林漁業，生産工程ほか	0.037	-0.038	0.180	0.007	-0.032	0.167
転職経験ありダミー（ある＝1・なし＝0）	-0.005	-0.015	-0.018	-0.099 +	-0.083	-0.166
いつ職を失うか不安である （とても思う＝4……まったく思わない＝1）	-0.034	-0.110	0.089	0.218 ***	0.231 ***	0.178
就業継続希望（参照カテゴリー：現在の仕事を継続）						
転職，独立	-0.151 *	-0.250 **	-0.035	-0.019	-0.004	-0.021
中断，退職	0.056	0.102	-0.050	0.095 *	0.098 +	0.070
今の仕事に満足している （とても思う＝4……まったく思わない＝1）	-0.071	-0.143 +	0.000	0.027	0.004	0.173
仕事の専門能力を高めたい （とても思う＝4……まったく思わない＝1）	0.311 ***	0.279 ***	0.391 ***	0.359 ***	0.299 ***	0.551 ***
仕事を探す苦労ありダミー（ある＝1・なし＝0）	0.012	0.017	0.045	0.031	0.049	-0.036
社会的成功 （とても重要＝4……まったく重要でない＝1）	0.282 ***	0.254 ***	0.359 **	0.187 **	0.226 ***	0.131
男性と女性は本質的に違う （とても思う＝4……まったく思わない＝1）	0.072	0.009	0.167	-0.079 +	-0.047	-0.135
中学卒業時の家庭の経済的な暮らし向き （苦しかった＝5……ゆとりがあった＝1）	-0.088	-0.080	-0.151	-0.037	-0.034	-0.042
中学卒業時の母就業ダミー（就業＝1・専業主婦＝0）	0.004	-0.044	0.144	-0.002	-0.009	0.048
（定数）						
度数（n）	(307)	(210)	(97)	(380)	(292)	(88)
調整R2	0.230	0.224	0.215	0.268	0.251	0.315
F値・分散分析	5.162 ***	3.879 ***	2.255 **	7.304 ***	5.645 ***	2.903 ***

χ^2検定　　+$p.$＜0.01　　*$p.$＜0.05　　**$p.$＜0.01　　***$p.$＜0.001

第4章 若者の仕事観とジェンダー意識

表4.5 日本現職者の専門志向に影響する要因（重回帰分析）

	仕事の専門能力を高めたい(とても思う＝4…まったく思わない＝1)					
	男性			女性		
	全体	未婚	既婚	全体	未婚	既婚
	β	β	β	β	β	β
既婚ダミー(既婚＝1・未婚＝0)	-0.009			0.026		
満年齢	0.031	0.104	-0.234 +	-0.056	-0.033	-0.156
学歴(参照カテゴリー:中学・高校卒)						
専門学校卒	0.124 +	0.128	0.126	0.005	0.019	-0.076
短大・高専卒	0.129 *	0.135 +	0.058	-0.020	-0.030	0.051
大学・大学院卒	0.114	0.138	0.046	0.092	0.124	-0.014
個人年収(中央値)	-0.019	-0.061	0.112	-0.076	-0.033	-0.384 *
就業形態(参照カテゴリー:正規雇用)						
非正規雇用	0.117 *	0.108	-0.027	-0.068	-0.028	-0.252
自営その他	0.114 *	0.113	0.087	0.022	0.078	-0.129
職業(参照カテゴリー:専門・技術, 管理)						
事務	-0.119 *	-0.125 +	-0.090	-0.132 *	-0.110 +	-0.252 +
販売, サービス	-0.232 ***	-0.204 **	-0.318 **	-0.197 ***	-0.117 +	-0.509 ***
保安, 農林漁業, 生産工程ほか	-0.206 **	-0.206 *	-0.275 +	-0.060	-0.087	-0.008
転職経験ありダミー(ある＝1・なし＝0)	0.029	0.068	-0.001	0.073	0.075	0.044
いつ職を失うか不安である (とても思う＝4……まったく思わない＝1)	0.070	0.023	0.135	-0.102 +	-0.090	-0.169
就業継続希望(参照カテゴリー:現在の仕事を継続)						
転職・独立	0.003	0.031	-0.069	0.012	0.024	-0.048
中断・退職	-0.110 *	-0.126 +	-0.094	0.053	0.095 +	0.003
今の仕事に満足している (とても思う＝4……まったく思わない＝1)	0.109 +	0.148 +	0.046	-0.018	0.016	-0.189
管理職をめざしたい (とても思う＝4……まったく思わない＝1)	0.321 ***	0.289 ***	0.403 ***	0.376 ***	0.309 ***	0.556 ***
仕事を探す苦労ありダミー(ある＝1・なし＝0)	0.153 **	0.195 **	0.086	0.032	0.030	0.089
社会的成功 (とても重要＝4……まったく重要でない＝1)	0.032	0.021	-0.027	0.181 ***	0.226 ***	0.089
男性と女性は本質的に違う (とても思う＝4……まったく思わない＝1)	-0.090 +	-0.076	-0.098	0.049	0.033	0.141
中学卒業時の家庭の経済的な暮らし向き (苦しかった＝5……ゆとりがあった＝1)	0.154 **	0.110 +	0.218 +	-0.013	-0.036	0.060
中学卒業時の母就業ダミー(就業＝1・専業主婦＝0)	-0.059	-0.005	-0.245 *	0.020	0.037	-0.011
(定数)		***	*	***	***	**	**
度数(n)	(307)	(210)	(97)	(380)	(292)	(88)
調整R2	0.207	0.197	0.190	0.233	0.225	0.308
F値・分散分析	4.625 ***	3.449 ***	2.076 *	6.246 ***	5.024 ***	2.848 ***

χ^2検定　＋$p.<0.01$　＊$p.<0.05$　＊＊$p.<0.01$　＊＊＊$p.<0.001$

内専門職への志向性が高まったのではないことである。管理職をめざす志向性と仕事の専門能力を高める志向性は男女とも強く結びついており、管理職志向は専門志向をもち、専門志向は管理職志向をもつという相互性がみられた。

第二に、未婚女性は雇用不安があるほど、未婚男性は年収が高いほど管理職志向であった。未婚女性は今ある現職を守りたいのに対して、未婚男性は年収が高いという異なる関連があることがわかった。

3.4 ジェンダー意識（男性の稼ぎ手役割）に影響する要因

「男性は妻子を養うべきである」（男性は稼ぎ手役割）を「そう思う」と回答した（ジェンダー意識（男性の稼ぎ手役割））のは男性64.6％、女性58.0％であり、男性では未婚より既婚の方がそう考えていた。

男性全体と男性未婚では、社会的成功が重要であり、専門・技術、管理より事務／保安、農林漁業、生産工程ほかが、男性既婚では、ジェンダー意識（男女の本質的違い）の方が男性を稼ぎ手役割と考えていた。一方、男性を稼ぎ手役割と考えていなかったのは、男性全体と男性未婚の初職の理想「いろいろな仕事をためした方がよい」と、男性既婚の就業継続より転職、独立希望であった。

女性では未婚、既婚ともにジェンダー意識（男女の本質的違い）のある方が男性を稼ぎ手役割と考えていた。女性全体と女性未婚では、社会的成功が重要、女性未婚では年収が低く、女性既婚では雇用不安のある方が男性を稼ぎ手役割と考えていた。

既婚男性と女性では、「男女は本質的に違う」とするほど、男性を稼ぎ手役割と考えており、男女の本質的違いの考え方が男性の稼ぎ手役割意識に大きく影響していることがわかる。

つまり、男性は就業継続の見通しがないと稼ぎ手役割意識が弱く、女性は社会的成功の重要度、就業状況、雇用不安が男性の稼ぎ手役割への期待を強化しているといえよう（**表4.6**）。

4. 韓国・イタリア・カナダの傾向

ここまで日本の若者の仕事観とジェンダー意識に焦点を当ててきたが、韓国、イタリア、カナダの結果もみておこう[*2]。

第4章 若者の仕事観とジェンダー意識

表 4.6　日本現職者のジェンダー意識（男性の稼ぎ手役割）に影響する要因（重回帰分析）

	男性は妻子を養うべきである（とても思う＝4……まったく思わない＝1）					
	男性			女性		
	全体	未婚	既婚	全体	未婚	既婚
	β	β	β	β	β	β
既婚ダミー（既婚＝1・未婚＝0）	.148 *	-	-	-.018	-	-
満年齢	-.096	-.112	.003	-.074	-.085	.081
学歴（参照カテゴリー：中学・高校卒）						
専門学校卒	-.056	-.060	-.065	.040	.000	.203
短大・高専卒	.008	-.007	.062	.114	.082	.243 +
大学・大学院卒	.004	.014	.016	-.064	-.086	.078
個人年収（中央値）	-.018	-.022	.022	-.102	-.135 +	.123
就業形態（参照カテゴリー：正規雇用）						
非正規雇用	.027	.019	.107	.043	-.015	.263
自営その他	-.016	.012	.026	.037	.053	.026
職業（参照カテゴリー：専門・技術，管理）						
事務	.125 *	.193 *	-.062	.117 *	.126 +	.168
販売，サービス	.122 *	.117	.113	.026	.007	.161
保安，農林漁業，生産工程ほか	.198 **	.219 **	.114	.036	.047	-.003
転職経験ありダミー（ある＝1・なし＝0）	.021	.006	.066	-.025	-.041	.149
いつ職を失うか不安である （とても思う＝4……まったく思わない＝1）	-.075	-.071	-.111	.034	-.004	.242 *
就業継続希望（参照カテゴリー：現在の仕事を継続）						
転職，独立	-.023	.055	-.227 +	-.003	.028	-.043
中断，退職	.050	.016	.207 +	-.042	-.095	.029
今の仕事に満足している （とても思う＝4……まったく思わない＝1）	.028	.071	-.113	.045	.070	.041
仕事を探す苦労ありダミー（ある＝1・なし＝0）	-.066	-.024	-.178	.019	.087	-.301 *
初職の理想（注1） （Bに近い＝4……Aに近い＝1）	-.190 **	-.224 **	-.016	.012	-.031	.025
社会的成功 （とても重要＝4……まったく重要でない＝1）	.227 ***	.262 ***	.156	.162 **	.144 *	.184 +
男性と女性は本質的に違う （とても思う＝4……まったく思わない＝1）	.101 +	.030	.381 **	.184 ***	.130 *	.331 **
中学卒業時の家庭の経済的な暮らし向き （苦しかった＝5……ゆとりがあった＝1）	.073	.070	.185	-.002	.002	.009
中学卒業時の母就業ダミー（就業＝1・専業主婦＝0）	-.074	-.086	.010	-.087 +	-.108 +	.037
（定数）	**	**		**	**	
度数(n)	(301)	(206)	(95)	(375)	(287)	(88)
調整R2	0.158	0.139	0.124	0.096	0.071	0.225
F値・分散分析	3.559 ***	2.579 ***	1.636 +	2.805 ***	2.036 **	2.203 **

χ^2検定　+$p.<0.01$　*$p.<0.05$　**$p.<0.01$　***$p.<0.001$
（注1）初職の理想＝表 4.3 と同じ

---

*2　各国の説明変数が異なっているので4ヵ国調査のデータを挙げて直接比較することはできない．あくまでも参考として，各国の傾向を述べる．韓国，イタリア，カナダの若者の「管理職をめざしたい」（管理職志向）「仕事の専門能力を高めたい」（専門志向）「男性は妻子を養うべきである」（男性の稼ぎ手役割）の傾向は，本書第 2 章を参照されたい．

日本は管理職志向が低く，専門志向が高い傾向があるが，管理職志向，専門志向とも男女差が大きい。韓国の男性はジェンダー意識（男性の稼ぎ手役割）が高いが，日本は男女とも高い傾向がある。

4.1 韓国の傾向

まず韓国の現職をもつ若者の仕事観，ジェンダー意識（男性の稼ぎ手役割）に影響する要因をみてみよう。

管理職志向に影響していたのは，男女全体とも専門志向と，社会的成功の重要度であった。女性全体と女性未婚では，職業が専門・技術，管理より事務，さらに雇用不安のある方が管理職志向であった。一方，男性全体と男性既婚では，中学・高校・職業学校卒より大学・大学院卒が管理職志向ではなく，男性全体では転職経験があり，女性既婚では正規雇用より非正規雇用が管理職志向ではなかった。

専門志向に影響していたのは，男女全体とも管理職志向であり，男性未婚と女性全体，女性未婚では，社会的成功の重要度であった。女性全体と女性未婚では，専門・技術，管理より事務／農林漁業，技能，組立，単純，軍人が専門志向ではなかった。

ジェンダー意識（男性の稼ぎ手役割）に影響していたのは，男女全体ともジェンダー意識（男女の本質的違い）と雇用不安であり，男性全体と男性未婚では，社会的成功の重要度であった。さらに，女性全体と女性未婚では，転職経験のある方がジェンダー意識（男性の稼ぎ手役割）であった。

4.2 イタリアの傾向

次にイタリアの現職をもつ若者の仕事観，ジェンダー意識（稼ぎ手役割）に影響する要因をみてみよう。イタリアは未婚のみのデータである。

管理職志向に影響していたのは，男女全体とも社会的成功の重要度であり，男性未婚では専門志向であった。

専門志向に影響していたのは，男性未婚では管理職志向，転職経験があり，高校卒業時の母就業，社会的成功が重要ではなかった。女性未婚では週35時間以上より未満の雇用が専門志向ではなかった。

ジェンダー意識（男性の稼ぎ手役割）に影響していたのは，男女全体ともジェンダー意識（すべての社会面・職業面で男性と女性は違う）であった。ま

た，男性未婚では高校卒業時の母就業，初職の理想「ずっと続けられる仕事」が，女性未婚では転職経験がなく，初職の理想「ずっと続けられる仕事」が，ジェンダー意識（男性の稼ぎ手役割）ではなかった。

4.3 カナダの傾向

最後にカナダの現職をもつ若者の仕事観，ジェンダー意識（男性の稼ぎ手役割）に影響する要因をみてみよう。

管理職志向に影響していたのは，男女全体とも専門志向であった。男性全体では，社会的成功の重要度，高卒より職業・商業・技術学校卒／大学・大学院卒が管理職志向であった。女性未婚では，仕事を探す苦労あり，高校卒より大学・大学院卒が管理職志向であった。女性既婚では年収の高い方が管理職志向であった。一方，男性全体では年齢の低い方が，男性全体と男性未婚では就業継続より転職・独立希望が管理職志向ではなく，男性全体と女性未婚では，常用労働よりパートタイム・派遣労働が管理職志向ではなかった。

専門志向に影響していたのは，男女全体とも管理職志向であり，男性全体では仕事を探す苦労あり，女性全体では仕事の満足度であった。

ジェンダー意識（男性の稼ぎ手役割）に影響していたのは，男女全体ともジェンダー意識（男女の本質的違い）であり，男性全体では未婚より既婚であった。男性未婚では，年齢の低い方，年収の低い方がジェンダー意識（男性の稼ぎ手役割）ではなかった。

5. 4ヵ国若者の仕事観とジェンダー意識

5.1 仕事観にみる日本の特徴

本章では，1976～82年生まれの若者男女に焦点を当てて，仕事観として「管理職をめざしたい」「仕事の専門能力を高めたい」志向性を分析した。その結果は以下の通りである。

「管理職をめざしたい」（管理職志向）は，日本では男女全体の傾向として，社会的成功の重要度，「仕事の専門能力を高めたい」（専門志向）と関連し，男性は年収の高さ，女性は雇用不安と関連していた。年収の高い男性はより多い収入を得るために，女性は雇用不安から「管理職をめざしたい」と考えていた。日本の男性はより多く得ること，女性は今を守ることが動機であった。

韓国の女性には，日本の女性と同様の傾向がみられた。韓国の女性も雇用不安があるほど，管理職志向であった。しかし，韓国の男性にはこのような傾向はなく，韓国の男性には，持てる者がより多く得るために管理職を志向する傾向もなかった。

イタリアの男女では，雇用不安があるほど管理職志向になる傾向がないとはいえないが，日本や韓国のように，女性にのみこの傾向がみられることはない。さらにカナダでは，雇用不安から現職を守るために管理職をめざす，という傾向はなかった。

一方で，カナダでは女性既婚で年収が高く，男性全体では学歴の高いほど管理職志向の傾向があり，男女ともに非正規雇用（パートタイム・派遣労働）はそうではなかった。カナダには日本と同様に，持てる者がより多く得るために管理職志向の傾向があったが，日本のように持てる者は男性，持たざる者は女性という男女間の分断ではなく，社会階層による分断であると考えられる。

次に，「仕事の専門能力を高めたい」（専門志向）は，日本では女性既婚で年収の低い方が，韓国では女性全体で雇用不安があるほど，専門志向ではなかった。さらに，日本では男女とも専門・技術，管理より事務／販売，サービスが専門志向ではない傾向があった。韓国の女性全体の職業では専門・技術，管理より事務／農林漁業，技能，組立，単純，軍人が，専門志向ではない傾向があったが，販売，サービスではこの傾向はみられなかった。また，イタリアの未婚女性では非正規雇用（週35時間未満）が専門志向ではなかった。

管理職志向や専門志向の分析結果をみると，「管理職をめざしたい」「仕事の専門能力を高めたい」志向性は上昇し続けるものではなく，自分のおかれている状況を知るなかで低下することが想像される。日本社会の構造のなかには，管理職志向，専門志向の意欲を引き下げる要因が多いのかもしれない。管理職志向は組織内外からの諸要因の影響が大きいが，その反対に影響の少ない専門志向をみると，日本では引き下げる要因が多様である。日本の場合は，職業（男女），年収（女性），就業継続希望（男性）が引き下げの要因となっているが，たとえばカナダの女性では仕事の満足度が専門志向に大きな影響を与えており（日本では影響はない），専門志向を引き下げる要因はない。

山田昌弘は日本社会において，二極化が希望格差をもたらしていると指摘したが，4ヵ国調査の分析結果をみると，日本，韓国，カナダにおいて，持たざる者の意欲が低下している傾向はあったが，日本の場合は持つ者と持たざる者

の二極化が，男女間を分断する傾向としてはっきり表れていた。

5.2 ジェンダー意識にみる日本の特徴

ジェンダー意識の分析結果をみると，日本の男性全体「男性と女性は本質的に違う」（ジェンダーの本質主義）を肯定するほど，「男性は妻子を養うべきである」（男性の稼ぎ手役割）と考えていた。また，仕事の転職や中断希望が強いほど，男性の稼ぎ手役割意識をもっていなかった。一方日本の女性は，年収が低く（未婚女性），社会的成功が重要（未婚女性），雇用不安（既婚女性）があるほど，男性に稼ぎ手役割を期待していた。つまり，男性は就業継続希望の多様性が稼ぎ手役割意識を弱め，女性は社会的成功，就業状況，雇用不安が男性の稼ぎ手役割への期待を強化していた。

日本の女性のように，年収が低く雇用不安があり，社会的成功が重要であると，女性が男性の稼ぎ手役割を期待する，つまり，自分の年収の不足を夫に補填させ，夫の稼ぎによって社会的成功を得ようとする傾向は，イタリア，カナダの女性にはみられない。韓国の女性は転職回数が多く，雇用不安があるほど，男性の稼ぎ手役割を期待する傾向があったが，社会的成功は影響していなかった。

日本の男性は職業や初職の理想が，稼ぎ手役割意識に影響を与えていたが，韓国の男性は雇用不安が強いほど，稼ぎ手役割意識をもつ傾向があり，カナダでは年収が低いほど，稼ぎ手役割意識をもつ傾向がなかった。

カナダのように「男性は妻子を養うべきである」という考え方が稀薄な社会では，稼ぎ手にとらわれない男性が多いであろうが，韓国のように役割期待の強い社会では，稼ぎ手役割を果たせない男性は，ジェンダー意識により強く縛られるのであろう。

6. まとめ

本章では，日本の若者の仕事観，ジェンダー意識を検討してきた。対象は1976～82年生まれ，いわゆる就職超氷河期に就職活動を行い，社会に出てからは景気低迷期を過ごしてきた男女であった。先行きの不透明感が広がるなかで，多くの研究者が，同時期の若者の社会的立場や意識について論じてきた。たとえば本田由紀は，ポスト近代化社会のハイパー・メリトクラシー[*3]のな

かで，自分の位置づけが不安定な若者への社会の要求水準が高度化して圧力になっている，これに対応しようと努力する若者も多いものの，応えきれない場合は教育機関や職場から離脱・退出を選択すると指摘している（本田，2008）。

また，山田昌弘は，現在日本社会では生活の各領域でリスク化，二極化が生じ，生活が不安定になっている，その状況下で持たざる者のやる気をそぎ，二極化が希望格差に至っていると指摘した（山田，2007）。

一方，古市憲寿は目の前に問題は山積みで未来に「希望」はないかもしれないが，若者は現状にそこまで不満があるわけではなく，戻るべき「あの頃」もなく，なんとなく幸せで，なんとなく不安を生きているという（古市，2011）。

4ヵ国調査データから韓国，イタリア，カナダの傾向と比較した結果，日本の特徴は第一に，若者の仕事観において，管理職志向や専門志向の意欲を引き下げる社会的要因が多いこと，第二に女性は今を守るため，男性は年収の高さが上昇志向になること，第三にジェンダー意識において，女性には収入や立場の弱さの補塡を夫に求める傾向があること，男性は就業継続希望や初職の理想によって，稼ぎ手役割意識が異なることがわかった。

私たちは一見自分の意思で多様な選択を行っているようにみえるが，社会構造のなかで制約は大きく，自己の立場や地位によって私たちの選択自体が影響を受けている。日本の若者たちが他国から「不幸な社会の若者たち」と見なされるとすれば「それほどでもない」と言いたくなるが，シンプルに仕事の専門能力を高めたいと思える社会，女性が収入や社会的成功を夫に補塡してもらわなくてすむ社会の構築が重要であろう。

参考文献

古市憲寿，2011，『絶望の国の幸福な若者たち』講談社．
本田由紀，2005，『多元化する「能力」と日本社会――ハイパー・メリトクラシー化のなかで』NTT 出版．
片桐新自，2009，『不安定社会の中の若者たち――大学生調査に見るこの 20 年』世界思想社．
松田茂樹，2005，「性別役割分業意識の変化―若年女性にみる保守化のきざし」

＊3　本田由紀の造語．近代社会のメリトクラシー（学歴主義・業績主義）を超えて，一般的に人間力と呼ばれる非認知的で非標準的な感情操作能力が，個人の評価や地位配分の基準として最重要とみなされる，ポストモダン社会の状態を指す．

『life design report』http://group.dai-ichi-life.co.jp/dlri/ldi/watching/wt0509a.pdf（2013.12.1 閲覧）

目黒依子・矢澤澄子・岡本英雄編，2012，『揺らぐ男性のジェンダー意識――仕事・家族・介護』新曜社．

三隅二不二・矢守克也，1993，「日本人の勤労価値観」『組織科学』26（4）: 83-96．

内閣府，2011，『仕事と生活の調和（ワーク・ライフ・バランス）レポート 2011～新しい働き方で拓く。つながりのある日本社会』http://wwwa.cao.go.jp/wlb/government/top/hyouka/report-11/zentai.html（2015.1.1 閲覧）

NHK 放送文化研究所，2010，『現代日本人の意識構造　第 7 版』日本放送出版協会．

日本能率協会 http://www.jma.or.jp/news_cms/upload/release/release20100419_f00091.pdf（2013.12.1 閲覧）

OECD 編　濱口桂一郎監訳・中島ゆり訳，2010，『日本の若年と雇用―― OECD 若年者雇用レビュー：日本』明石書店．

小倉一哉，2007，『エンドレス・ワーカーズ――働き好き日本人の実情』日本経済新聞出版．

大槻奈巳，2012，「雇用不安定化のなかの男性の稼ぎ手役割意識」目黒依子・矢澤澄子・岡本英雄編『揺らぐ男性のジェンダー意識――仕事・家族・介護』新曜社，134-153．

山田昌弘，2004，『希望格差社会――「負け組」の絶望感が日本を引き裂く』筑摩書房．

―――，2009，『なぜ若者は保守化するのか――反転する現実と願望』東洋経済新聞社．

第5章　日本の若者政策：現状と課題

宮本　みち子

はじめに

　1990～2000年代は，日本にとって工業化時代終焉後の新たなステージであったが，時代の転換は若者世代に大きな影響を及ぼした。世界的に類をみないほど少子高齢化が進み，社会の持続性が危惧されるようになったのは1990年代であるが，その後も出生率の低下は進んだ。2006年将来推計人口をみると，2055年には，合計特殊出生率は1.26，総人口は9,000万人を下回り，その4割（約2.5人に1人）が65歳以上の高齢者になると予想されている。労働力人口は急激に減少していくとみられ，その強化が課題となっている。

　しかし皮肉なことに，1990年代以降成人移行期にある若者をとりまく状況は不安定となり，2000年代に入ると安定した生活基盤を築くことに困難を抱える若者が，社会的にも認識されるようになった。欧米先進工業国で同様の経験が始まった時期が1980年前後であったのと比べると，日本の経験は10～20年遅かった。

　この時期に成人移行期に対する社会的関心が高まったのは，おもに，①出生率の低下，②若年雇用問題の発生，③不登校，ひきこもり，無業者の増加などにみられる社会的自立の困難を抱える若者の増加，という3つの現象からであった。これらの現象が生じたのは，これまで学校，仕事，結婚・家族形成が密接に結合し，青年期から成人期への移行を枠づけていた社会経済構造が衰退した結果であり，これらの諸問題に対処しつつ，若者の成人期への移行を支える社会経済環境の整備が喫緊の課題となってきたのである。

1. 日本の若者の現状

1.1 進む少子・高齢化と出生率の低下

　日本の子ども・若年世代の人口数は 1975 年をピークに，その後は，ほぼ一貫して減少している。29 歳以下が総人口に占める比率は，1950 年には 62.4％と高い比率を占めていたが，経済成長期が終わる 1974 年に初めて半数を下回り，その後も低下を続け，2010 年には 29.1％である。これから生まれる世代が労働力となる 2030 年以降も，生産年齢人口の減少は加速化し，さらに急速な労働力人口の減少が予想されている（**図 5.1**）。

　これらの人口動態をもたらす原因のひとつは，出生率の低下にある。日本の出生率は，1947〜49 年の第 1 次ベビーブーム期（合計特殊出生率は 4.32）を経たのち急激に低下した後安定状態が続き，1971〜75 年の第 2 次ベビーブーム期を境に低下が続いて現在に至っている。

　また，1970 年代から始まった晩婚化はその後も続き，2009 年の平均初婚年齢は夫 30.4 歳，妻 28.6 歳となっている。年齢別未婚率を比較した**図 5.2** をみると，男性は 30 代前半の未婚率の上昇が著しく，女性は 20 代後半で上昇が著しいが，近年 30 代で上昇が目立つようになっている。また，生涯未婚率（50 歳の時点で結婚経験のない者の比率）は，男女とも上昇しており，2005 年には男性で 15.96％，女性で 7.25％となっている。とくに男性の上昇幅が大きく，世代が下がるほど，生涯未婚率は高くなるものと推計されている。今後の予想では，生涯未婚率は現在の 20 代の女性で 4 人に 1 人，男性で 3 人に 1 人程度に達すると予想されている。日本社会は皆婚社会から非婚社会へと急速に転換したのである。

　しかし，18〜24 歳を対象とする国際比較調査の結果をみると，結婚に関しては「結婚したほうがよい」が日本 54.4％，韓国 38.4％，「結婚すべきだ」が日本 22.9％，韓国 34.9％で，イギリス，フランスと比べると結婚を肯定する比率はかなり高い。「結婚しなくてもよい」は，日本では 1998 年 26.1％まで増加する傾向がみられたが，2008 年 19.9％と減少している（内閣府「第 8 回世界青年意識調査」平成 20 年度）。

　若年人口の減少にともなって，学校教育課程に在籍する生徒・学生の数は減少が続き，学校をはじめとする各種の教育サービス産業に深刻な影響を及ぼし

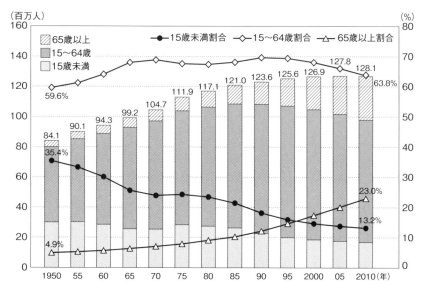

図 5.1 日本の年齢別人口比率の推移（1950〜2010 年）
（資料）総務省統計局『国勢調査』各年

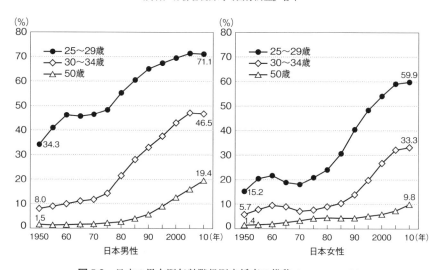

図 5.2 日本の男女別年齢階級別未婚率の推移（1950〜2010 年）
配偶関係未詳を除く人口に占める構成比．50 歳時の未婚率は 45〜49 歳と 50〜54 歳の未婚率の平均値．2010 年は抽出速報集計による．1950 年は沖縄県の本土籍の日本人及び外国人を除く
（資料）総務省統計局『国勢調査』各年

第 5 章 日本の若者政策：現状と課題

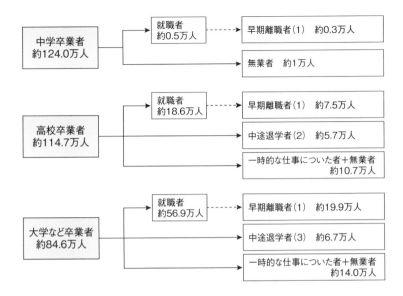

図 5.3 日本の学校教育課程における卒業・中途退学（一部推計，2011 年）

中学卒業者：中学，中等教育学校前期課程，特別支援学校中学部卒業者．
高校卒業者：高校，中等教育学校後期課程，特別支援学校高等部，専修学校高等課程卒業者．
大学など卒業者：大学，短期大学，高等専門学校，専修学校専門課程卒業者．
無業者：卒業後，進学も就職もしていないことが明らかな者
注（1）厚生労働省「新規学校卒業就職者の就職離職状況調査」より，平成 19（2007）年 3 月卒業者の 3 年以内の就職率より推計
　　（2）高校のみ．文部科学省「平成 21 年度　児童生徒の問題行動等生徒指導上の諸問題に関する調査」(2010)
　　（3）大学・短大・高専のみ．文部科学省「各大学等の授業料滞納や中退等の状況（平成 19 年度末）」(2008) より推計
（出典）文部科学省「平成 22 年度　学校基本調査」(2011)（1～3 で注記したものを除く）

ている。

1980 年代末に中学を卒業した集団を先頭に，最終学校卒業時に「就職」以外で学校を離れる者が増加し，最も新しい世代では 3 割以上が「就職」も進学もしていない状態にある。もう少し詳しくみてみよう。

図 5.3 は，各学校段階で卒業者の進路がどのように枝分かれするかを示したものである。2009 年度に 114.7 万人が高校を卒業したが，そのうち 10.7 万人（9.3％）が一時的な仕事に就くか就職先が決まらず無業であった。また，18.6 万人（16.2％）が就職したが，そのうち 7.5 万人（40.3％）は 3 年以内に離職した。学校中退との関連をみると，年間 5.7 万人が高校を中途退学した。別途

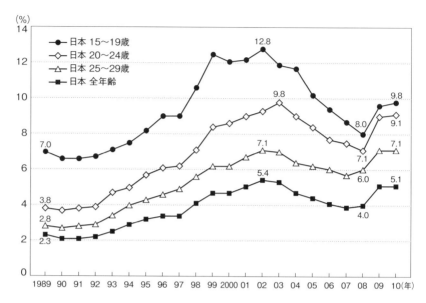

図 5.4　日本の若年失業率の推移（1989～2010 年）
（資料）総務省統計局『労働力調査』各年

計算すると，同時期に入学した生徒の 5.5％が 3 年間に中退したことになる。また，原級留め置き（いわゆる留年）が 1.2％存在した。通信制高校への転学者もいたが，すでに指摘したように，通信制高校の中退率は高い。

　これらの数値が示すのは，高学歴の時代にあっても，高校を中退，あるいは卒業しても進学せず，不就業の状態や安定した職に就かずにいる若者が，ざっと数えても 2 割強～3 割に達していることである。

　大学・短大卒業者の就職先は約 8 割が第三次産業で，高校卒業者の約 5 割を大幅に上回っている。就職した者のうち，就職後 3 年間の離職率は，2009 年 4 月就職者のうち，中学卒業 64.9％，高校卒業 40.3％，大学卒業 31.0％と高い。終身雇用制度が慣習とされてきた日本においてキャリア形成初期にある若者の離職率は決して低くはない状況にあるが，離転職を通じてキャリア形成が順調に行われているかどうかという点では多くの課題を抱えている。

1.2　若年雇用

　日本はこれまで若年雇用の優等生といわれ，1970 年代末から先進資本主義

第5章　日本の若者政策：現状と課題

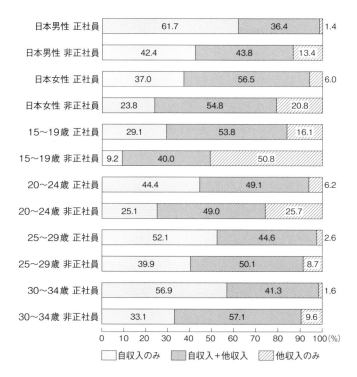

図 5.5　日本の正社員・非正社員別，男女別，年齢階級別若年雇用者の生計状況(2009年)
（出典）厚生労働省「平成21年　若年者雇用実態調査結果の概況」(2009)

国が若年者の失業問題を抱えるなかで，例外的に良好な雇用状況を維持してきた。「学校から仕事への移行」はスムーズで，標準化したライフコース・パターンが持続していた。このような状況が変化し始めたのは1990年代中盤からで，若年者の労働市場は悪化し，学卒後の安定した就職が困難になった。

図 5.4 は，若年者の失業率の推移を示したものである。とくに1990年代後半から急激に上昇した後低下したが，2009年以後，再び上昇している。若年失業率はほかの年齢層よりつねに高い状態にあるが，とくに壮年層の4倍に達している。大きな変化がみられるのは1990年代後半以後で，パート・アルバイト，派遣社員，契約社員などの非正規雇用が増加している。

内閣府の調査によれば，調査対象の若年者（学生・生徒を除く）のうち「一貫して正社員」は，男性約53％，女性44％，「一貫してアルバイト」は，男性

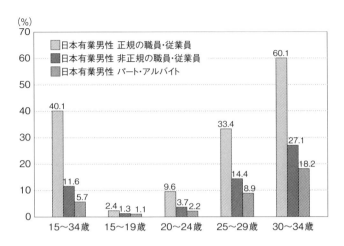

図 5.6　就業形態別有業男性の有配偶比率（2007 年）
有配偶率＝有業男性の中の未婚者以外の比率
（出典）総務省統計局『平成 24 年　就業構造基本調査』（2012）

15％，女性 24％で，若者の就労形態が多様化しているだけでなく，不安定な職の比率が大きくなっている（内閣府政策統括官，2005）。

　雇用の不安定化にともなって，親から自立して生計を立てることのできる若者が減少している。図 5.5 のように，自分の収入のみで生計を立てる若年雇用者は，正社員では年齢とともに比率が上昇するが，正社員以外ではそうなっていない。男女別では女性がかなり下回っている。

　総務省『就業構造基本調査』のデータを用いて，正規の職員・従業員，それ以外，パート・アルバイトの 3 つの就業形態別に有業男性の有配偶率を比較したのが図 5.6 である。非正社員の若者は，年齢とともに賃金が上昇しないため，長期的な生活設計が立たず，結婚できない状態にある。

1.3　変わる企業の雇用戦略と若年雇用

　1990 年代初頭にバブル経済が崩壊し，深刻な長期不況に突入した。それに加えて，日本型雇用システムを支えたピラミッド型の人口構成が，中高年比率の非常に高い人口構成に転じ，企業は人件費負担にあえぐようになった。その背景には，グローバル化による経済競争の激化という環境変化があった。企業にとって人件費を削減して国際競争力を強化することが最重要課題となった。

1990年代から2000年代にかけて，企業の雇用管理システムの改革が断行され，非正規雇用労働者が急増した。これまで安定したよい職業と考えられてきた大企業のホワイトカラー職種でも，中年期の賃金上昇が約束されず，定年まで働けるとは限らなくなり，人々が抱いてきたこれまでの通念が打ち破られた。

日本企業の人事政策の転換を明確に表明したのは，日本経済団体連合会が1995年に発表した『新時代の日本的経営』と題するレポートである（新・日本的経営システム等研究プロジェクト編，1995）。このレポートでは，長期的雇用慣行や企業内福利厚生の対象を，総合職，管理職など一部基幹的労働者から成る「長期蓄積能力活用型」のグループに限定し，専門性が高く外部委託が可能な「高度専門能力活用型」および，一般的・定型的業務の「雇用柔軟型」のグループに関しては，有期雇用契約を中心とし，福利厚生も生活擁護的施策に限定していく構想が示されている。

その後，労働法制の改変が急ピッチで進められた。それは労働者派遣をめぐる労働規制の改変のなかに明確に現れている。1985年に制定された「労働者派遣法」は，当初は16業種に限定して派遣を認めていたが，少しずつ緩められ，1999年には危険度の高い5業種への派遣を除いて，派遣社員の雇用は原則自由化された。さらに，2003年の改定では，派遣期間の上限が1年から3年に延長され，3年が上限とされていた特殊で専門的な23業務に関しては派遣期間の上限が撤廃された。また，製造業務への派遣が最長1年という条件つき解禁となり，2004年には全面的に解禁となった。

このように，1980年代から労働規制を少しずつ緩めてきた結果，若年と女性に非正規雇用が急増した。日本における正規雇用と非正規雇用には大きな格差があると，OECDからも指摘されている（OECD Outlook, 2005）。いまでは，労働者の3分の1が非正規雇用であるが，低年齢，低学歴，女性の比率が高い。労働市場の流動化の波をまともに被ったのは，これらの若者だった。

1.4 社会的自立の困難な若者

2000年代中盤になると，学校にも仕事にも帰属しない若者の存在（ニート）が認識されるようになる。ニートと名づけられたのは15～34歳の非労働力で，求職活動をせず，おもに通学・家事でもない独身者と定義されている。2002～08年，ニートは64万人で，2000年の44万人から18～20万人増加している。

その後若干減少したが，35歳以上はむしろ増加しつつある。

　ニートの若者を学歴でみると，中学卒業者（高校中退を含む），高校卒業者の順に多い。若者への支援サービスが各地で始まり，実態調査も進むに従い，ニートには，不登校，中退，学校でのいじめ，精神疾患，対人不安，生育歴の問題，発達障害など，さまざまな問題を抱える若者が多いこともわかってきた。社会へ出る前にすでに困難を抱えていた若者が，選別化が進む労働市場で立ちすくむか，条件の悪い職場の離職・転職を繰り返すうちに，無業に陥っている。

　また，非正規雇用の増加に加えて，子どもや若者の貧困化，不登校，ひきこもりの増加など，雇用問題に限らない複合的な困難を抱える若者が増加しつつあることにも注意する必要がある。これらの若者が，安定した仕事に就けず社会的にも孤立している。社会階層格差の拡大という傾向は，若者の中でも明確に進行しているのである。

1.5　日本における成人移行期の段階区分

　日本における成人期への移行の変化を理解するには，変化する前の態様を把握しておく必要がある。日本において，工業化時代に確立した成人期への移行パターンを「日本型（戦後型）青年期モデル」と呼ぶ。

　その特徴は，家族と学校と職場（会社）のトライアングルによって，学校から「会社」へ，教育から雇用へと若者を誘導するメカニズムが機能していたことだった。このメカニズムを支えた条件は，(1)学校（とくに高校）が生徒の就職斡旋を行い，確実に職場へと移行させる権限をもっていたこと，(2)新卒一括採用制度によって，新卒者は確実に正規雇用で就職できたこと，(3)長期雇用（終身雇用）が前提となっていたため，離職率が相対的に低かったこと，(4)年功序列型の賃金体系により，長期勤続の方が離職よりメリットが大きかったこと，(5)社内での職業教育・訓練が重視されたこと，⑥これらの条件を持続できる潤沢な労働力需要があったこと，つまり完全雇用状態が持続したことである（宮本，2004）。

　したがって，日本の若者にとって，「会社」という場に帰属することはその後の社会生活の基盤を創る上できわめて重要なステップであり，就職するということは，学校から会社へと帰属先を移動することを意味した。また，会社への帰属は，結婚・家族形成の前提であった。会社の上司が配偶者選択において

重要な役割を果たしたのである（岩澤・三田, 2005）。

　工業化時代の高い婚姻率は，これらの条件が整った結果であった。若者にとって会社が重要な「場」であったのと並んで，「家族（生まれ育った家）」もまた重要な「場」であった。国際的にみて，家庭の教育費負担は重かったにもかかわらず，親がそれを引き受けたのは，教育投資が子どもの将来を切り開くことを実感できたからである。また，年功序列型賃金体系に支えられて子どもの教育費を負担することが可能だったからである。会社と家族という2つの「場」は，若者にとって個人生活と社会生活の基盤であり，アイデンティティの形成にとって重要な条件であった。

　このように，成人期への移行は，学校教育制度や労働市場，結婚制度の変化と密接に関連している。この視点から戦後日本の発展をみると，4つの特徴的な時期に区分できる（宮本, 2004）。

　第1期は戦後復興期（終戦〜1954年）で，「成人移行期」の伝統的モデルが維持された時代である。第2期（1955〜73年）は高度成長期で，成人移行期の現代的モデルである「日本型（戦後型）青年期モデル」が形成された時期である。第3期（1974〜89年）は移行期で，日本型（戦後型）青年期モデルが成熟した時期である。第4期（1990年代以降）は構造転換期で，日本型（戦後型）青年期モデルが崩壊した時期である。

　第2期から第3期に確立した日本型（戦後型）青年期モデルが大きく変動するのは，第4期の「構造転換期」，すなわち1990年以降のことである。この時期以降，未婚期の若者をとりまく経済・社会情勢は劇的に変化し，高度成長期に確立した新卒一括採用による就職と長期雇用（終身雇用）を前提とするキャリア形成が従来通りには達成されなくなった。

2. 若者の雇用問題の発生と雇用政策の展開

2.1　新しい若者政策の萌芽

　構造転換期に生じた新たな若者問題を反映して，成人移行期に関係する社会政策は3つの領域で展開する。第一は，労働政策およびこれと連動した教育政策，第二は少子化に関する政策（次世代育成支援政策ともいう），第三は，青少年・若者の社会的自立に関する政策である。

　若年雇用政策の転機は2003年で，厚生労働，文部科学，内閣，通商産業の

4府省庁閣僚出席の下で若者自立・挑戦戦略会議が開催され，「若者自立・挑戦プラン」が取り決められた。これが，本格的な若年雇用政策の開始となり，それと連動してキャリア教育の導入など一連の教育施策が実行されてきた。

少子化に関する政策は，1990年代に開始され，2003年の「次世代育成支援対策推進法」と「少子化社会対策基本法」の施行が基点となった。これらと平行して，2003年「青少年育成施策大綱」（後述）にみられるような，青少年の社会的自立を促進する施策が導入され，とくに社会的自立が困難な青少年・若者に対する社会政策が展開するようになる。

上記の3つの政策は，1990～2000年代初頭には別個に扱われていたが，その後，相互に関連性があるという認識が高まり，分野別の分断を脱して，若者総合政策への統合が模索されている。つまり，就労支援にとどまらず，教育，家族，住宅，社会保障，シティズンシップなど，トータルな視点から若者の生活の安定や自立を担保し，若者を社会に包摂する課題である。しかし，今なおこのような総合的な若者政策の樹立には至っていない。

2.2 若年雇用問題の発生

1990年代後半にフリーターが増加し始めたとき，原因は若者の就労意識の変化にあるという見方が優勢で，企業が非正規雇用や派遣労働等の採用を急速に拡大したためであるという認識は弱かった。若年労働市場の構造変化がおもな原因であることが社会的に認識されるには，国民の所得低下と失業者の増加が顕在化する2000年代中盤近くまで待たねばならなかった。

少し遡ってみると，1999年に政府は「第9次雇用対策基本計画」（2010年までの10ヵ年計画）を策定し，若年雇用問題を重要な政策課題と位置づけた。それを踏まえて2000年版『労働白書』は，副題を「高齢社会の下での若年と中高年のベストミックス」とし，いわゆるフリーター問題を初めて特集した。この白書は，若年者の高い離転職率やフリーターの増加などの現象を，働き方や生き方に対する意識変化や，彼らの生活を支える親世代の経済的豊かさなど，労働力供給側の要因に焦点を当てて分析した。そのなかで，若者が頻繁に離職・転職を繰り返すことや，フリーターという選択によるキャリア形成上のリスクや，社会にとってのリスクを指摘する。同時に，中途採用やパート・アルバイト需要の拡大など企業の採用が変化していることや，高校卒業者の労働市場を中心に，従来行われてきた学校主導の生徒と採用側のマッチングが機能

しなくなっている状況など，若者をとりまく社会環境の変化も指摘している。

この白書にも表れているように，この時期，若年雇用問題に対する世間の目は，若者の意識やライフスタイルに向けられ，フリーターの増加は，若者の労働観の変化だとする解釈が主流を占めた。労働市場が悪化しているという危機意識はそれほど強くはなかったのである。

2.3 若年雇用政策の開始

2000年代に入ると，若者の雇用状況は悪化し，フリーターの増加だけでなく新卒者の就職難，失業者の増加が顕著となった。2003年，若年雇用政策は厚生労働省を中心に「若者自立・挑戦プラン」として，おもな施策が示された。翌2004年度の関係予算は，前年度（274億円）の約2.6倍の727億円となった。

プランのなかで，若年雇用支援政策は次の3つの施策に集約されている。第一の施策は，キャリア形成・就労支援で，具体的には，インターンシップや職場体験などのキャリア教育の推進，日本版デュアルシステム[*1]の導入，専門的なキャリアコンサルタントの養成などである。第二の施策は，若年労働市場の整備で，人材ニーズ調査の実施，IT等の分野における専門人材養成など。第三の施策は，創業・起業などによる就業機会の創出である。これらを受けて翌年から，各県に若者の就労支援を行うワンストップサービスセンター（通称ジョブカフェ）が開設され，インターンシップ，職場見学会，講習会，職業相談，紹介などの若年者雇用関連サービスが実施されることとなった。

先に述べた通り，2004年には労働者派遣が全面的に解禁されたことと照らし合わせると，上記の雇用対策は，労働市場の流動化に対処して，若者の雇用可能性（employability）を高めるための教育・相談・情報提供・就労支援サービスの導入または強化だったということができる。

フリーター対策に続いて始まったのは，ニートの若者対策である。2005年には全国30ヵ所に若者自立塾が開設され，1年以上無業の若者に3ヵ月間合宿の方式で，生活基礎訓練，労働体験等を積み，就労へと歩み出す支援が開始された。さらに，2006年に全国20ヵ所に地域若者サポートステーションが開設

---

*1 企業の実習と教育訓練機関の座学を一体的に組み合わせた教育訓練のしくみ。その後，企業が主体となって実習と座学を組み合わせ，現場の中核となる実践的な技能を備えた職業人の育成を目的とする，実践型人材養成システムも導入された。

され，2013年には160ヵ所に達した。働くことに種々の困難を抱える若者の相談・情報提供・セミナー・職場体験等のサービスを提供する通所型支援機関で，国から受託した民間団体が各地で活動している。

その後，施策として提示されたのは，ハローワーク，ジョブカフェにおけるきめ細かな相談，能力開発によるフリーターの常用雇用化計画，パートタイム労働法の改正による均等待遇の確保，若者自立塾・地域若者サポートステーションの拡充と訪問支援などであった。また，困難に陥っている若者を地域で支援するためのネットワークの整備が謳われた。

2008年には，非正規雇用から安定した雇用を希望する若者に対する就労支援として，フリーター35万人の常用雇用化施策が始まった。また，フリーターなど職業能力を形成する機会に恵まれなかった若者を対象とする職業訓練において，訓練終了者の評価結果や職務状況をジョブ・カードとしてまとめ，ジョブ・カードを求職活動に活用する制度が始まった。

2.4 キャリア教育・職業教育の推進

これらの労働施策とならんで，キャリア教育への取り組みが始まった。これまで日本の学校は，進学のための教育に重点が置かれ，働くことを見据えた教育は軽視されてきた。しかし，労働市場の厳しさが増すなかで，若者の勤労観・職業観や社会人・職業人としての基礎的・基本的な資質を強化することが焦眉の課題となった。2000年代に入ると，学校教育に職場体験・インターンシップを積極的に取り入れるなどキャリア教育の充実を目指すようになった。

その結果，公立中学校では，職場体験の実施校は急速に上昇し，ほぼ全校で実施されるようになった。しかし，年間5日以上の職場体験の実施校は2割程度にとどまった（国立教育政策研究所生徒指導研究センター各年調査）。公立普通高校では，インターンシップ実施校は約8割だが，体験者は2割弱である。同じく大学の8割以上が実施しているが，体験者は1割程度にとどまっている。10年前と比べ，キャリア教育というコンセプトが広く普及したことは大きな変化であるが，質量共に解決すべき課題は多い。

2.5 若年雇用問題の特徴

ここに列挙した若者就業支援の施策は一定の効果を上げたが，増加を続ける非正規雇用の抜本的な対策とはならなかった。2000年代後半，日本の雇用情

勢は一時改善に向かったが，それにもかかわらず正規雇用の就職は容易ではなく，しかも 2008 年の金融危機，2011 年の東日本大震災によって，就職難はさらに拡大した。その傾向は低学歴，経済状況が悪化した地方ほど顕著であった。また，1990 年代の就職氷河期に学校を出て非正規雇用にならざるを得なかった団塊ジュニアのなかには，30 代後半の年齢に達しながら不安定な雇用であることが決して少なくない。

2009 年のリーマンショック後の雇用情勢の悪化のなかで，第二のロスト・ジェネレーションを生まないための就職支援体制の整備が始まった。具体的には，(1)離職後の再チャレンジに備えて，職業訓練，生活支援の推進，中途採用機会の拡大，ジョブ・カード制度の充実による職業能力評価の定着を図る，(2)各学校段階でのキャリア教育・職業教育の充実・強化，(3)フリーターや未就職卒業者の中で，支援が必要な若者に担当者による 1 対 1 の継続的支援，(4)ニート等の困難を抱える若者に同一カウンセラーによる 1 対 1 の継続的支援，(5)子どもや若者を地域で支援するネットワークの整備，が挙げられている。

2009 年 7 月に省庁横断の「若年雇用対策プロジェクトチーム」は，若年雇用には「構造的な問題」があるという基本認識に立って，解決すべき問題を次のようにまとめている。第一に，「新卒一括採用」という慣行があるために，いったん就職機会を失った者（世代）は再挑戦が難しい問題，第二に，若者の技能形成がきわめて重要であるが，キャリア形成上重要な時期に職業教育や企業内訓練（OJT）の対象から外れると，その後の技能形成に重大な支障を生じ，キャリアの負のスパイラルに陥る問題がある。

OECD は，日本における若年非正規雇用者の増加の原因について，(1)学卒若年者の OJT が根幹的な役割を果たしていた終身雇用制の衰退，(2)教育システムと労働市場の需要とのミスマッチ，(3)雇用保護の労働慣行があるため，採用側が安定雇用を躊躇すること，の 3 点を挙げている。日本の若年雇用の悪化は，短期的な不況に起因するものでなく，グローバル化を背景とする経済構造の変化に起因し，しかも従来の労働法制や労働慣行がネックになっていると指摘したのである。

2011 年 9 月には雇用保険に加入していない就労者に対して求職者支援制度が実施された。雇用保険に加入していない労働者に対して失業中に経済給付のある職業訓練と求職活動を保障するもので，非正規雇用者に対する社会保障制度が導入されたという点で一歩前進である。しかし，この制度の適用によって

どの程度非正規雇用がカバーされるのかは今のところ不透明である。また，職業資格や職歴によって移動できる職種別労働市場を育成することも各方面から提起されているが，その結論は出ていない。

グローバル競争の中で，日本企業の資本集約的技術の採用，労働集約的なセクターから資本集約的なセクターへのシフトが進んでいる。選別化が進む労働市場で安定した職に就くことができない若者層を救済する手立てが十分な効果をあげているとはいえない状況にある。最も大きな課題は，不利な条件をもつ若者の働く場を創り出すことである。

3. 成人移行期政策としての少子化対策

3.1 少子化対策前半期——働く女性の支援

若者政策を構成するもうひとつの柱は少子化対策である。これは雇用対策より早く，1990年代に始まった。

厚生労働省は，1994年度に児童家庭施策を開始，総合的な子育て支援策の第一段階と位置づけた。1994年12月に，文部，厚生，労働，建設の4大臣合意によりエンゼルプラン（今後の子育て支援のための施策の基本的方向性について）が策定された。また，大蔵・厚生・自治の3大臣合意により緊急保育対策等5ヵ年事業が策定された。

1998年7月に内閣総理大臣主宰による「少子化への対応を考える有識者会議」が設置された。この会議は「働き方分科会」「家庭に夢を分科会」という2つの分科会からなり，同年12月に「夢ある家庭づくりや子育てができる社会を築くために」という提言をまとめた。これを受けた政府内部の検討を経て，新エンゼルプラン（重点的に推進すべき少子化対策の具体的実施計画について）が策定された。この段階では，家族政策に焦点化され，職場の問題や悪化する労働市場問題は議論されなかった。

3.2 少子化対策後半期——働き方の見直し

2000年代に入るとそれまでの家族政策の限界を打破し，「少子化の流れを変えるための実効性のある対策」として，働き方の見直しが重視されるようになる。厚生労働省は，2002年「少子化社会を考える懇談会」の報告を受けて「少子化対策プラスワン」を発表，翌2003年には「次世代育成支援対策推進

法」及び「少子化社会対策基本法」が成立する（内閣府, 2009: 付録 1）。

　少子化対策プラスワンは，(1)男性を含めた働き方の見直し，(2)地域における子育て支援，(3)社会保障における次世代支援，(4)子どもの社会性の向上や自立の促進，という4つの柱で構成され，これまでの少子化対策の基本であった働く女性の仕事と子育ての両立支援にとどまらず，より積極的に自治体や企業を初めとして，社会全体が次世代育成に社会的責任を果たすという認識のもとで施策の幅が広がった。

　それ以後の施策の特徴は，従来の家族政策と並んで，労働政策が展開したことである。それらをワーク・ライフ・バランス施策という。2007年に「仕事と生活の調和（ワーク・ライフ・バランス）憲章」および「仕事と生活の調和推進のための行動指針」が策定されている。この憲章は，国民的な大きな方向性を示すもので，ワーク・ライフ・バランスの必要性や，それが実現した社会のイメージ，労使・行政の果たす役割が示されている。また，企業，就業者，国民の効果的な取り組み，国や地方自治体の施策の方針が示されている。たとえば，長時間雇用比率の引き下げ，フリーター数の削減など14項目の具体的な数値目標が設定されている。

　これらは，働き方の見直しという視点に立って，企業における雇用形態や勤務形態等を改め，柔軟な働き方の実現を目指す施策体系である。その重点は，①労働時間の短縮，②不安定就労の解消（非正社員の正社員化），③同一労働同一賃金（正社員と非正社員の均衡処遇）の達成である。

　このように少子化対策は，人間らしい働き方や安定した暮らしを目標に掲げる点で，雇用対策と通底している。しかしその一方で，すでに述べてきたように，同時期に雇用の不安定化はいっそう進み，少子化対策の中で提起されたワーク・ライフ・バランス政策とセットになった「雇用の柔軟化」という課題は，不安定雇用の拡大という現実のなかで，複雑かつ困難な様相を呈することになった。

　雇用悪化は若年ノンエリート層において顕著になり，結婚難を引き起こしている。このように，2010年代に近づくに従って，雇用問題と少子化問題の解決の方向はしだいに一致してきた。いずれも，若者の安定した生活の保障を目指して，労働・福祉・教育等の施策をセットにした総合政策の必要性が高まっている。

4. 若者の自立支援政策の展開

4.1 若者の社会的自立への関心の高まり

このように 2000 年代に入ると，若年雇用と少子化の問題を中心にして，若者に関する社会的関心が本格的な高まりをみせ，政策も進むようになった。これを概観するには，青少年・若者行政を横断的に取り扱う内閣府の動きをみるのが適当と思われる。

2003 年 6 月，政府は，関係行政機関の緊密な連絡を確保し，総合的・効果的な推進を図るために，「青少年育成推進本部」を設置した。過去の青少年政策に関する省庁横断的な枠組みは，部局長または課長レベルの調整にとどまっていたのに対して，同本部は，内閣総理大臣を本部長とする全閣僚で構成された。同本部は，若者の就労不安定や，親への依存の長期化と若者の社会的自立の遅れに着目し，同年 12 月に，青少年の育成に係る政府の基本理念と中長期的な施策の方向性を示す「青少年育成施策大綱」を決定した。この中で，人生設計や教育，職業訓練，生活保障といった，包括的な自立支援策のあり方を検討し，推進していくという方向性が示されている（内閣府 HP）。

それに先立って，2002 年 4 月から開催された「青少年の育成に関する有識者懇談会」では，従来青少年問題に対する行政組織が，教育・福祉・雇用・社会環境など各分野の監督省庁による縦割行政であったことを反省し，省庁横断的な連携体制によって実態を把握し，政策対応すべきとの見解が打ち出された。また，同懇談会の報告書では，「青年期」を 18〜30 歳頃と想定した上で，この時期の課題として，①職業的自立，②親からの自立，③公共への参画の 3 つを挙げている。ただし，結婚や家族形成は対象から除外しているのは，内閣府が扱う青少年問題の範囲から結婚や家族形成を除外した結果とみられる（2003 年 4 月，内閣府 HP,同推進本部）。

5 年後の 2008 年 12 月に，新しい「青少年育成施策大綱」が策定された。5 年前の大綱の趣旨を引き継ぎながら，より踏み込んだ施策を示している。というのも，先に述べてきたようにこの 5 年間に若者問題への社会認識が広がり，若者施策が活発に展開したからであった。

従来の大綱は 30 歳未満の「青少年期」の世代を対象としていたが，「バブル経済崩壊後の就職氷河期を経験したおもに 30 歳代前半の就労環境が悪化して

いる」として，30歳以上を「ポスト青年期」（この大綱で初めて使用された）と設定して支援の対象に加えた。また，若者が引き起こす重大事件・犯罪の背景には，若者の不安定な就労環境，保護者の経済的困難などの雇用不安があり，「青少年の健やかな成長を支えることは社会全体の責任」として，官民連携の必要性を強調している。具体的支援策としては，(1)ハローワークにフリーター専用の職業相談員を配置，(2)若者を一定期間試用で雇用し，常勤移行を図る「トライアル雇用制度」の拡充，などを盛り込んでいる（内閣府 HP, 同大綱，2008）。

4.2　自立が困難な若者への支援政策

すでにみてきたように，2回にわたる青少年育成施策大綱の提言は，若年雇用対策と少子化対策（次世代育成施策）を踏まえたものであった。とくに，2008年の青少年育成施策大綱は，これらを総合的に把握し，青年期とポスト青年期の社会政策と位置づけられた。

青少年育成施策大綱は，若者支援体制を整えることも定めた。その前提となったのは，2005年に内閣府で開催された「若者の包括的な自立支援方策に関する検討会」の報告であった。座長名（宮本みち子）による報告書のむすびは，その後の若者の自立支援のひとつの潮流となったので，引用しておきたい。

「欧米先進国に比べて，若者の雇用問題の発生が遅かったわが国では，大人への移行の長期化に内在する諸問題を認識するのが遅かった。近年ようやく社会的関心が高まり，国としても対策に乗り出した段階にあるが，それらは雇用対策が中心となっているのが現状である。(……) 若者の実態はもっと複雑で，総合的視野で理解する必要性のある問題であることを指摘したい。むしろ工業化時代に形成された，社会で一人前になるための仕組みが消滅しつつあるという考えに立って提言を行った。」

「近年，各地で官民それぞれに，若者の就労支援の取組が進められているが，これらはまだ単発的であり，諸機関・団体の連携は限られている。そのため，自立するまでの継続性のある有効な支援ができてはいない状況にあり，とくに若者の複合的問題（たとえば家庭の複雑な事情が原因となって，学校も続けられず，仕事にも就けないなど）に対処することができないとい

う問題を抱えている。既存の行政の壁を打ち破り，教育・生涯学習・就労・社会保障・家族・健康医療等を包括する自立支援の仕組みこそが有効性を発揮するはずである」（内閣府 HP，同検討会報告）。

　この提言の中で地域における包括的自立支援体制のモデルとされたのは，若者を継続的にサポートする専門支援機関のネットワークと，その中核的担い手としてのユースアドバイザーであった。この構想の参考にしたのは，イギリスのコネクションズ・サービスを初めとする海外の施策だったが，それらに共通するのは，個々の若者をホリスティック（全体的）に把握し，地域の連携によって自立のための包括的・継続的な支援を個人ベースで行う手法だった。
　この構想の意義は，各地で若者の自立支援政策が広がるなかで，広く支持されるようになり，2010年4月には「子ども若者育成支援推進法」として結実し，この法にもとづく「子ども若者ビジョン」が策定された。地方自治体単位に包括的な若者支援体制づくりが始まった。その後の推移や評価をふまえて，2015年にはそれが改定される。
　新たな諸施策のセットが，新しい若者政策に収斂されていくとみられる。

5. 若年雇用対策から若者総合政策へ

　日本では，若年雇用問題が深刻化する近年まで，「成人移行期」が明確に意識されることはなく，研究上も社会政策上も議論は未発達のままであった。学校にも仕事にも安定した帰属先をもっていない若者が増加するに従って，これまでの社会保障制度を初め行政システムが，「変貌する移行期」の若者をほとんど意識してこなかった問題が露呈したのである。それらの若者の存在に気づき始めたことは，社会政策上大きな変化であったといえよう。しかしこれまでの空白を反映して，現状には多くの課題がある。
　成人期への移行を保障する総合政策を確立するために，課題となっていることを整理しておこう（宮本, 2012）。
　(1)急速に進んだ非正規雇用は，賃金・社会保障・雇用の継続性において，正規雇用との格差がきわめて大きく，生計維持が困難なほど劣悪な処遇に苦しむ若者を生み出した。法的規制によって，正規雇用と非正規雇用の格差を縮小する必要がある。非正規雇用者に対する社会保障の権利も確立しなければならな

い。

(2)グローバリゼーションの下で労働市場がきわめて流動的で不安定になっている現在，若者が自分の収入だけで生計を立てられるかは大いに疑問である。低賃金を補う児童手当や教育助成金，住宅保障，雇用流動化を前提にした失業手当や職業訓練費助成など，新たな社会保障制度や支援のしくみを，労働による社会参加（労働の義務）とセットにする必要がある。

(3)現行の社会制度は，困難を抱える若者を早期に発見し，継続的にサポートし，自立支援するにはほど遠い状態にある。若者が自立するには，何段階ものきめ細かいステップが用意されている必要がある。

(4)工業化時代に確立した日本型（戦後型）青年期モデルに代わる移行モデルを構築する必要がある。企業の新卒一括採用制度による学校から仕事への典型移行ではなく，多様な試行錯誤ができる移行期間を制度化する必要がある。

(5)多様な職業教育・訓練制度が必要であるが，その間の経済保障が不可欠である。また，企業の新卒一括採用の慣行を改め，若者に門戸を開き，年齢にかかわらず再チャレンジのチャンスが与えられなければならない。

(6)グローバル化に翻弄される労働市場に，社会保障等のセーフティネットを張り，離職・転職や失業がダメージにならないような柔軟性のある社会へと転換する。

(7)長期化する成人移行期を踏まえて，若者が安定した生活基盤を築けるような社会保障システムを構築する。教育・訓練，雇用保険制度の範囲に留まらない失業手当または求職者手当，住宅，福祉，情報提供・相談，家族形成の支援や子どもの養育負担の軽減など，「人生前半期の社会保障制度」（広井，2006）を強化する必要がある。

参考文献
中央教育審議会，2011，『中央教育審議会答申　今後の学校におけるキャリア教育・職業教育の在り方について』ぎょうせい．
広井良典，2006，『持続可能な福祉社会』ちくま新書．
岩澤美帆・三田房美，2005，「職縁結婚の盛衰と未婚化の進展」『日本労働研究雑誌』535: 16-28.
宮本みち子，2002，『若者が〈社会的弱者〉に転落する』洋泉社．
―――，2004，『ポスト青年期と親子戦略』勁草書房．

―――,2006,「若者政策の展開―成人期への移行保障の枠組み」『思想』983: 153-166.
―――,2011,「困難な条件をもつ若者に対する就労支援」『都市問題』101: 57-63.
―――,2012,『若者が無縁化する――仕事・福祉・コミュニティ』ちくま新書.
宮本みち子・小杉礼子編著,2011,『二極化する若者と自立支援』明石書店.
内閣府,2003.4,青少年の育成に関する有識者懇談会 http://www8.cao.go.jp/youth/suisin/kondan.html（2014.11.21 閲覧）
―――,2004.9,若者の包括的な自立支援方策に関する検討会 http://www8.cao.go.jp/youth/suisin/jiritu/index-j.html（2014.11.21 閲覧）
―――,2005.6,政策統括官共生社会政策担当『平成 17 年　青少年の社会的自立に関する意識調査報告書』.
―――,2008,青少年育成施策大綱 http://www8.cao.go.jp/youth/suisin/taikou_201212/pdf/taikou_z.pdf（2014.11.21 閲覧）
―――,2009,『平成 21 年度　少子化社会白書』.
―――,2009,子ども若者育成支援推進法 http://www8.cao.go.jp/youth/suisin/pdf/s_law.pdf（2014.11.14 閲覧）
OECD, 2005, Employment Outlook.
OECD, 2010, *Off to a Good Start? Job for Youth*, OECD Publishing.（OECD 編 濱口桂一郎監訳・中島ゆり訳,2010,『日本の若年と雇用―― OECD 若年者雇用レビュー：日本』明石書店）.
新・日本的経営システム等研究プロジェクト編,1995,『新時代の「日本的経営」――挑戦すべき方向とその具体策』同プロジェクト報告,日本経営者団体連盟.

第6章　韓国の若者政策：現状と課題

裵　智恵

はじめに

　失業，結婚難による未婚化や晩婚化，低出産（少子化）と高齢化，軍隊内の過酷行為や銃器事故など，今日の韓国でもっとも深刻であり，いち早く解決すべき問題の多くは，若者をめぐって生じている。このような状況で，韓国の若者はどのような経験をくぐり，どのような社会的対策を必要としているのだろうか。

　よく知られているように，ほとんどの韓国の若者は，入試地獄と表現されるほど激しい大学受験競争の中で 10 代を過ごす。言うまでもなく，このように受験競争が過熱化する大きな要因は，高学歴がキャリアに有利との期待にある。実際，これまでの韓国では，その期待がある程度実現されてきた。しかし現在，状況は変わった。2007 年に出版され大きな反響を呼んだ『88 万ウォン世代』（禹・朴，2009）で紹介されているように，今日の韓国社会では，大学を卒業しても，正規雇用ではなく非正規雇用として，月 88 万ウォン（約 6 万円，2014 年現在 9 万 2000 円）程度の低賃金で働く生活をせざるを得ない若者たちが生まれている。日本でもワーキングプアや希望格差が注目を集めているが，韓国でもまた，若者をめぐる同様の社会問題が生じているといえるだろう。

　もちろん，「88 万ウォン世代」という言葉が，そのまま今の韓国の若者がおかれた現実を代弁しているとは言いがたい。データを算出した計算式，要因としての世代間格差（今の 10 代を人質として，20 代の若者を搾取する現役世代と，若者との間の世代間不公平），これらの世代が取るべき行動として提示された代替案などに対して，批判や反論がある。にもかかわらず，「88 万ウォン

世代」という言葉が象徴しているように，あるいはそれ以上に，今日の韓国の若者が直面している現実は厳しい。なぜなら，若者の非正規化は，単純に青年失業[*1]や雇用の問題にとどまらず，結婚と出産といった，ライフコースの多様な側面にも否定的な影響を及ぼす可能性が高いからである。

　本章では，こうした最近の韓国の情勢に焦点を合わせて，雇用，教育，家族，そして，韓国の若者が経験する特別な通過儀礼である兵役など，さまざまな側面から韓国の若者の現状を概観する。その後，それぞれに関連する韓国の若者政策を取り上げ，今後の課題について提言を行う。

1. 韓国の若者がおかれている現状とキャリア形成

1.1 急激な高学歴化と青年失業の問題

　全世界的な不況の影響は，韓国も例外ではない。とくに，不況の悪影響が直撃しているのは，青年雇用である。図6.1に，1985～2010年韓国の青年失業率の推移を示した。韓国の青年失業率は，1998年のIMF危機直後に急増し，2000年代に再び若干低下しているが，それでもIMF危機以前の水準には回復していない。

　とはいえ，もともと青年失業率は，全体の失業率より高く現れる傾向にあり，8％台という数値自体は，他の先進国と比べてもそれほど高い数値ではない。たとえば，2009年OECD諸国の青年失業率をみると，アメリカ，イギリス，フランスは韓国の青年失業率を大きく上回っている[*2]（OECD, 2010）。

　失業率は，経済活動人口（労働力人口）に対する失業者数の割合で定義されることに注意する必要がある。経済活動人口とは，15歳以上で労働能力・意思があり，財貨とサービスの生産など経済活動に寄与できる（労働力）人口を指す。したがって，学生[*3]，主婦，病者，入隊待機者などは経済活動人口から除外され，非経済活動（非労働力）人口に分類される。この定義では，求職

---

*1　失業率＝失業者数／経済活動人口（労働力＝15歳以上の就業者＋失業者）×100である．2009，10年の韓国の青年失業率は8.1％であった．本章では韓国の用語法に従って「青年」を若者，若年と同義に用いる．

*2　韓国では男性の兵役義務を考慮して，15～29歳を青年と定義して青年失業率を算出している．しかし，OECD統計と同じ15～24歳でも失業率は9.9％であり，それほど高い数値ではない．

*3　正規の教育機関に在籍する学生のほかに，受験・就職予備校生なども含むため，就活者も非経済活動人口となる．

図 6.1 韓国の年齢別青年雇用率と青年失業率の推移（1985～2010 年）
（出典）한국통계청，『경제활동인구조사』（韓国統計庁『経済活動人口調査』各年度）

活動をあきらめたり，労働市場に頻繁に出入りする反復失業者が考慮されず，結果的に，過小推定の問題があることが指摘されている（韓国統計庁 HP）。

このような問題により，失業率の代案としてよく用いられるのが，図 6.1 に提示した雇用率である。雇用率は，生産年齢人口のなかで就業者が占める比率であり，実質的な雇用創出能力を表しているので，失業率における過小推定の問題を克服できる*4。

図 6.1 をみると，1995 年まで順調に増加していた 20～29 歳の雇用率は，1998 年 IMF 危機の後に下落してしまい，2005 年まで回復はするものの，IMF 危機以前の 1995 年の水準までは至らなかった。さらに，2008 年のグローバル金融危機後の 2010 年には，再び低下している。一方，15～19 歳の雇用率は，IMF 危機後の景気回復期に若干上昇がみられるが，全体としては低下傾向を続け，2010 年は 1985 年の半分以下の水準に止まっている。

データをそのまま解釈すると，2010 年現在，15～19 歳では 100 人中 6 人，20～29 歳では 58 人が就職したことになる。失業率には表れない青年失業の深刻さが，雇用率からより鮮明に見てとれる。このような深刻な青年失業の原因

---

*4 雇用率＝就業者数／生産年齢人口（15 歳以上人口）×100，ここでの雇用率とは OECD 統計の employment rate，日本政府統計における「就業率」をさす。

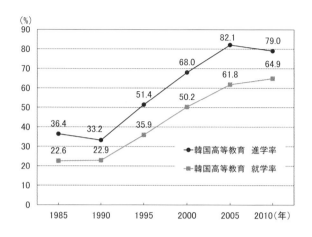

図 6.2 韓国高等教育の進学率・就学率の推移（1985〜2010 年）

高等教育機関の就学適齢 = 18〜21 歳
高等教育機関 = 一般 4 年制大学，専門大学，教育大学，各種学校（専門学校，大学課程）など
（資料）한국교육과학기술・한국교육개발원，『교육통계연보』（韓国教育科学技術・韓国教育開発院『教育統計年報』各年度）

は，労働力の需要と供給の両面にある。

まず，需要面として，産業・経済構造の問題があげられる。具体的には，1990 年代後半の IMF 危機や 2008 年のグローバル金融危機による経済成長速度の鈍化，産業構造の高度化に起因する雇用創出の規模縮小などである。実際に，韓国雇用労働部[*5]が発表した資料によると，就業係数（就業者数／実質 GDP）は，1990 年 56.4 ％から，IMF 危機後の 2000 年 36.6 ％，2008 年 24.1 ％まで低下している。

次に，いわゆる「学歴インフレ」による労働力供給過剰の問題がある。まず，韓国社会における学歴インフレ，つまり急激な高学歴化を簡単にみておく。

図 6.2 は，韓国における高等教育機関の進学率と就学率[*6]の推移を示したものである。進学率は，1985〜2010 年の 25 年間に 2 倍以上も増加している。就学率も持続的な増加を続けており，2010 年の就学率は，1985 年のほぼ 3 倍

[*5] 旧称は労働部であるが，2010 年 7 月から雇用労働部に改組された．韓国政府の部，署はほぼ日本の省，庁にあたる．
[*6] 進学率＝進学者数／高校卒業者数×100，就学率＝就学適齢の在籍学生数／就学適齢人口×100 である．

に達した。このような急速な高学歴化の背景には，世界的にも有名な韓国国民の高い教育熱もあるが，1980年の教育改革による高等教育門戸開放（定員増），1995年の大学設立準則主義の導入および大学自律化政策の拡大推進に起因する高等教育規模の量的な拡大も欠かせない（図6.3）[*7]。

　問題は，こうして量産された高学歴者と就職先の間にミスマッチが存在していることである。大学卒業者の多くは，大企業や公企業を選好し，中小企業は忌避する。実際に一方で青年失業問題がありながら，一部の中小企業は求人難を訴えている。韓国労働部の調査によると，2009年10月，従業員300人未満の企業における労働力不足は，約21万人に達した。このデータから，韓国における労働力の需給不一致がうかがえる。

　さらに，1990年代後半と2008年の二度にわたる金融危機の余波で，各企業では，大学新卒採用を大幅に減少したとされる。ナムジェリャン（남재량，2011）は大学新卒者の就職から，青年たちが実感する失業率を把握した。2011年2月の新規大学卒業者188,000人のうち，66,000人は就職したが，41,000人は失業状態で，残りの81,000人は，就活あるいは大学院進学などの非経済活動人口に当たる。この数値によると，2010年2月の大学新卒者の失業率は38.3％であり，政府が公表した青年失業率8.5％の4.5倍となる。남재량は，2008年のグローバル金融危機の後，企業の新規採用の規模縮小が，大学新卒者の失業率の増加に影響を及ぼしたと解釈している。

　また，このような状況において，公共および民間の職業斡旋機関と，学校の職業進路指導および就職支援が機能を果たしていないことも，青年失業の原因として指摘されている。

　結局，「就職大難」ともいわれる，今日の韓国における青年失業の背景には，経済危機と産業構造の高度化に起因する雇用悪化の問題，急激な高学歴化すなわち学歴インフレによる労働力需給のミスマッチ，そして青年雇用をサポートする制度の不備が，複合的に作用しているといえる。

[*7]　高等教育機関には，一般4年制大学，教育大学，各種学校（専門大学，大学課程）などがあり，高等教育機関の就学適齢は，18～21歳である．教育大学は，初等教育機関の教員養成を目的とする大学で，1980年代に4年制に改編された．専門大学は1979年にそれまでの初等大学と専門学校を統合する形で新設され，産業界の中堅人材養成を目的とする2～3年制の実業教育機関である。韓国の教育制度についてのより詳しい説明は，有田（2006）を参照．

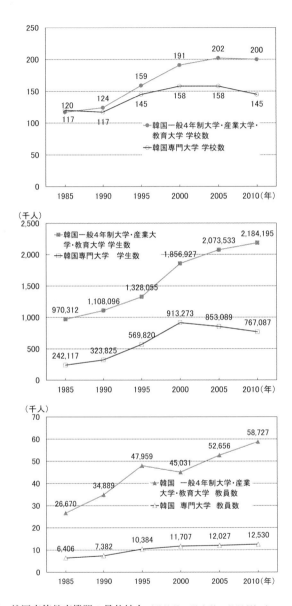

図 6.3 韓国高等教育機関の量的拡大（学校数・学生数・教員数）（1985～2010 年）
学生数は在籍生（図 6.4 も同じ）
（資料）한국교육개발원,『교육통계연보』（韓国教育開発院『教育統計年報』各年度）

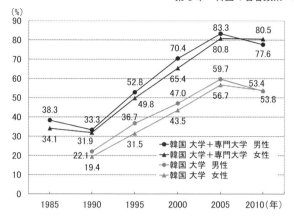

図 6.4 韓国の男女別，大学別進学率の推移（1985〜2010年）
（資料）한국교육개발원，『교육통계연보』（韓国教育開発院『教育統計年報』各年度）

1.2 教育，職業，ジェンダー

とくに最近の現象として，韓国の高学歴化にもう1つ特筆すべき特徴は，ジェンダー格差の解消と逆転である。図 6.4 が示しているように，韓国政府統計をみると，2005年まで少ないものの男女差が残っている。それが，5年後の2010年になると，高等教育進学率は，男性より女性が高くなっている。しかもこうした現象は，一般4年制から専門大学までを含む進学率だけではなく，一般4年制大学のみの進学率でも観察できる。2010年の4年制大学進学率は，わずかな差ではあるものの，男性より女性が高くなっている。この5年で，韓国のジェンダー格差は解消されたのである。

高等教育進学におけるジェンダー格差の逆転現象は，学校卒業後の韓国の若者のキャリア形成にどのような影響を与えているのであろうか。図 6.5 は，大学卒業者の就業率[8]を男女別にプロットしたものである。

高等教育卒業後の就業におけるジェンダー格差は，縮小傾向にある。図 6.4 でもみたように，1980年代後半になると，高等教育進学率の男女差は，すでに約4％程度まで縮小している。だが，同時期における卒業後の就業率は，男性の方が圧倒的に高い。とくに，一般大学卒業後の就業率は女性より男性が2倍以上高い。女性は一般4年制大学を卒業後，就業率が約30％にすぎないこ

---

[8] ここでは，就業率＝健康保険加入者数／大学（一般4年制大学，専門大学）卒業者数である．

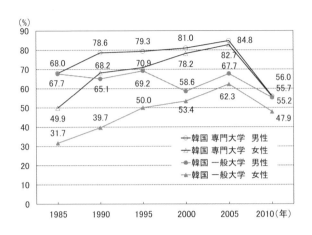

図 6.5 韓国の男女別,大学別卒業後の就業率の推移 (1985〜2010 年)
就業率は健康保険加入を基準に算出
(資料) 교육과학기술부・한국교육개발원『교육통계연보』『취업통계연보』(韓国教育科学技術部・韓国教育開発院『教育統計年報』『就業統計年報』各年度)

とがわかる。1990 年代に入ると,高等教育卒業者の就業率における男女差は減少を続けてきた。しかし 2010 年,一般 4 年制大学卒業者には依然としてジェンダー格差が残っている。

このように,卒業後の就業率におけるジェンダー格差は,高等教育進学率が男女で逆転したにもかかわらず,未だに残っている。これは労働市場参入の際,高学歴女性が直面する現実を反映しているであろう。

1.3　若者と結婚,家族形成:晩婚化と少子化

現在,韓国社会において,大きな課題の 1 つともいえる低出産(少子化)の問題は,韓国の若者が経験している厳しい現実と直結している。すなわち,前節で述べた青年失業が結婚を遅らせ,その結果,女性の出産年齢が上昇し,低出産につながることである。若者の就業困難は,彼／彼女らにおけるライフコースのほかの側面にも影響を及ぼしている。以下では,この点を詳しく検討する。

まず,韓国における低出産の現状からみていこう。2009 年,韓国の合計特殊出生率は 1.15 である。図 6.6 のように,OECD で低出産国に分類されたなかで最低水準であり,2000 年以後の低下傾向も加盟国中もっとも著しい。

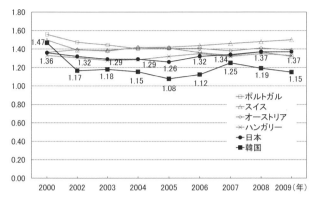

図 6.6 低出生国 6 ヵ国の合計特殊出生率（2000〜09 年）
（資料）OECD, Society at a Glance 2011

合計特殊出生率の低下は，婚姻年齢および女性の第一子出産年齢の上昇に起因するところが多く，韓国も例外ではない（최경수, 2004）。韓国の低出産現象を人口学的に分析したチョンクァンヒ（전광희, 2002）によると，1990 年代以後，韓国における合計特殊出生率の下落は，おもに結婚年齢の上昇によってもたらされた。すなわち，1970〜80 年代前半の合計特殊出生率低下は，家族計画，避妊方法の普及などによる有配偶者の出生率低下がおもな要因であったが，1990 年代以降の有配偶者出生率はむしろ合計特殊出生率を高める方向に作用し，結婚年齢の上昇こそが合計特殊出生率低下のおもな要因となった。

確かに，1985〜2010 年の 25 年間の平均初婚年齢および女性の第一子出産年齢は，速いスピードで上昇し続けている（**図 6.7**）。

すでに述べたように，青年失業は，晩婚化をもたらす要因の 1 つとして指摘されている（전광희, 2004）*9。28 歳以上未婚男女の実態調査では，現在の未婚状態は「たまたま（非自発的）」46.3％，結婚しない理由は「経済的基盤がない」24％であった（보건복지부・보건사회연구원, 2006）。このような結果は，韓国の若者が直面している就業困難が結婚難を媒介し，社会問題としての少子化につながっていることを示唆している。

---

*9　若者の結婚観の変化も，晩婚化をもたらす要因の 1 つである．2010 年韓国統計庁「社会調査報告書」によると，結婚を「してもしなくてもよい」は男性 25.7％，女性 35.6％であった．しかしその一方で，結婚を「必ずすべき」＋「した方がよい」は，男性 70.5％，女性 59.1％で，6〜7 割が結婚を肯定している．

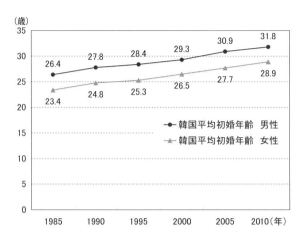

図 6.7　韓国の男女別平均初婚年齢の推移（1985〜2010 年）
（資料）통계청『한국의 사회지표』（韓国統計庁『韓国の社会指標』各年度）

2. 通過儀礼としての兵役

韓国の兵役制度は，「国民皆兵制」に基づく徴兵制である。韓国の憲法第 2 章第 39 条には，すべての国民に「国防」の義務があり，誰もが兵役履行によって，不利益な処分を受けないことを定めている。韓国の憲法では，国防の義務を全国民に定めているが，現行法の下では兵役制度の対象は男性のみであり，女性は本人が志願する場合に限って兵役が賦課される（第二国民役）。すなわち，女性には国防の義務はあるが，兵役の義務はない。

後述する軍加算点制度をめぐる論争からわかるように，男性の兵役は軍服務を経験した男性だけではなく，女性や障碍者の就職にも影響を及ぼす可能性がある。要するに，兵役は韓国の若者のキャリアを考える際に欠かせない要素の 1 つである。以下では，兵役制度について簡単に概観する。

まず，韓国の兵役は，「現役」「予備役」「補充役」「第二国民役」「第一国民役」に区分される。

「現役」は，徴兵あるいは志願によって入営した兵士，兵役法あるいは軍人事法によって任用された将校，准仕官，副仕官，武官候補生である。

「予備役」は，現役修了者，その他兵役法による予備役編入者である。

「補充役」は，徴兵検査の結果，現役服務可能と判定され，兵力需給事情に

第6章　韓国の若者政策：現状と課題

より現役入営対象外の者，公益勤務要員，産業技能要員などに服務・義務従事者，その修了者，その他兵役法による補充役編入者である。

「第二国民役」は，徴兵検査の結果，現役あるいは補充役服務は不可能であるが，戦時勤労召集による軍事支援業務は可能と判定された者，その他兵役法による第二国民役編入者である。兵役志願した女性も含まれる。

「第一国民役」は，現役，予備役，補充役，第二国民役以外の兵役義務者である。

図6.8のように韓国男性は，18歳になる年の1月1日から兵役の義務が発生する。これが第一国民役編入であり，居住地の地方兵務庁長が担当する兵籍管理が始まる。国外出生者のうち，住民登録がないか，抹消された者は例外となる。兵役義務者は，19歳になる年に地方兵務庁長指定の日時・場所で徴兵検査を受け，服務可能かを判定される。徴兵検査では，心理検査・身体検査・適性分類・学歴などの結果をもとに，兵役処分を行う。

判定は，身体等位1級～4級（心身が健康で，現役あるいは補充役として服務可能），5級（第二国民役として服務可能），6級（病気あるいは心身障碍で兵役免除），7級（現在病気治療中で，一定期間後再検査が必要）である。ただし，徴兵検査の過程で，学歴や身体等位と関係なく，補充役と第二国民役に兵役を減免される場合もある[*10]。

徴兵検査の結果，現役判定を受けると，入営時期および部隊は，軍所有の適性別足員計画の範囲内で本人の入営希望時期を最大限反映し，入営日が機械的に決定される。ただし，高校以上の高等教育在学生は，学校別の制限年齢まで自動的に入営延期される。徴兵検査の翌年の1月中に自動電話サービス（ARS）とインターネットで案内され，入営日の30日前までに本人宛入営通知書で入営日と入営部隊が指定される。現役兵は，入営部隊で5週間基本的な軍事訓練を受けた後に部隊に配置され，本格的な軍服務が始まる。

図6.8にも示したように2011年現在，現役兵の服務期間は21ヵ月である。

[*10] 補充役処分対象は，(1) 父，母，配偶者，兄弟姉妹のいずれかに戦没軍警，殉職軍人，傷痍程度6級以上の戦傷軍警・公傷軍人がいる場合，(2) 6ヵ月以上～1年6ヵ月未満の実刑宣告者，(3) 1年以上受刑者のうち，執行猶予宣告者，(4) 2011年現在，1974年12月31日以前に出生し，父が死亡したひとり息子，(5) 親が60歳以上であるひとり息子，(6) 2代以上ひとり息子などである．第二国民役処分対象は，(1) 中学校未卒業，(2) 孤児，外見上明白な混血児（1986年以前出生で，父親の家で成長していない混血児も含む），(3) 1年6ヵ月以上の実刑宣告者，(4) 帰化者．ただし，混血者，孤児，帰化者のうち，現役あるいは公益勤務要員の服務を望む場合は，兵役処分に変更可能である．

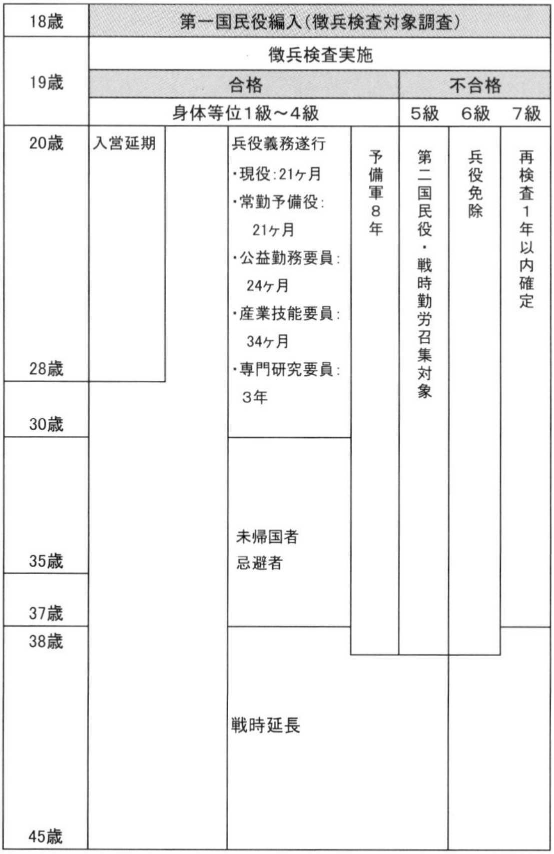

18歳	第一国民役編入(徴兵検査対象調査)					
19歳	徴兵検査実施					
	合格			不合格		
	身体等位1級～4級			5級	6級	7級
20歳	入営延期	兵役義務遂行 ・現役:21ヶ月 ・常勤予備役: 　21ヶ月 ・公益勤務要員: 　24ヶ月 ・産業技能要員: 　34ヶ月 ・専門研究要員: 　3年	予備軍8年	第二国民役・戦時勤労召集対象	兵役免除	再検査1年以内確定
28歳						
30歳						
35歳		未帰国者 忌避者				
37歳						
38歳		戦時延長				
45歳						

図 6.8　韓国兵役の概観　（資料）韓国兵務庁 HP（2011）

除隊後8年間の予備軍訓練，40歳までに民防衛（民間防衛隊）訓練を経て，ようやく兵役の義務が終了する。

　韓国兵務庁が発表した『兵務年報』(2009)によると，2009年現在，徴兵対象者の約91.1％以上が現役判定を受けている。大多数の韓国男性にとって，兵役とは18歳から民防衛訓練の終わる40歳まで，まさに青年期とともに開始され，終了するのである。韓国男性にとって兵役義務の履行とは，学校を卒業し仕事に就く初期キャリア形成の重要な時期に大きな制約になると同時に，成人期に移行する通過儀礼の意味をもつのである。

3. 若者政策の現状と課題

今日の韓国の若者がおかれている現状を，雇用，教育，家族，兵役などのさまざまな側面からみてきた。以下では，それぞれの現状と関連する支援策を，政府が主導する若者政策を中心に簡単に述べておく。

3.1 雇用政策

韓国政府が青年失業に対する具体的な論議を始めたのは，1997年の経済危機以後である。その後，2000年に「青年層総合失業対策」を策定・推進し，韓国の青年失業対策が本格化した。2004年には「青年失業解消特別法」が制定され，国と地方自治体が青年失業を解消するために労働力需給展望と青年未就業者の実態を把握して，資金援助と職業訓練対策などを含む若者の総合政策の策定と施行，民間および公企業の積極的協調などの項目が定められた。この法律は，本来2004〜08年末の時限立法であったが，2008年韓国国務会議[*11]で2013年まで延長され，政府の青年雇用対策への積極的な意思を反映して「青年雇用促進特別法」と改称された。このような一連の動きを通じて，青年失業の解消と雇用促進の法的基盤が整備されたのである。

また，2010年10月には，李明博大統領主宰で「청년 내 일 만들기（青年就業自己創出）」の第一次プロジェクトが発表された。韓国雇用労働部，企画財政部など，関連部署が合同で関わるこのプロジェクトでは，韓国における青年雇用のもっとも大きな問題点は低い雇用率であるとして，青年の労働市場参入機会の拡大に重点をおいた。おもな内容は，(1)公共部門を中心に，2012年まで青年向けの仕事を7万件以上増やす，(2)大企業と中小企業が協力してともに青年人材を発掘して育成するパートナーシップ事業を支援するなど，民間部門の青年雇用拡大を積極的に支援する，(3)大学の構造調整を通じて高学歴労働力の供給過剰を緩和するとともに，学生の就業に対する大学の責任を強化するなど，学校から仕事への道筋を広げることであった。

続いて2011年5月には，第一次プロジェクトの継続策として第二次プロジェクトが発表された。青年の労働市場参入に注力した第一次プロジェクトとは

[*11] 国務会議は，韓国の最高政策審議機関である．

違って，第二次プロジェクトでは雇用労働部と教育科学技術部が協力し，就職後の青年が教育訓練を通じて自己開発とキャリアへの再挑戦の機会を十分もてるよう，重点がおかれている。そのため，おもな内容は，(1)青年が仕事をしながら学べるように職場学習の場を拡充する，(2)青年採用のミスマッチを緩和するために，青年と採用企業をつなぐ雇用サービスインフラを改善し，中小企業への誘引も強化する，(3)地方大学出身の学生の社会進出機会を拡大する，(4)青年ベンチャー起業を奨励しベンチャー共同の青年採用を拡大する，などが設定されている。

2011年3月に韓国雇用労働部が発表した2011年の事業内容をみると，こうした政府の積極的な若者政策の具体的な実践例がよく表れている。とくに**表6.1**の通り，幅広い青年層を対象としており，青年全般，高等教育を卒業した高学歴者，大学生，脆弱青年など多岐にわたる。

残念ながら韓国政府の意欲的な政策は，あまり効果を上げなかったようである。支援規模からみると，ほぼ施策の目標を超えており，一見成功しているようである。たとえば，2010年に計8,678億ウォンを投入し，就業支援340,800余名の計画に対して，実際には計9,112億ウォン，413,000人であり，目標達成を超過している。青年インターン事業では計77,206人が採用され，目標の63,058人より14,000人も上回った。その他，就業教育訓練，海外就業・海外インターン支援サービスなどグローバル青年リーダー養成課程も，当初の目標達成を超過しているという。しかし，具体的に各事業の内容をみると，たとえば，中小企業の青年インターンには計30,939人が参加したが，修了したのは21,059人にすぎなかった。教育訓練後の就業率は40.1％，途中脱落率24.3％であった。

このような低調さの原因として，国会は2003年以来，政府の青年失業対策に実質的な変化がなかったなど，対策自体の問題点を指摘してきた。類似あるいは重複する事業の統合など，全面的に青年就業の支援事業を再調整する必要性を強調している。

3.2 晩婚化と少子化，仕事と家庭の両立

若者の結婚難，低出産，仕事と家庭の両立などの問題を解決するために韓国政府が行ってきた政策をみていく。

2005年に大統領直属の低出産高齢社会委員会が設置され，「低出産高齢社会

第 6 章　韓国の若者政策：現状と課題

表 6.1　韓国雇用労働部事業計画（青年部門，2011 年）

	支援対象および要件	支援内容
グローバル就業支援	・海外就業研修：15～29歳以下青年層，経歴必要時は29歳以上30%可能 ・海外就業希望者	・海外就業研修：海外研修費（最高400万ウォン）就業成果金支給 ・海外就業斡旋：海外就業相談と就業斡旋，労働契約と出国支援
中小企業青年インターン制	・15～29歳の青年未就業者（軍必者(1)は31歳以下） ・専門大学以上卒業者（6ヵ月以上雇用保険加入歴がある者を除く） ・雇用保険法上「優先支援対象企業」（中小企業基本法上の中小企業を含む）として，従業員5人以上の事業所，大企業から選抜されて協力事業体の中小企業などで勤務する場合，高卒以上学歴者に製造事業体，大企業就業時に支援	・未就業青少年をインターンに雇用する企業に研修支援金（常時従業員数の20%以内） ・インターン期間契約賃金の50%（月80万ウォン限度6ヵ月）正規雇用に転換後6ヵ月65万ウォン追加支援
創造キャンパス	大学1～3年生	・人文学・芸術・社会的企業(2)・IT講義（専門家招聘），サークル活動支援
青年職場・職業体験プログラム	15～29歳の未就業青少年（大学卒業者除く）	・研修参加時，月40万ウォン手当（食費と交通費），研究機関（企業）に企業研修支援経費（1人当たり月5万ウォン）などを支援 ・公共機関（教育機関含む）1～2ヵ月，経済，社会団体，非営利組織など1～4ヵ月，民間企業1～6ヵ月研修
青年就業アカデミー	大学4年生，卒業生	・産業（事業推進者）と企業（大企業と協力事業体）主導で，大学在学生・卒業生に就業能力を高める分野別専門プログラムを提供 ・支援人数：8000人（就業支援アカデミー40ヵ所×200人）
青年支援官事業	公募で選定された大学と専門系高校	・就業支援官採用に必要な人件費一部を支援（大学はマッチングファンド30%適用予定）
就業訓練学校運営支援	満15～24歳以下の脆弱青少年(3)	・1年課程の無料職業訓練実施（2011年模範事業として100人支援） ・訓練機関：訓練費用支援 ・訓練生：自立手当月30万ウォン支援（訓練費・寮費無料） ・人性教育・職業進路指導実施，学業（検定考試）支援など，個別サービス支援

注(1)　兵役義務修了者
　(2)　非営利組織と営利企業の中間形態．社会的事業を営利企業として行う
　(3)　貧困，学校中退，問題家庭など社会的弱者の若者
（出典）韓国雇用労働部 HP（2011）

基本法」を制定,施行した。同年,韓国保健福祉部は,産業資源部,労働部,予算署など12部署の長官および民間委員によって構成される「低出産高齢社会政策本部」を設置して,低出産・高齢社会中長期政策目標と方向を設定し,5年ごとに「低出産高齢社会基本計画」を策定・推進している。この計画には,低出産・高齢社会政策の基本目標と推進方向,期間別の主要課題と推進方法,必要な財源と調達方法などが含まれる。2006年に始まった第一次基本計画は2010年12月に終了し,現在2011～15年の第二次計画が進行中である。

　第二次低出産高齢社会基本計画は,「漸進的な出生率の回復と高齢社会対応体系の確立」を目標として,5年間で75兆8000億ウォンを計上している。このうち,青年政策は低出産分野におかれ,(1)新婚夫婦の住居費軽減や結婚奨励,妊娠・出産費用と医療サービス支援など「結婚および妊娠・出産支援」,(2)保育・教育・養育手当の支援拡大など「養育負担軽減」,(3)育児休業・フレックス勤務などの制度改革を含む「職場・勤労者支援」,(4)脆弱児童・青少年に対する支援が中心とする「児童・青少年支援」の4項目から構成される（**表6.2**参照）。

　第一次基本計画は低所得層中心で,2006～10年の5年間に低出産分野に約20兆ウォンの予算を投入したが,出生率はあまり上昇せず,政策効果がなかった。これに鑑み,第二次計画案では第一次計画を基調としながら,共働き夫婦の仕事と家庭の両立など,需要の高い対象に集中して政策課題を提示した。第二次計画は開始したばかりで,実効性を論じるには時間が必要であろう。しかし依然として「共働き」夫婦の「非正規職」に対する考慮が不足して,こうした政策が階層間格差を拡大する可能性,また,結婚奨励策によって自発的に未婚を選択した「非婚者」が不利益を被る可能性など,「意図せざる副作用」に懸念の声も上がっている。

3.3　軍加算点制度

　前述したように,高校以上の在学生は入営を延期できるが,大学在学中に軍隊に入ることが多く,学業と卒業後の就職活動に大きな制約を受ける。たとえ学業修了後に入隊しても,21ヵ月間社会から隔離され,除隊後社会に適応する時間が必要となる。したがって兵役義務を着実に履行した若者に何らかの補償をすべきである,という主張がなされるのは,驚くべきことではないであろう。

表6.2 韓国第二次低出産高齢社会基本計画（低出産分野の主要内容，2011年）

結婚・妊娠出産支援	結婚支援	新婚夫婦住居負担軽減 結婚奨励のための社会的配慮（学生夫婦支援など） 結婚関連教育・情報・サービスの体系的提供
	妊娠・分娩施設不足地域への医療支援	農漁村など妊娠・分娩施設不足地域へ保健医療インフラ支援強化 新生児集中治療室拡大 産婦人科健康保険改善
	妊娠出産支援	妊娠出産費用支援拡大 母性と乳幼児健康管理強化 産後の母親と新生児ヘルパー支援強化
養育負担軽減	保育・教育費支援	保育・教育費支援拡大 養育手当支援拡大 親の私教育費(1)軽減対策拡充
	保育施設	保育施設不足地域へ国公立保育施設支援拡充 民間育児施設サービス改善
	保育サービス	需要者中心の育児支援サービス拡充 ベビーシッターサービス拡充
	多産家庭支援	子ども数の多い家庭への各種支援拡充（税制・住宅など）
職場勤労者支援	産前・産後休暇，育児休業	産前・産後休暇と育児休業の制度改革
	フレックス勤務	フレックス勤務制拡充 フレックス勤務形態導入条件の整備
	家族親和的文化	職場保育施設の設置促進 家族親和的な企業認証拡充 家族親和的な社会環境の整備
児童・青少年支援	弱者児童支援	ドリームスタート事業促進 危機青少年統合支援体系拡充 危機児童・青少年の自立支援拡充
	能力開発	児童・青少年の総合的発達支援 弱者児童の人的ネットワーク形成 素質・適性に基づく能力開発支援
	児童・青少年保護体系	児童・青少年生活安全強化 性犯罪予防・保護対策強化 児童虐待予防保護体系強化 学校暴力予防・被害者保護支援 有害環境遮断と健康管理支援
	児童政策基盤整備	中長期児童・青少年政策基本計画策定 定期的児童実態調査と統計整備

注(1) 親が任意で学校教育に追加支出する費用
（出典）韓国保健福祉部 HP（2011）

「軍加算点制度」を復活させる声が上がっているのは，まさにそうした主張と同じ脈絡で理解できる。「軍加算点制度」とは，兵役義務を履行した者への一種の報酬措置である。具体的には，就業保護実施機関（国家機関，地方公共団体および学校（公立・私立両方），公企業，公立団体，私企業，私立団体）の採用試験の際に，転役軍人は筆記試験の点数に，満点の5％の範囲内で加算点を受けることができる。

　軍加算点制度は 1961 年に始まったが，1999 年 12 月憲法裁判所で違憲判決を受け，廃止された。しかし廃止されて 10 年以上を経た今日でも，賛否両論が絶えない。賛成側の理由は明瞭である。自分の意思と関係なく国家と国民のために軍服務を履行した若者に対する報賞は，正当かつ必要である。一方で，反対側の論理もまた明確である。兵役履行者に対する報賞の必要性は認めながらも，自分の意思と関係なく兵役対象から排除された女性，障碍者，混血者などの機会と平等権を剥奪するものであり，それよりも軍服務環境の改善やほかの代替案を考えるべきであると主張している。賛成側，反対側とも，兵役と関連して「本人の意思と関係なく」不利益を経験するのは望ましくないと強調するところが興味深い。おそらく，軍加算点制度の代案として現在の徴兵制を募兵制へ転換することを提案する立場も，同様の問題意識を共有しているといえる。

　本章は韓国の兵役制度それ自体をテーマとしていないため，軍加算点制度や徴兵制から募兵制への転換などを詳しく論じる余裕はない。ただし，兵役の履行／非履行が本人の選択や意思と関係がない状況で，兵役履行者への評価や補償の必要性についてのコンセンサスがある以上，兵役履行者に正当な補償を行いつつ非履行者に不利益を与えない方法を探し出すことが，韓国社会に求められる若者対策の 1 つに違いない。

4．結　論

　以上，本章では，今日における韓国の若者がおかれている状況を，雇用，教育，家族，兵役のようなさまざまな側面から検討し，それぞれと関連する政策をについて紹介してきた。

　韓国の若者が直面している厳しい現実を，政府統計から確認することができた。韓国政府はこれらの状況を打破するため，積極的に政策を推進している

が，現在のところ，それら政策の効果はあまり上がっていないようである。今後，実効性が高い政策の開発と推進が必要とされる。

ただし，このような政策を考える際には，「意図せざる副作用」に注意する必要があるだろう。たとえば，兵役履行者への正当な補償が，他の若者に対する差別をもたらしたり，経済的理由から結婚が遅れている若者の支援によって，自発的未婚，いわゆる非婚の若者たちが不利益を被ったり，共働き家庭への支援が専業主婦や非正規女性の家庭との格差拡大につながるのでは，十分なサポートとはいえない。むしろ，新しい問題点を生み出す可能性さえある。したがって，厳しい現実におかれている若者のなかの多様性に配慮したきめ細かい若者政策が待たれる。

参考文献

有田伸，2006，『韓国の教育と社会階層──「学歴社会」への実証的アプローチ』東京大学出版会.

禹哲薫・朴権一，2009，『韓国ワーキングプア── 88 万ウォン世代』明石書店.

韓国兵務庁 HP http://www.mma.go.kr （2011.8.24 閲覧）

韓国保健福祉部 HP http://www.mw.go.kr （2011.8.23 閲覧）

韓国雇用労働部 HP http://www.moel.go.kr （2011.8.22 閲覧）

韓国統計庁 HP http://www.kostat.go.kr （2011.8.24 閲覧）

남재량，2011，「체감 청년 실업률, 몇 %나 될까?」『노동리뷰』2011 년 4 월호：46-58.（ナムジェリャン，2011.4，「体感青年失業率，何％になるのか」『労働レビュー』4 月号：46-58.）

전광희，2002，「출산력」김두섭・박상태・은기수 편，『한국의 인구』통계청.（チョンクァンヒ，2002，「出産力」キムヅソブ・パクサンテ・オンギス編『韓国の人口』統計庁.）

최경수，2004，「출산율 하락 추이에 대한 분석」『한국인구학』27（2）: 35-59.（チェキョンス，2004，「出産力下落推移に対する分析」『韓国人口学』27（2）: 35-59.）

한국통계청，『경제활동인구조사』（韓国統計庁『経済活動人口調査』）

한국교육과학기술부・한국교육개발원，『교육통계연보』（韓国教育科学技術部・韓国教育開発院，各年，『教育統計年報』）

OECD, 2010, Employment Outlook.

OECD, 2011, Society at a Glance 2011.

第7章　日韓の若者にみる非正規雇用とジェンダー

平田　周一

1. 韓国と日本

　日本と韓国の間には多くの共通点があるといわれている。どちらも，第二次大戦後，急速な産業化と経済成長を遂げた。しかし，日本は1991年のバブル経済の崩壊，韓国では1997年の金融危機を契機として，どちらの国でも経済成長の時期にはみられなかったさまざまな社会問題が発生した。そのなかでも日韓双方において問題となっているのが，非正規雇用の急速な増加である。

　近年，日本では，非正規雇用の増加が深刻な社会問題となっている。日本で非正規雇用が増加したのは，1991年にバブル経済が崩壊した後の長く，厳しい不況が続いた時期である。総務省『労働力調査』の詳細集計によると，バブル景気に沸いていた1988年，パートタイム，派遣労働者，臨時雇などの非正規雇用が雇用全体に占める割合は18.3％にすぎなかった。それが20年後の2009年には33.7％にまで増加している。雇われて働く人の3人に1人が非正規雇用になった。

　かつて非正規雇用といえば高年齢で，多くは既婚女性のパートタイムが中心を占めていた。事実として，1988年非正規雇用の70％以上が女性であり，女性の非正規雇用の4分の3が35歳以上だった。男女別では，2009年非正規雇用の69.5％が女性で，大きな変化はない。しかし年齢別では，1988年15～24歳17.2％（ただし学生アルバイトを含む）から2009年45％，25～34歳では1988年10.2％から2009年25.7％に変化した。若年層の非正規雇用の増加が著しいことは明らかである。

　日本の隣国であり，本書の4ヵ国調査対象国である韓国でも，非正規雇用の

増加が問題とされている。韓国では元々，雇用契約期間に定めのある日雇・臨時雇用の比率が高かったが，1997年の金融危機以降，整理解雇規制の緩和と労働者派遣法の制定によって，非正規雇用数はさらに増え，政府も失業対策として公共部門で多くの非正規雇用を実施した。その結果，2000年には韓国雇用者の半数以上（52.1％）が非正規雇用となった（呉，2009）。

　日本と韓国の双方で，非正規雇用者の増加がなぜ深刻な社会問題とされているのか。どちらの国でも，非正規雇用者の収入が低く，将来性が乏しいとされるからである。太郎丸博（2009）は，非正規雇用の増加が社会問題となる要因として，不本意ながら非正規雇用にならざるを得なかった者の増加，非正規雇用の貧困リスクが相対的に高いこと，いざという時のセーフティネットとなる公的年金の加入者が非正規雇用では極端に低いことなどをあげている。こうした事情は韓国でも同様で，呉学殊（2009）によれば，非正規雇用の賃金は，正規雇用の6割前後と低い。賃金以外の労働条件をみても，国民年金，医療保険，雇用保険加入者の比率は非正規雇用では4割前後と低く，退職金，ボーナス，残業手当，有給休暇が適用される非正規雇用の比率は，正規雇用者の半分以下となっている。

　日本では，1990年代以降の不況期に高校を卒業した世代を「失われた世代（ロスト・ジェネレーション）」と呼ぶことがあるが，禹と朴（2009）は，現在の韓国の10代，20代の若者を「88万ウォン世代」と呼んでいる。88万ウォンとは日本円で6万円を少し超えるくらいの額だが，非正規雇用の1ヵ月の平均収入がこれくらいだという。しかも，現在では大学卒業者も正規雇用の仕事に就けず，非正規雇用にならざるを得ないという。

　非正規雇用が増えた理由は，はっきりしている。1991年のバブル経済崩壊以降，日本経済は長い低迷期を迎えた。厳しい不況のなかで，日本企業の多くは人員・コストを抑えるため新規社員の採用を控え，生産拠点を海外の低賃金地域に移転し，周辺的な仕事をパートタイム，派遣労働などの非正規雇用に任せるようになった。非正規雇用の方が賃金が安い上に社会保険なども必要なく，解雇するのも簡単だった。

　実は，非正規雇用の増加は日本や韓国にだけみられる現象ではない。雇用の安定と拡大を政策の中心に置くEU主要15ヵ国では，1998～2008年の10年間でパートタイム雇用比率が17.3％から21.0％に増加した（European Commission, 2009）。また，非典型雇用[*1]の代表とされ，雇用期間に定めがある有期雇用

*2 も増加している。EU 主要15ヵ国全体では，1998～2008 年に平均12.8％から14.4％のわずかな増加だが，スペインやポルトガルのように雇用者の約3分の1が有期雇用という国もある。

とくに問題とされているのは，スペイン，ポルトガル，ポーランドなどの比較的失業率が高い国々において，有期雇用比率が高いことである*3。これらの国では，とにかく仕事の数を増やすために，有期雇用に関する規制を緩める政策をとっており，結果として有期雇用者が大量に生まれることとなった。

ヨーロッパに限らず，世界的に進行する経済のグローバル化により，とくに若年層の雇用が不安定となり，非典型雇用が増加していることが指摘されている（Blossfeld et.al., 2005）。経済のグローバル化は，国境を越えた国際的な経済市場と同時に，国際的な情報ネットワークが実現することによってもたらされる。国際的な競争が激化し，企業は競争力を維持するために，各国において規制緩和を要求する。また，情報や財，人材が絶え間なく移動するようになる。これらは，人々のライフコースや職業キャリアの形成を不安定にする。経済のグローバル化の影響は，とくに職業経験のない，または少ない若年層に強い影響を及ぼす。

2. 就業とジェンダーの日韓比較

本章では，4ヵ国調査データの分析を通して，日本と韓国の非正規雇用の現状を検討する。日本と韓国の共通点の1つに，女性と就業の関係があげられる。第一に欧米諸国と比較すると，日本と韓国の女性の就業率は低いとされている。OECD の統計によると，2005年現在で日本の女性の労働力率*4 は65.5％で，OECD 加盟国の中で統計が得られている30ヵ国中，19番目となっている。韓国の女性の労働力率は58.2％とさらに低く，同じく30ヵ国中24番

---

*1 欧米では非正規雇用ではなく，非典型雇用（atypical employment）という言葉が用いられることが多い（第8章注2も参照）．非典型雇用にはパートタイマーも含まれる．
*2 有期雇用とは，雇用契約の際に雇用期間が定められている雇用者（fixed-term employment）を意味する．アメリカでは contingent worker という言葉が用いられるが，派遣，季節，日雇，臨時の労働者などがこれに含まれる．なお，日本ではパートタイマーも非正規雇用とされるが，欧米ではパートタイマーは単に労働時間が少ないことを意味しており，非正規とは区別される．
*3 2008年現在，スペイン，ポルトガル，ポーランドの失業率は，それぞれ11.3％，7.1％，7.7％．EU 加盟国全体の平均は7％（European Commission, 2009）．
*4 労働力率＝労働力人口（就業者＋完全失業者）／15歳以上人口×100である．

目である。ちなみに，OECD加盟国の中でもっとも女性の労働力率が高い国はルクセンブルグの87.8%，もっとも低い国はトルコで24.6%である（図7.1）。

　日本と韓国は，欧米の先進諸国と比べて女性の労働力率が低いばかりでなく，どちらも女性のM字型カーブと呼ばれる特徴がみられる。**図7.2**に示されているように，欧米の多くの国々では，女性の年齢別労働力率は男性と同様台形の形状である。一方韓国と日本は，20代では女性の労働力率は高いが，30歳前後で低下し，30代後半から再び上がり，全体ではM字型のような形状を描く。欧米でも同じような女性のM字型がみられた時期があったが，1960～70年代以降，現在のような台形の形状に変化した。日本と韓国では，欧米先進国並みの経済発展を達成したにもかかわらず，M字型カーブが根強く残っている。

　韓国女性開発院が2002年に行った「第四次女性就業実態調査」のデータを分析した朴と山根（2007）によると，韓国の女性のM字型カーブは，1970年代以降に結婚した女性の間で増加しており，1990年代以降に結婚した女性では，潜在M字型（結婚や出産時に仕事を辞めた女性）を含めると，M字型に該当するキャリアをもつ女性が70%を超えている。1970年代以前は，農家女性を中心とする結婚前も結婚後も仕事をする「仕事家族重複型」，あるいは結婚後に初めて仕事に就く「結婚／養育後入職型」，そして就業経験のない女性が80%以上を占めていた。

　日本でも，第二次大戦直後の女性はおもに農家で働いており，結婚や出産をしても就業し続けていた。また，就業経験のない女性も多かった。1950年以降の経済発展のなか，雇用労働者への移行が急速に進み，女性のM字型カーブが顕著となった。M字型カーブがもっともはっきりしていたのは，1970年代半ば頃といわれている。以降，日本の女性のカーブはM字型を継続してきたが，1990年代以降，M字型の底が上昇を続け，だんだん台形に近い形状となっている。武石恵美子（2009）によると，20代後半から30代の女性の就業の上昇は，配偶者のいない女性の増加による部分が大きく，就業を継続しているとみられる女性有業者の割合は，むしろ減少している。韓国でも近年，晩婚化が進み，M字型の底が上昇する傾向，あるいは年齢の高い方に移動する傾向がみられる（朴・山根，2007）。

　女性の就業を促進する要因は，経済発展の度合いだけではない。日本と韓国で女性の労働力率が低い原因として，男女間の性別分業役割意識が強く，社会

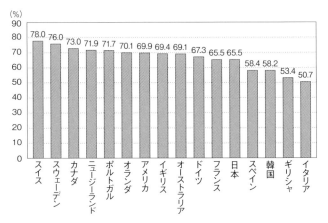

図 7.1　世界各国の労働力率（2005 年）（出典）OECD.Stat Extracts

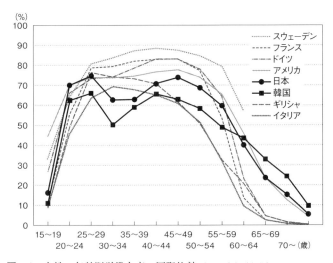

図 7.2　女性の年齢別労働力率の国際比較（2005 年）（出典）ILO Laborstat

に深く根づいていることがあげられている。

3. 韓国と日本の学歴社会

　韓国と日本の教育にはさまざまな共通点がある．どちらも第二次世界大戦後，アメリカの主導の下，6－3－3－4制の単線型学校制度が整備された．また，しばしば学歴社会という言葉が用いられることも共通点の1つと考えられる．この言葉はネガティブな意味で用いられることが多いが，どちらも高い教育を受けた優秀な人材育成によって経済発展に貢献しようとしてきた姿勢，政策の表れとみることができる．

　日本で学歴社会の功罪が議論されたのは，高度経済成長と同時期の1960～70年代にかけてであるが，韓国の学歴社会は今でも続いている．とくに，近年の韓国における進学熱はすさまじいものがある．日本における短大を含む大学進学率は徐々に上昇し，2008年現在，18歳人口の56.2％が短大または大学に進学している（文部科学省，2009）．2005～06年現在，アメリカのフルタイム大学進学率は53.2％，イギリスは59.2％，フランスは約41％，ドイツは23.4％であるので，日本の大学進学率は先進国の中でもかなり高い方であるが，韓国は約100％にまで達している（文部科学省，2009）[*5]．前に引用した『88万ウォン世代』（禹・朴，2009）によると，韓国の大学の授業料は世界一高いということだが，にもかかわらずこれだけの進学率となるのは，せめて大学を出なければという危機意識の表れなのだろうか．

　本書の4ヵ国調査として行われた韓国ソウル市近郊（首都圏）の2008年調査は，25～34歳男女が対象であり，上の国際比較対象より若干年齢が高いが，**表7.1**の最終学歴（最後に通った学校）からわかるように，韓国は日本よりも短大を含む高等教育比率が高い．本調査では，日韓とも短大から大学院までを含む高等教育比率は全体の8割を超える．調査対象が日韓の首都圏であることから，高等教育比率は各々の国際比較より高いと思われる．

　もう1つ注目したいのが，男女別の比率である．χ^2値によると，日本では男女間の学歴達成に大きな差があるが，韓国では5％未満の水準で有意差が認められるが日本ほどではない．

[*5]　進学率＝高等教育機関入学者数／該当年齢人口．韓国のデータは，第6章図6.2も参照（ただし，進学率，就学率とも定義が異なる）．各国データはいずれも2005～07年に18歳または19歳男女を対象としたものである．

表7.1 日本と韓国の学歴（最後に通った学校，日本25〜30歳，韓国25〜34歳）

	日本 (931)	男性 (375)	女性 (556)	韓国 (1,118)	男性 (560)	女性 (558)
高校以下	18.7% (174)	22.4% (84)	16.2% (90)	17.7% (198)	15.4% (86)	20.1% (112)
短大・高専 (1)	30.4% (283)	19.7% (74)	37.6% (209)	26.5% (296)	24.8% (139)	28.1% (157)
4年制大学	43.0% (400)	46.7% (175)	40.5% (225)	46.1% (515)	50.2% (281)	41.9% (234)
大学院	7.9% (74)	11.2% (42)	5.8% (32)	9.7% (109)	9.6% (54)	9.9% (55)

日本　$\chi^2=38.473$　自由度=3　$p.=0.000$　　韓国　$\chi^2=8.804$　自由度=3　$p.=0.032$
注(1)韓国は専門学校・短期大学

詳しくみてみよう。短大以上の高等教育比率は韓国では男性84.6％，女性79.9％，日本では男性77.6％，女性83.8％となっている。日本では女性の方が高い結果になっているが，これは，短大・高専進学の大半が女性であることと，この分類では専門学校が含まれているためである。4年制大学以上の進学をみると，韓国の男女はそれぞれ60.1％，51.8％で男女差は8.3ポイントであるのに対して，日本の男女は57.9％，46.3％で，その差は11.6ポイントであり，日本の男女差が韓国よりもわずかながら大きいことがわかる。とくに日本では，大学院の男女比率は大きく異なっているが，韓国では男女差がほとんどない。

4. 日韓若者の正規／非正規雇用とジェンダー

4.1 日本の若者の学歴，就業形態，ジェンダーの関連

教育は，学校卒業後に就く職業，および経済格差と深く結びついている。日本で学歴社会が問題になった1970年代には，地位の高い職業に就く，良い会社に入るために，良い大学に入る必要があるといわれ，そのために若者が過度の競争を強いられることが問題とされた。最近では，ロスト・ジェネレーションと呼ばれる世代の中でも，とくに高卒で就職する者の多くが，非正規の仕事に就くことが問題となっている。平田（2008）は，2005年に行われたSSM調査（社会階層と社会移動に関する全国調査）*6のデータを分析し，学校を卒業して初めて就く仕事（初職）が非正規雇用になる比率は，学歴が低いほど，また男性よりも女性が高いことを示した。また，初職に就いた時期がバブル景気

崩壊の翌年である 1992 年以降に当たることの影響を受けて，中学，高校卒業者が高く，短大以上の学歴との差が統計的に有意であることも示した。

それでは，本書の4ヵ国調査の対象となった日本の若者にも，このような傾向がみられるのだろうか。学歴（最後に通った学校）と現職の関係をみると，χ^2値によると学歴と現職の就業形態（無業を含む従業上の地位）には有意な関連が存在する（**表 7.2**）。

細かくみていこう。正規雇用比率は，中学から大学院まで学歴が高いほど高くなっていた。一方，非正規雇用比率は，大学院を除いて中学から4年制大学まで，学歴が低いほど高い*7。また無業の比率も，学歴が高いほど低くなっている。

男女別にみると，さらに興味深い傾向が明らかになる。まず χ^2 値によると，男性では 5% 水準をわずかに下回る値でかろうじて有意であるが，女性の有意水準は非常に低い（**表 7.3**）。

男性の場合，学歴が高いほど正規雇用比率は高く，学歴が低いほど低い（大学院除く）傾向があり，男女合計の傾向と大きな違いはない。男性全体では正規雇用 73.4%，非正規雇用 12.0% である。

一方，女性の場合，男性と比べて非正規雇用者の比率が非常に高いことが目につく。女性全体で正規雇用比率は 45.4% で半分に満たない。学歴別にみると，男性同様，学歴が高いほど正規雇用比率は高く，学歴が低いほど低い（大学院除く）。当然，各学歴における非正規雇用比率は女性の方が高い。4年制大学の女性でさえ，その4分の1以上が現職で非正規雇用である。

このように非正規雇用比率は男性より女性が高く，高学歴女性でも男性よりかなり高い。これは，労働市場における男女格差によるものといえよう。

また，女性は男性より無業の比率が高く，男性 5.6%，女性 23.0% である。また，女性の方が学歴との関連も強い。男性は学歴が低いほど無業の比率が高く，男性の高校以下，4年制大学と無業の相対リスクは 1.85 倍（= 8.9%／4.8%）であるのに対して，女性は 1.97 倍（= 36.4%／18.5%）と高く，女性は学歴と無業の関連が強いことがわかる*8。表 7.4 で，高校以下，4年制大学と非正規

---

*6 SSM 調査とは，社会階層，不平等，社会移動，職業，教育，社会意識などについての社会調査。1955 年以来 10 年に一度，社会学研究グループによって実施されてきた。第 6 回調査（研究代表：佐藤嘉倫）は，2005 年 11 月以降に日本全国の 20〜69 歳約 14,000 人を調査した。

*7 大学院の学歴が求められる仕事の中には，医師のインターン，任期付き大学教員など，キャリアの初期段階で非正規雇用に分類される従業形態が多々みられる．

表7.2 日本の学歴（最後に通った学校）と現職の就業形態（従業上の地位）

	日本 (895)	高校以下 (167)	短大・高専 (276)	4年制大学 (384)	大学院 (68)
単独・自営	3.4% (30)	6.6% (11)	2.9% (8)	2.3% (9)	2.9% (2)
正規雇用	56.5% (506)	40.7% (68)	48.2% (133)	65.9% (253)	76.5% (52)
非正規雇用	22.1% (198)	26.9% (45)	26.1% (72)	17.7% (68)	19.1% (13)
家族従業	1.9% (17)	2.4% (4)	2.5% (7)	1.6% (6)	0.0% (0)
無業	16.1% (144)	23.4% (39)	20.3% (56)	12.5% (48)	1.5% (1)

$\chi^2 = 58.404$　自由度 = 12　$p. > 0.000$　尤度比 $\chi^2 = 64.286$　自由度 = 12　$p. > 0.000$

表7.3 日本の男女別学歴（最後に通った学校）と現職の就業形態（上：男性　下：女性）

	日本男性 (357)	高校以下 (79)	短大・高専 (72)	4年制大学 (168)	大学院 (38)
単独・自営	6.2% (22)	12.7% (10)	6.9% (5)	3.6% (6)	2.6% (1)
正規雇用	73.4% (262)	58.2% (46)	66.7% (48)	81.5% (137)	81.6% (31)
非正規雇用	12.0% (43)	16.5% (13)	16.7% (12)	7.7% (13)	13.2% (5)
家族従業	2.8% (10)	3.8% (3)	4.2% (3)	2.4% (4)	0.0% (0)
無業	5.6% (20)	8.9% (7)	5.6% (4)	4.8% (8)	2.6% (1)

	日本女性 (538)	高校以下 (88)	短大・高専 (204)	4年制大学 (216)	大学院 (30)
単独・自営	1.5% (8)	1.1% (1)	1.5% (3)	1.4% (3)	3.3% (1)
正規雇用	45.4% (244)	25.0% (22)	41.7% (85)	53.7% (116)	70.0% (21)
非正規雇用	28.8% (155)	36.4% (32)	29.4% (60)	25.5% (55)	26.7% (8)
家族従業	1.3% (7)	1.1% (1)	2.0% (4)	0.9% (2)	0.0% (0)
無業	23.0% (124)	36.4% (32)	25.5% (52)	18.5% (40)	0.0% (0)

男性　$\chi^2 = 18.320$　自由度 = 12　$p = 0.106$
女性　$\chi^2 = 24.544$　自由度 = 12　$p = 0.017$

*8　相対リスク（relative risk）とは，比較するカテゴリーの比率の比をとったもので，比率の差よりもカテゴリー間の差を明瞭に示す．喫煙者のがん発症率は非喫煙者の発症率の何倍，等の表現はこの相対リスクが示されていることが多い．

雇用の相対リスクをみると，男性 2.14 倍（＝16.5％／7.7％），女性 1.43 倍（＝36.4％／25.5％）である。男女とも高卒以下と 4 年制大学の学歴差は 10％程度だが，男性の方が相対リスクの値が高く，非正規雇用と学歴の関係は男性の方が強いといえる。したがって，女性の方が全体の χ^2 値が高いのは，女性の学歴と無業の関連が強いことが推察できる。

なぜ，このような結果になるのだろうか。若者においても「男は仕事，女は家庭」という性別役割分業の規範が根強くあるためではないか。男女とも学歴が低いほど無業比率が高いのは，正規・非正規にかかわらず学歴が低いと職探しが困難であることを示している。しかし，男性は仕事に就いて自立することが規範として期待されており，無業は女性に比べて少ない。一方，女性は男性ほど仕事に就く期待が小さく，無業が多くなることが示されている。

4.2 韓国若者の学歴，就業形態，ジェンダーの関連

韓国の若者についても同様の分析を行ってみよう（表7.4, 7.5）。学歴と現職の関連をみると，男性では関連がみられないが，女性は男性よりも低いが，5％をわずかに上回る有意水準である。韓国の男性では，就業形態（無業を含む従業上の地位）と学歴に統計的な関連はないが，女性ではわずかだが関連がみられるようである。

韓国でも無業の比率は女性の方が高く，男性の 1.5 倍程度である。しかし日本と比較すると，韓国男性の無業率が高いことに驚かされる。男性全体の約 20％を無業が占めている。OECD のデータによると，2007 年の韓国の失業率は 4％で，日本よりも低い。韓国男性の無業比率は，学歴を問わず高いようである。韓国女性は，学歴が高いほど低い。韓国の 4 年制大学と高校以下の無業比率を比較すると，女性では高校以下は 4 年制大学の 1.51 倍であったのに対して，男性では 1.26 倍であった。試みに，有業，無業と学歴の関係を男女別に検定してみたところ，女性は有意な関連があったが，男性はなかった。

韓国の非正規雇用をみると，男性は学歴が高いほどわずかな差であるが非正規比率が低い（大学院を除く）。しかし，女性は学歴が上がるにつれて比率が高くなっていた。

したがって日本と同様，韓国においても男性より女性の無業比率が高く，非正規比率も高い。一般に韓国では，性別役割分業規範が強いといわれている。しかし日本と比較して，韓国男性は無業比率が高い傾向がある。また，現職の

表7.4 韓国の学歴と現職の就業形態

	韓国 (1,051)	高校以下 (190)	専門学校・ 短大(289)	4年制大学 (483)	大学院 (89)
単独・自営	1.6% (17)	2.6% (5)	1.0% (3)	1.7% (8)	1.1% (1)
正規雇用	57.6% (605)	50.0% (95)	58.8% (170)	60.5% (292)	53.9% (48)
非正規雇用	14.0% (147)	12.1% (23)	12.5% (36)	13.3% (64)	27.0% (24)
家族従業	1.10% (12)	1.1% (2)	1.4% (4)	1.2% (6)	0.0% (0)
無業	25.70% (270)	34.2% (65)	26.3% (76)	23.4% (113)	18.0% (16)

$\chi^2 = 30.975$　自由度 $= 16$　$p. = 0.014$

表7.5 韓国の男女別学歴と現職の就業形態（上：男性　下：女性）

	韓国男性 (520)	高校以下 (83)	専門学校・ 短大(134)	4年制大学 (259)	大学院 (44)
単独・自営	1.7% (9)	6.0% (5)	0.7% (1)	0.8% (2)	2.3% (1)
正規雇用	64.6% (336)	54.2% (45)	67.2% (90)	66.8% (173)	63.6% (28)
非正規雇用	13.1% (68)	14.5% (12)	12.7% (17)	11.6% (30)	20.5% (9)
家族従業	0.6% (3)	0.0% (0)	0.7% (1)	0.8% (2)	0.0% (0)
無業	20.0% (104)	25.3% (21)	18.7% (25)	20.1% (52)	13.6% (6)
	韓国女性 (531)	高校以下 (107)	専門学校・ 短大(155)	4年制大学 (224)	大学院 (45)
単独・自営	1.5% (8)	0.0% (0)	1.3% (2)	2.7% (6)	0.0% (0)
正規雇用	50.7% (269)	46.7% (50)	51.6% (80)	53.1% (119)	44.4% (20)
非正規雇用	14.9% (79)	10.3% (11)	12.3% (19)	15.2% (34)	33.3% (15)
家族従業者	1.7% (9)	1.9% (2)	1.9% (3)	1.8% (4)	0.0% (0)
無業	31.3% (166)	41.1% (44)	32.9% (51)	27.2% (61)	22.2% (10)

男性　$\chi^2 = 21.978$　自由度 $= 16$　$p. = 0.144$
女性　$\chi^2 = 26.191$　自由度 $= 16$　$p. = 0.051$

就業形態（従業上の地位）と学歴の関係が日本よりも弱い。すなわち韓国では，男女とも学歴に関係なく非正規の仕事に就かざるを得ないリスクが高いことになる*9。また，韓国男性の有業，無業は学歴に関係がない。

5. 日韓若者の就業，教育，ジェンダーの相互関係（多項ロジット分析）

これまでの分析をさらに詳細に検討するために，多項ロジット分析を用いて現職の就業形態（従業上の地位），学歴，ジェンダーの相互関係をみていこう。

ロジット分析は従属変数がカテゴリー変数であるときに用いられる。カテゴリーの数が2つのとき「2項ロジット」と呼ばれ，次の式で定義される。右辺は定数項（a）と複数の独立変数（X_i）とその効果（β_i）を掛けあわせたものから成り，通常の回帰分析の式とよく似ている。

$$\log \frac{P}{1-P} = a + \beta_1 X_1 + \beta_2 X_2 + \cdots + \beta_k X_k$$

従属変数にあるPは2つのカテゴリーのどちらかの比率であり，2つのカテゴリーの比率を比較する$P/(1-P)$をオッズ（Odds）と呼び，ロジット分析はオッズの自然対数を従属変数とする。

表7.6は，表7.4を変形して，男女別の有業，無業を示している。男性の有業と無業の比率（オッズ）は337／20＝16.85，女性のオッズは414／124＝3.34，オッズ比は16.85／3.34＝5.04となり，男性の有業のオッズは女性の5倍とわかる。

表7.7は，2項ロジット分析を行った結果であるが，性別の変数は男性1，女性0，定数項は女性の有業率，性別の正の効果（B）は男性の有業率が高いことを示す。右端のExp（B）はBの自然対数であり，定数項の値は女性のオッズと，性別の効果はオッズ比と一致する。すなわち，男性のオッズは女性の5倍であることが示されている*10。

---

*9 非正規雇用のなかには，やむを得ず雇用された者もいれば，自発的に非正規を選んだ者もいることに注意しなければならない．
*10 本節で用いられる多項ロジット分析はカテゴリーが3つ以上ある時に用いられるが，2つのカテゴリーに対する2項ロジット分析を複数組み合わせたと考えてよい．ここに示したのは，独立変数のあるカテゴリー（これを0とおく）を基準とする方法であるが，カテゴリーの効果の総和を0とする方法が用いられることもある．オッズ比，相対リスク，ロジット分析に関する詳細は，Agresti（1996＝2003）を参照されたい．

表7.6　日本の男女別有業・無業比率と度数

性別(度数)	有業(P)	無業(1−P)
日本(895)	83.9%(751)	26.1%(144)
男性(357)	94.4%(337)	5.6%(20)
女性(538)	77.0%(414)	23.0%(124)

表7.7　日本の男女別有業・無業 (2項ロジット分析)

	B	標準誤差	自由度	有意確率	Exp(B)
定 数	1.206	0.102	1	0.000	3.339
性 別	1.619	0.252	1	0.000	5.047

　多項ロジット分析の結果は，**表7.8**（日本）と**表7.9**（韓国）に示されている。それぞれについて，無業に対する正規雇用／非正規雇用比率についての独立変数の効果をみていく。

　表7.8の正規雇用（vs. 無業）をみると，日本では4年制大学以上の学歴に比べて，それ以下の2つの学歴レベルは有意な負の効果，すなわち正規雇用が低いという結果が示されている。オッズ比をみると，高校以下の学歴のオッズは4年制大学以上の約30％，専門・短大は約半分である。また，有配偶は配偶無より正規雇用が高く，男性は女性よりも正規雇用が高い。とくに男女差が大きく，男性のオッズは女性の6.5倍以上である。

　非正規雇用（vs. 無業）をみると，どちらの学歴レベルも負の効果が示されているが，統計的に有意ではない。有配偶か配偶無が唯一有意な効果をもつ。ここでも，有配偶の方が無業より非正規雇用が低い，言い換えれば，無業の比率が高いという結果になっている。

　正規雇用（vs. 非正規雇用）をみると，学歴が低いほど非正規雇用が高く，有配偶であるかどうかは統計的に有意な効果をもたない。また，男性は女性より正規雇用が高い（オッズ比は約4倍）。

　一方，韓国では学歴の効果が非常に弱いことがわかる。表7.9をみると，有意な効果が示されたのは，正規雇用（vs. 無業）における学歴の高校以下のみである。表7.4，7.5の分析で示されたように，韓国では学歴と正規／非正規（従業上の地位）には関係がないことが改めて確認された。

　その他の変数の効果は，日本とほぼ同様で，有配偶は正規雇用，非正規雇用に比べて無業の比率が高い。正規雇用（vs. 非正規雇用）をみると，有配偶の効果の＋と－の符号が日本と逆であるが，どちらも統計的に有意な効果をもた

表7.8 日本の現職の就業形態,学歴,男女の関連（多項ロジット分析）

	正規(vs. 無業)		非正規(vs. 無業)		正規(vs. 非正規)	
	効果	オッズ比	効果	オッズ比	効果	オッズ比
定数項	1.962 **		1.147 **		0.815 **	
学歴(vs. 4年制大学以上)						
高卒以下	-1.151 **	0.316	-0.118	0.889	-1.034 **	0.356
専門・短大	-0.673 **	0.510	-0.167	0.846	-0.507 *	0.602
有配偶(vs. 配偶者なし)	-1.858 **	0.156	-1.752 **	0.173	-0.106	0.899
男性(vs. 女性)	1.877 **	6.534	0.498	1.645	1.378 **	3.967

χ^2 検定　*$p.<0.05$　**$p.<0.01$

表7.9 韓国の現職の就業形態,学歴,男女の関連（多項ロジット分析）

	正規(vs. 無業)		非正規(vs. 無業)		正規(vs. 非正規)	
	効果	オッズ比	効果	オッズ比	効果	オッズ比
定数項	0.833 **		-0.263		1.096 **	
学歴(vs. 4年制大学以上)						
高卒以下	-0.426 *	0.653	-0.495	0.610	0.069	1.071
専門・短大	-0.099	0.906	-0.319	0.727	0.219	1.245
有配偶(vs. 配偶者なし)	-0.544 **	0.580	-0.765 **	0.465	0.188	1.207
男性(vs. 女性)	0.600 *	1.822	0.201	1.223	0.400 *	1.492

χ^2 検定　*$p.<0.05$　**$p.<0.01$

ない。男性は女性に比べて無業ではなく正規雇用，非正規ではなく正規雇用の傾向が強い。ただし，男女差の効果は日本より韓国が弱い。

日韓の若者双方において，有配偶は正規雇用，非正規雇用のどちらも無業に対するオッズが低い，言い換えれば無業比率が高いという結果が出た。前述のように，どちらの国も女性の年齢別労働力率のカーブがM字型であったので，回答者が女性だけであれば有配偶が無業である傾向が強いことは納得できる。しかし，ここで示されているのは，性別とは独立の効果である。とくに日本では有配偶男性に無業者はいなかったので，有配偶女性が無業である傾向が非常に強いことが，全体の結果に影響していると考えられる。

6. 結　論

韓国と日本には多くの共通点がある。冒頭にあげた歴史的な共通点ばかりでなく，どちらの国も女性の労働力率が低く，年齢別カーブがM字型の形状をしている。近年，非正規雇用比率が急増し，社会問題となっている点も共通している。本章ではこの2つの問題，非正規雇用とジェンダーに焦点を当てて日本

と韓国の比較を行った。

　まず，教育は就業と深く結びついて，どちらの国も国民の教育水準を上げることによって急速な経済成長を達成した。一方で，とくに日本で教育水準に男女差があることが指摘されており，女性の教育水準を上げることが女性の地位向上に不可欠であるとされた時もある（たとえば天野，1988）。男女の教育水準を比較すると，日本では女性より男性の教育水準が高く，統計的に有意な差がみられる。一方，韓国でも男女の教育水準に差があるという結果を得たが，日本と比較するとその差は少ない。近年の統計によると高校卒業者の大学進学率は約80％に達し，男女差はないことになる。

　次に，教育と就業の関連を日本と韓国双方の若者で比較してみた。ここでは，就業形態（無業を含む従業上の地位）のうち非正規雇用に注目したが，日韓の若者の双方で，非正規雇用は大きな部分を占めていた。日本では22.1％，韓国では14.0％が非正規雇用であった。韓国の方が非正規雇用比率が低い代わりに，無業比率が高い。双方に共通していたのは，非正規雇用，無業のどちらも女性の方が高いということだ。日本だけを考えると，かつては非正規雇用，つまりパートタイムの多くは，育児などが一段落した既婚女性が家庭と両立できる仕事としていたが，現在は未既婚にかかわらず，女性の方が非正規雇用になる傾向が強い。すなわち，非正規雇用はジェンダーの問題でもある。これは，日本と韓国で共通している。

　日韓で異なる点は，韓国男性の無業比率が高いことであろう。裵智恵（本書第6章）によると，韓国の男性には徴兵が義務づけられており，これによる失職が問題となっている。今回の回答者である25～30歳の韓国男性に無業が多い一因と考えられる。

　最後に多項ロジット分析によって，教育，ジェンダー，配偶関係という変数と就業の相互関係をみた。この分析では，男性より女性が非正規雇用となる傾向が強いことを除いて，日本と韓国で異なる結果が導かれた。日本では，教育水準が高いほど無業より正規雇用，非正規雇用より正規雇用の傾向が強く，ジェンダー，配偶関係にかかわらず，教育達成の効果が大きかった。一方，韓国では正規雇用と無業を比べると，高校以下の教育水準は無業の傾向が強いという結果が得られたが，専門学校・短大は4年制大学以上と差がない。また，高校以下と4年制大学以上の差も，日本に比べて小さかった。正規雇用と非正規雇用を比べると，学歴による効果は統計的に有意ではなかった。

先に述べたように，日韓のみならず，非正規雇用の増加は多くの国で問題となっており，当初日本と韓国でこの問題は共通しているのではないかと考えた。確かに女性の方が非正規雇用の傾向が強い点は共通しているが，日本では達成学歴の確かな効果がある一方，韓国では学歴の効果が弱い，もしくはみられないという結果を得た。

韓国における教育熱が非常に高いことは，周知の事実である。高い教育を受けることによって条件の良い仕事に就けるという期待が非常に強いのだろう[*11]。ところが，就業（従業上の地位）と達成学歴の間には強い関係はみられなかった。このことは，韓国社会に教育に対する過度な期待があることを示しており，近い将来，大きな社会問題となるのではないだろうか。

参考文献

Agresti, Alan, 1996, *An Introduction to Categorical Data Analysis*, Wiley-Interscience.（＝2003, 渡邉裕之ほか訳『カテゴリカルデータ解析入門』サイエンティスト社.）

天野正子, 1988,「"ジェンダーと教育"研究の現代的課題―かくされた"領域"の持続」『社会学評論』34（3）: 266-283.

有田伸, 2006,『韓国の教育と社会階層――「学歴社会」への実証的アプローチ』東京大学出版会.

Blossfeld, Hans-Peter, Erik Klijzing, Melinda Mills and Karin Kurz（eds.）, 2005, *Globalizaiton, Uncertainty and Youth in Society*, Oxford: Routledge.

European Commission, 2009, *Employment in Europe 2009*, European Communities.

平田周一, 2008,「非正規雇用の増加と格差の拡大」佐藤嘉倫編『流動性と格差の階層論　2005年SSM調査シリーズ15』同調査委員会, 133-152.

呉学殊, 2009,「韓国労働政策の動向と非正規労働者」『社会政策』1(3): 49-65.

文部科学省, 2009,『教育指標の国際比較　平成21年度版』http://www.mext.go.jp/b_menu/toukei/001/__icsFiles/afieldfile/2009/01/30/1223117_1.pdf

朴京淑・山根真理, 2007,「韓国女性のライフコースと仕事・家族役割の意味」落合恵美子・山根真理・宮坂靖子編『アジアの家族とジェンダー』勁草書房, 51-69.

禹哲薫・朴権一, 金友子・金聖一・朴昌明訳, 2009,『韓国ワーキングプア――88万ウォン世代』明石書店.

[*11]　韓国における教育と社会的背景は，有田伸（2006）が実証研究において，詳細にデータ分析を行っている。

武石恵美子,2009,「女性の就業構造―M字型カーブの考察」武石恵美子編著『女性の働きかた』ミネルヴァ書房,11-43.
太郎丸博,2009,『若年非正規雇用の社会学――階層・ジェンダー・グローバル化』大阪大学出版会.

Ⅲ　イタリアとカナダ

第8章　イタリアの若者政策：現状と課題

土屋　淳二

はじめに

　現代の若者を象徴する「プレカリアート」(precariato) なる言葉が国際語となってひさしい。イタリア語で「不安定」を意味するプレカリオと貧困層プロレタリアートとの造語であるこの言葉は，その語源となるラテン語において，じぶんの運命をみずから切り開いていくことのできない不安定な境遇，それゆえ他者に祈りを捧げ，ただその慈悲にすがり身を委ねるしかない絶望的な境地を意味している。プレカリアートたる若者たちは，みずからの生活環境を整備し改善していくための選択機会が制約されるなか，現在形としてのじぶんの姿を見失うだけでなく，経済的貧困のなかで未来形としての人生設計や将来の生き方について道筋を立てていく希望すらも奪われている。

　このような「不透明な時代」の過酷さに生きる若者にとって，とくに成人への移行期に経験する職業キャリア形成の問題は，自立かつ自律した社会生活にむけた進路選択にとどまらず，仕事観や家族像，ライフスタイルといった生き方に関わる自己決定の問題をも必然的にともなうという点で，解決すべき人生最大の課題のひとつといえる。プレカリアートという言葉を生みだすにいたったイタリアの若者にみるキャリア形成の問題を浮き彫りにしながら，若者政策の制度的枠組みや支援体制のあり方と，それらの課題を検討する意味は，まさにそこにあるといってよい。

1.「社会問題」としての「若者」

イタリアの若者問題と日本のそれとの類似性がよく指摘される。じっさい,イタリアの若者にみる社会的・経済的自立の遅れと親との同居率の高さ,少子高齢化や晩婚化,キャリア形成にみるジェンダー格差や非典型雇用形態の拡大と高い失業率といった問題は,いずれも人口動態や労働市場のグローバル化と流動化など,日本と共通の社会趨勢を背景に説明されることが少なくない。しかし,若者を取り巻く労働市場の状況や雇用環境は,そもそも同時代の社会政策のしくみやそのあり方,歴史文化的な文脈を含めた社会状況に大きく左右されるため,それら社会構造や社会制度上の差異を見極めながら,こんにちのイタリア社会が抱える若者問題をとらえる必要がある。その点で,イタリアの若者層が成人移行期に抱えるキャリア形成の問題を考察するにあたり,その社会背景となる急激な少子高齢化にみる人口構造の変化は無視しえない。

周知のとおり,イタリアの合計特殊出生率は,過去最低値を記録した1995年の1.18から2010年の1.40へと若干上昇しているものの,あいかわらず低い値である(2005〜10年の平均出生率は9.2,日本は8.3である)。少子高齢化による人口構造の変化は,家庭や学校教育,労働のあり方など社会生活全般に影響を与えるだけではない。若者層にみる政治・社会参加の弱体化や社会移動の停滞化をもたらす要因として危惧されている(Rosina, 2010)[*1]。なかでも人口の急速な「脱若者化」に対する制度改革や政策決定の遅れは,イタリアにおける若者世代の「社会的断絶」を拡大し(Colleoni & Brena, 2007),高齢層と若年層との世代間軋轢をも招いている(Schizzerotto & Marzadro, 2010)。労働市場にみる世代間の雇用機会・雇用条件の不均衡・不平等,つまり,高齢層の既得権益化と若者の社会的弱者化は,まさにその端的な例である。

1.1 雇用情勢

若者の完全失業率(以下,失業率と略)は依然として高水準にあり,とくに1982年以降生まれの若者世代(2000年以降に18歳を迎えたいわゆる「ミレニアルズ」)の労働市場参入は,それ以前と比較して不安定性が強く,キャリア

[*1] 若者層の社会不安定化の克服として,社会参加が重要な役割を果たす(Alietti, 2007; Galimberti, 2007)。

形成の障害になっている（Ferritti, 2011）。イタリアの失業率は，2009 年で 18〜24 歳 29.8％，25〜34 歳 10.5％，18〜64 歳 8.6％，大学卒業後 1 年時点での失業状態は 16％である（Eurisps, 2011）。失業状態は長期化傾向にあり，15〜34 歳の失業率はつねに高止まりにある。2011 年 6 月，15〜64 歳の就業率 56.9％（男性 67.5％，女性 46.3％），失業率 8.0％（男性 7.2％，女性 9.3％）のうち，15〜24 歳の失業率 27.6％，非労働力率 38.0％（男性 27.0％，女性 48.9％）である（Istat, 2011b）。

若者層は，雇用契約形態においてもきわめて不安定である（Lenzi et. al., 2001）。1993〜2009 年に有期労働契約は 47.3％増加した（Eurisps, 2011）。2008〜10 年全雇用契約における有期雇用は全年齢層 64.6％，15〜24 歳 44.4％（このうちパートタイム 18.8％），25〜34 歳 10.7％である（Uil, 2011: 6-7）。

男女別では，一般に失業率は男性より女性が高く，その傾向は既婚者よりも若年未婚者に顕著にみられる。経済危機による雇用機会の減少幅は，むしろ女性の方が小さい（2008〜09 年の就業率は，男性 2.0％減，女性 1.1％減，2010 年上半期は男性 1.1％減，女性 0.5％減）。しかし有期雇用による非典型労働契約は男性より女性が高く，2009 年非典型労働契約率は男性 8.9％，女性 14.3％であり，女性の雇用形態の高リスクが示されている[2]（Censis, 2010）。

年齢では，25〜29 歳の 43.6％が非典型労働である（Isfol, 2009）。2008 年の経済危機以降，非典型労働の失業が増加傾向にあり，2009 年全失業のうち非典型労働が 63％である（Eurisps, 2011）。有期労働契約による非正規雇用から正規雇用への移行ではなく，非正規雇用から失業（求職を含む）への移行という事態が深刻化している（Cnel, 2010b）。

失業率の高さは，つねにイタリア経済全体の足かせとなっているが，非典型労働や非正規雇用が若者をいっそう追い込んでいるといってよい（Cnel, 2010a）。若者の非典型労働は名目的に失業率を下げることになるが，有期雇用の不安定性は，実質的には労働市場における世代間の二極分化をもたらしている（Rosolia & Torrini, 2007）。つまり，中高年齢層の安定的労働と若者層の不

---

[2] 就業率とは，当該年齢人口（たとえば 15〜64 歳）に占める就業者の比率（OECD による）。「非典型」（atipico）とは，労働契約上の意味であり，イタリアでは次の雇用契約の諸形態をさす．①有期雇用契約（参照法律 1962 年第 230 号；83 年第 79 号；87 年第 56 号；97 年第 196 号），②インターンシップなど労働研修のための契約（84 年第 863 号；94 年第 451 号；96 年第 608 号；97 年第 196 号），③派遣労働等による一時雇用契約（60 年第 1369 号；第 196 号第 1 条から 11 条），④パートタイマー等の時間制契約（84 年第 863 号；96 年第 196 号）．また，イタリアの非正規雇用の詳細は表 8.9 を参照．

安定的労働との市場分断である。後述するように，若者政策によるセーフティネットの拡充努力が雇用危機のショックを和らげてきたことが確かだとしても，若者の雇用不安定性（先に述べた非正規雇用から失業への移行）は，むしろ年々増大しているといってよい。じっさい，若者層の経済的自立の立ち遅れは，労働市場の不安定性によるところが大きい。

　高失業率と雇用条件の不安定性，将来にむけてのキャリア形成の不透明性，キャリア形成の初期段階における低収入*3 が，若者層の労働市場への参入を困難にし，経済的な自立を阻害している。そのためイタリアの若者の親家族への経済的依存は非常に高く，若者層の経済的自立の遅れが経済貢献へのアスピレーションすら削いでいるといってよい（Saccomanni, 2011）。実際問題として，若者の親からの独立時期が遅れ，長期にわたり親との同居を続けるパラサイト化*4 が社会的に広く浸透している。イタリアでは 25〜34 歳の女性 32.7%，男性 47.7%，EU27ヵ国平均では女性 19.6%，男性 32.0%が親同居である）（Eurostat, 2008）。このようなパラサイト化は，イタリアの家族が若者の就労問題において緩衝器としての役割を果たしているといってよい（Mencarini & Tanturri, 2006; Carabetta, 2010）。

　高等教育への進学率の上昇による就学期間の長期化も，若者の労働市場への参入時期を遅らせる要因のひとつとして指摘されてきた。高学歴とキャリア形成の初期段階における低収入の問題は，イタリアの産業構造の中心を占める中小企業による労働需要が多くないことにもよるが，じっさい親からの経済的支援のもと，希望にかなう仕事が見つかるまで待機する高学歴の若者が多い（Ferritti, 2011）。約 200 万人の若者が学業を継続することで 3ヵ月以上の就業経験をもたず，正規の教育課程修了後も，未就職状態が継続する事例も一般的となっている（Istat, 2010）。いわゆる「ニート」の増加である。2009 年に，15〜29 歳の 21.2%（15〜24 歳 18.3%，25〜29 歳 26.3%）が未就職状態にあり，イタリアは EU 諸国のなかでもっとも比率が高いグループに位置している（Istat, 2010）。

---

*3　非典型労働はライフコース全体に深刻な影響を与えるが（Salmieri, 2006），イタリアでのキャリア形成初期の所得水準は他の欧州先進国に比べて低く，住宅ローンや年金負担など将来設計に関わる深刻な問題も惹起している（Bacci & de Santis, 2007 ; Cnel, 2010b）。
*4　若者のパラサイト化は，親との同居率の低い北欧諸国とは対照性をもつ「地中海型モデル」（Livi, 2008）といわれている．

1.2 就業状況

若者のキャリア形成のあり方は，就学期間や教育歴と深く関わっている。なかでも学歴は，若者の労働市場への参入と雇用状況において，若者間に格差を生みだしている。

社会投資研究センター（CENSIS）によると，イタリアの若者の学歴は，34歳以下の中学修了者のうち24.7%（約79万人）が高校中退で，とくに18～24歳は19.3%（EU平均14.8%），高校修了者の13.5%（62,000人）が大学中退（新制3年課程）であった（Censis, 2009）。30～34歳の大学修了者は19%，EU平均は32%であり，EU諸国と比べて高学歴化が際立っているわけではない。

職業能力開発機構（ISFOL）によると，2010年の学歴と就業率の関連は，一般に年齢にかかわらず高学歴ほど就業率が相対的に高い傾向が認められた（Isfol, 2011b, 表8.1）。中小企業や伝統的家族経営が大多数を占める産業構造にあって，イタリアでは伝統的に高学歴への労働需要は低いが[5]，それでもキャリア初期の学歴インフレの影響は，低学歴の就業にとって無視できない障壁となっている（Bendit, 2006）。

イタリア大学協会（Almalaurea）によると，イタリアではEU諸国に比べて大学修了後の失業率が高い。2008～10年の推移は，失業率11.3%→16.2%，就業率77.5%→71.4%，正規雇用50.7%→46.2%，非典型雇用36.5%→40.9%，労働契約のない不法就労3.8%→5.9%，手取り年収1,210ユーロ→1,149ユーロであった（Almalaurea, 2011, 本章注7参照）。

イタリア国立統計研究所（ISTAT）によると，就業状況は学歴だけでなく，男女，居住地域によって差がみられた（Istat, 2010, 表8.2）。2009年に15～34歳の72.9%，男性の7割強，女性の5割強に初職経験があり，かつ現職に就いていた[6]。

居住地域は，初職経験なしは北部・中部で2割，南部・島嶼部で4割を超え，南部・島嶼部が全体の6割強に達するという顕著な差がみられた。

学歴は，初職経験ありかつ現職者では，小・中学校30.9%，高校53.2%，大

---

[5] 家族経営企業が全企業の8割を超えるイタリアでは，若者が経営主導権を行使する機会が少ない。また家族経営企業ほど研究開発や経営合理化へのインセンティヴが低く，生産性が低い（Bugamelli et. al., 2011）。

[6] 初職＝正規の教育課程を修了後，入職して1年以内に3ヵ月以上継続した仕事。現職＝現在雇用されている仕事。初職経験のある同年齢層のうち，約57%（382万人）が，初職を継続しており，43%（287万人）が転職したか，求職中であった（Istat, 2010）。

表 8.1　イタリアの学歴別就業率（2010 年）

	全学歴	小学校・教育歴なし	中学校	職業訓練学校(1)	高校	大学以上
全年齢	56.9%	28.8%	47.9%	68.6%	65.2%	76.5%
15～24歳	20.5	14.9	12.4	51.6	27.9	25.3
25～34歳	65.4	42.3	59.3	77.7	68.3	67.0
35～44歳	74.7	45.0	66.3	79.4	80.8	87.6
45～54歳	72.0	40.5	65.6	76.8	81.7	91.4
55～64歳	36.6	20.2	32.4	38.0	51.2	66.9

注(1)　教育制度改革による県立職業訓練学校（2010 年 9 月 1 日以降、3～4 年課程）
（出典）Isfol（2011b）

表 8.2　イタリアの男女、地域、学歴別初職経験と現職の有無（15～34 歳、2009 年 4～6 月）

(千人)	初職経験あり				初職経験なし				イタリア全体
	合計 (6,713)	現職(1) (5,954)	現職なし (325)	非労働力 (434)	合計 (2,494)	現職(2) (263)	現職なし (601)	非労働力 (1,630)	(9,207)
男性	79.8%	73.9%	3.6%	2.3%	20.2%	2.9%	6.1%	11.2%	100.0%
女性	65.5	54.7	3.5	7.3	34.5	2.8	6.9	24.8	100.0
北部地域	84.4	77.2	3.4	3.8	15.6	2.8	3.8	9.0	100.0
中部地域	80.6	72.2	3.9	4.5	19.4	2.7	6.0	10.7	100.0
南部・島嶼部	55.6	46.3	3.5	5.8	44.4	3.0	10.0	31.4	100.0
小中学校	64.3	54.4	4.2	5.7	35.7	2.5	6.5	26.7	100.0
高校	77.8	69.7	3.5	4.6	22.2	2.7	6.5	13.0	100.0
大学以上	76.8	71.9	2.2	2.7	23.2	4.3	6.8	12.1	100.0
合計	72.9%	64.7%	3.5%	4.7%	27.1%	2.9%	6.5%	17.7%	100.0%
男性	56.8%	59.4%	52.7%	24.9%	38.7%	52.1%	48.8%	32.9%	51.9%
女性	43.2	40.6	47.3	75.1	61.3	47.9	51.2	67.1	48.1
北部地域	51.3	52.9	42.7	36.0	25.6	43.4	25.7	22.6	44.3
中部地域	20.0	20.2	20.2	17.1	13.0	16.9	16.8	11.0	18.1
南部・島嶼部	28.7	26.9	37.1	46.9	61.4	39.7	57.5	66.4	37.6
小中学校	30.9	29.5	41.6	42.0	46.1	30.2	34.8	52.8	35.0
高校	53.2	53.8	48.9	49.4	40.9	46.9	49.5	36.8	49.9
大学以上	15.9	16.7	9.5	8.6	13.0	22.9	15.7	10.4	15.1
合計	100.0%	100.0	100.0	100.0	100.0	100.0	100.0	100.0	100.0%

注(1)　3ヵ月以上雇用　(2)　3ヵ月未満雇用

表 8.3　イタリアの男女別、地域別、学歴別　初職経験と入職時期（15～34 歳、2009 年 4～6 月）

学校（正規の教育課程）修了（千人）	学校在籍～修了後 1 年以内に初職参入	学校在籍中	学校修了後
イタリア全体 (8,820)	29.4% (2,593)	9.9% (873)	19.5% (1,720)
男性(4,596)	30.9	9.9	21.0
女性(4,224)	27.8	9.8	18.0
北部地域(3,923)	38.7	12.5	26.2
中部地域(1,584)	34.9	12.1	22.8
南部・島嶼部(3,313)	15.8	5.7	10.1
小中学校(3,165)	17.4	4.5	12.9
高校(4,403)	33.5	11.7	21.8
大学以上(1,252)	45.3	16.9	28.4

正規の教育課程に在籍していない 15～34 歳を対象
（出典）表 8.2、表 8.3 とも Istat（2010）

学以上 15.9％であった。初職経験なしでは，小・中学校 46.1％，高校 40.9％，大学以上 13.0％であり，高学歴ほど雇用機会に恵まれていたことを示している。

初職の入職時期は，2009 年 15～34 歳 29.4％（259 万人）が学校（正規の教育課程）修了後 1 年以内であった（Istat, 2010, 表 8.3）。男女とも約 1 割が在学中であった。居住地域では，南部・島嶼部 15.8％，北部 38.7％，中部 34.9％，修了 1 年以内で，南部・島嶼部がかなり低く，男女でほとんど差がなかった。学歴では，在学中と修了後 1 年以内では大学以上 45.3％，高校 33.5％，小中学校 17.4％であった。

学校修了の時期は，2000～02 年 32.4％，2006～08 年 46.2％で，2008 年まで一貫して上昇していた。

初職の収入も，良好とはいえない（Istat, 2011a, 表 8.4）。2010 年の手取り平均月収は，年齢が若いほど，また男性より女性が低かった。雇用形態では，有期雇用より正規雇用が高いことはいうまでもない。学歴では，大学，高校，小中学校修了の間で比較的大きな差がみられた。居住地域では，北部，中部，南部・島嶼部の順に下降しており，北部と南部・島嶼部では月額 130 ユーロ程度の差があった。ただ，大学平均の 1,000 ユーロ強という収入も，かならずしも高いとはいえない[*7]。

職業能力開発研究機構（ISFOL）によると，高校と大学の収入差と年齢の関連は，年齢が高くなるほど収入差が大きくなっていた。高校と大学の差は 15～24 歳 16.6％であったが，55～64 歳 35.6％と拡大していた。時給でも 15～24 歳 27.5％，55～64 歳 35.6％と，両者にはあきらかに開きがある（Isfol, 2011b）。じっさい CENSIS の調査によると，高校卒業者の 92.6％が，高学歴に見合った経済的待遇が得られないと回答していた（Censis, 2009）。

1.3　就職

若者にとって初職の獲得が，キャリア形成の出発点としてきわめて重要な意

[*7]　イタリア大学協会（Almalaurea）は 2010 年，大学修了者を対象に大規模な継続調査を実施した。回答数は約 40 万人，2005, 07, 09 年に大学を修了して 5 年後，3 年後，1 年後のデータを収集した（Almalaurea, 2011）。それによると 2005 年に大学修了した男女（旧制 5 年課程）の 5 年後の平均手取り月収は，男性 1,562 ユーロ，女性 1,275 ユーロで，格差は歴然としている（Almalaurea, 2011）。とくに経済学部と理工学部の初任給は，欧州平均（2009 年）より 20.2％，21.4％低い（Censis, 2009）。さらに，海外就職組は，国内就職組より年収が高く，旧課程修了者の 5 年後を比較すると，海外就職組 2,027 ユーロに対して，国内組 1,295 ユーロであり，これが頭脳流出の原因のひとつと指摘された（Almalaurea, 2011）。

味をもつことはいうまでもない。ISFOL の調査によると，2008 年度 18～29 歳若者の入職経路（就職活動の手段）は，親族・友人・知人など縁故者の紹介，自己推薦，新聞等の求人広告，雇用センターの順で広く利用されていた。逆に，公募への応募・照会，労働組合・職業紹介機関，学校・職業訓練所，人材派遣会社などは相対的に低かった（Isfol-Plus, 2011, 表 8.5）。

居住地域では，北部は自己推薦，南部・島嶼部と中部は縁故がもっとも多く，中部は雇用センター・求人広告も比較的多い。中部地域は家族経営の中小企業が集積し，地方自治体の雇用政策が比較的機能していることが背景にある。高い失業率と不安定な雇用条件という困難な労働市場の条件下でイタリアの若者は多様な方法を活用しながら，就職機会をつかみ，より有利な初職を獲得しようとしている実態がうかがえる[8]。

厳しい就職環境のなかで，どのような仕事でも受け入れる用意があると回答したのは，41.5％であった（Isfol-Plus, 2011）。ただし，学歴に大きな差がみられ，中学 50.6％から，高校 41.7％，大学 18.0％に下降する。大学修了者の 78.4％が仕事に満足感を求め，就職先にこだわりをみせていた。

就職先の選択は，満足感の得られる雇用条件がつねに重視される。内定した就職先にじっさいに就職したのは 44.8％であった。就職を断念した理由は高い順に，給与が低い，契約条件が合わない，仕事内容が合わない，であった（Isfol-Plus, 2011, 表 8.6）。とくに女性は給与が低い，労働時間が長い，を問題にしていた。また居住地域では，北部は契約条件，南部は給与の低さがもっとも高く，中部はそのほぼ中間といえる[9]。

どのような条件が優先されるかは，若者の社会属性によって差異がみられた。すべての学歴で，仕事内容，契約条件，給与の低さが問題とされたが，大学は仕事内容や契約条件，高校は給与の低さが相対的に高い。不規則な勤務をともなう仕事や労働契約のない違法な仕事は，南部・島嶼部がもっとも高く，就職環境がより厳しいことがうかがえる。

家族や地域社会の絆が重視されるイタリアでは，就職の条件として転居の有

---

[8] 社会投資研究センター（Censis）の調査によると，16～35 歳の若者のじつに 85％（そのうち大卒は 75％）が，イタリアでは自ら努力しても仕事を見つける機会がないため就職が難しい，と回答している（Censis, 2009）。

[9] 注 7 と同じイタリア大学協会の調査によると，2004 年に大学修了後，同じ仕事を 3 年間継続した現職への満足度は，収入 62.8％，昇進可能性 64.6％，安定性 77.2％，能力活用 71.5％，仕事内容 88.7％，業務の自立性 89.2％であった（Almalaurea, 2011）。

第 8 章　イタリアの若者政策：現状と課題

表 8.4　イタリアの男女別，年齢別，地域別，雇用形態別　初職の平均月収と平均との差（30 歳以下，2010 年 9〜12 月）

	手取り月収額	平均との差		手取り月収額	平均との差
イタリア平均	823 €	0.0 %	小中学校	723 €	-12.2 %
男性	898	9.1	高校	782	-5.1
女性	750	-9.0	高校　文系	688	-16.5
15〜19 歳	714	-13.3	高校　理系	861	4.6
20〜24 歳	794	-3.6	高等職業学校	780	-5.3
25〜29 歳	972	18.1	大学	1,088	32.2
北部地域	876	6.4	文系	951	15.5
中部地域	851	3.3	理系	1,080	31.1
南部・島嶼部	748	-9.2	医療系	1,367	66.0
有期雇用	801	-2.8			
非有期雇用	867	5.3			

（出典）Istat（2011a）

表 8.5　イタリアの男女別，地域別，学歴別　初職への入職経路（18〜29 歳，2008 年度，複数回答）

	雇用センター(1)	民間職業紹介(2)	人材派遣会社	学校・職業訓練所(3)	労働組合(4)	新聞等の求人広告	職場内の登用	親族知人の紹介	自己推薦(5)	公募への応募	自営業	その他
イタリア全体	41.2%	32.6%	16.0%	15.5%	5.6%	44.1%	22.5%	64.5%	59.3%	20.2%	6.8%	2.8%
男性	38.8	34.0	14.7	12.8	6.0	41.6	23.8	63.8	56.5	18.8	7.9	3.2
女性	43.5	31.3	17.3	18.2	5.2	46.5	21.3	65.2	62.0	21.6	5.7	2.5
北部地域	40.8	49.3	16.8	18.6	3.4	49.6	19.4	57.6	61.8	7.9	6.1	0.8
中部地域	51.2	32.3	17.1	21.4	7.5	53.3	24.1	67.3	61.8	7.9	6.1	0.8
南部・島嶼部	39.1	27.0	15.4	13.1	5.9	40.2	23.3	66.3	57.8	23.7	6.8	3.8
中学	37.3	28.2	12.3	6.7	4.5	32.7	20.5	66.6	49.1	9.8	6.7	4.1
高校	43.3	34.4	16.6	14.9	6.7	49.2	22.4	65.2	61.5	23.6	6.3	2.2
大学	42.7	36.5	22.8	28.0	4.7	52.8	28.2	56.8	75.9	33.1	8.7	2.2

注 (1) 各県に設置されている公共の雇用センター
　 (2) 国の認可を得た営利の非正規雇用紹介サービス
　 (3) 大学を含む　(4) 労働組合が非営利で職業斡旋を行う
　 (5) 志望先へ履歴書送付，自己アピール・求職志望のメディア掲載など
（出典）Isfol-Plus（2011）

表 8.6　イタリアの男女別，地域別，学歴別　就職を断念した理由（18〜29 歳，2008 年度）

	仕事内容が合わない	契約条件が合わない	給与が低い	労働時間が長い	転居を伴う	不規則・違法な仕事	その他
イタリア全体	17.4%	19.6%	27.0%	12.8%	7.8%	6.5%	9.0%
男性	18.6	22.6	23.7	9.4	9.0	6.6	10.1
女性	16.2	16.7	30.1	16.0	6.6	6.4	7.9
北部地域	21.2	30.6	12.4	11.0	3.9	3.5	17.5
中部地域	7.6	23.8	27.7	20.0	9.7	2.7	8.5
南部・島嶼部	18.1	11.1	36.1	11.8	9.6	9.7	3.7
中学校	12.1	19.8	15.7	13.4	8.3	6.5	24.2
高校	15.8	16.3	33.2	13.4	7.9	8.5	4.8
大学	26.4	27.1	23.2	10.7	6.9	1.7	4.0

（出典）Isfol-Plus（2011）

表 8.7 イタリアの男女別，地域別，学歴別　就職にともなう転居の受入れ(18～29 歳, 2008 年度)

	転居受入れ不可	転居を受け入れる範囲			
		現在居住する県内	現在居住する州内	現在居住する州外	海外
全体	29.1%	14.7%	10.2%	24.4%	21.6%
男性	22.0	11.0	9.7	27.5	29.8
女性	36.3	18.4	10.8	21.2	13.3
北部地域	43.4	11.8	10.1	13.5	21.2
中部地域	35.1	15.5	8.5	14.1	26.8
南部・島嶼部	23.2	15.4	10.6	30.1	20.7
中学	33.6	16.7	10.0	20.7	19.0
高校	29.4	14.7	10.1	25.3	20.5
大学	16.5	9.6	11.4	30.1	32.4

（出典）Isfol-Plus（2011）

無が考慮される。若者は転居を回避する傾向が強く，一般に低学歴，女性に抵抗感が強い[10]。

就職にともなう転居は若者全体の 29.1％が受入れ不可であり，消極的であった（Isfol-Plus, 2011, 表 8.7）。居住地域では北部 43.4％，南部・島嶼部 23.2％，学歴では中学 33.6％，大学 16.5％と，前者に強く表れていた。産業地域で就職機会に比較的恵まれている北部と，戦略的な就職活動が相対的に乏しい低学歴で，転居を受入れて就職する意欲が低い。逆にいえば，就職機会が乏しい南部と，戦略的な就職活動が容易な高学歴で，転居に抵抗感が少ないといえる。大学では，転居は過半数，海外転居は 3 割強が受け入れていた[11]。高学歴では就職による地理的移動が比較的容易である（ここまで ISFOL 2008 年度 18～29 歳の若者調査による）。

転居に対する一般的な消極性は，イタリアの社会移動の停滞を意味する。これは，社会的地位の移動にもあてはまる。イタリア大学協会の調査[12]によれば，大学修了者の雇用形態と収入は，出身家族の社会階級[13]によって差がみられる。2010 年，大学修了 5 年後の正規雇用は，上流階級出身 73％，下流階級出身 68％である。手取り月収は，全階級平均 1,321 ユーロ，上流階級出身 1,404 ユーロ，中上流階級出身 1,309 ユーロ，中下流階級出身 1,296 ユーロ，下流階級出身 1,249 ユーロである（Almalaurea, 2011）。

*10　一般に女性を含む高学歴化と就職状況の悪化が，この傾向を変えつつあるという指摘もある（Ferritti, 2011）
*11　ちなみに 18～64 歳全体では，42.1％が転居を受け入れられないと回答していた（Isfol, 2011a）.
*12　注 7, 9 と同じ 2010 年の大学修了者調査.

このような出身家族の社会階級による若者の就職不均衡は，雇用形態や収入だけでなく，職業の選択機会においても指摘されている*14。これまで言及してきたように，イタリアの若者のキャリア形成には，出身・居住地域差，教育経験・学歴差，出身家族の社会階級・社会的地位移動の硬直性といった，イタリア特有の要因が影響を与えていることがわかる。

2. 若者政策と雇用支援

厳しい雇用環境のなかでキャリア形成の困難に直面するイタリアの若者に対して，効果的かつ有効な社会政策を推進していくことは喫緊の課題といってよい（Regoliosi et. al., 2006; Guido, 2010; Tiraboschi et. al., 2006）。イタリアは EU 諸国のなかでも，若者政策の点で歴史的に立ち遅れてきた国のひとつであるが*15，1985年の「国際青年年」と翌年の欧州青年委員会（CDEJ）の発足を契機として，若者問題に対する社会的関心が急速に高まっていった。とくに 90年代以降に加速度を強めていったグローバル化の波と欧州統合による各国の「ヨーロッパ化」の社会趨勢において，社会制度全体におよぶ構造的枠組みの再編と社会的な価値観の多様化が，社会政策における若者問題の比重を高め

---

*13 イタリアの社会統計でよく利用される社会階級区分は，親の職業に準じており，父の階級が優先される。職業区分は職務権限の範囲と責任性に規定される．イタリア民法 2095 条が定める労働者の4つのカテゴリーは，上流階級を除く3階級を4区分したものである．社会階級区分は，具体的には以下の通りである．
「上流階級」ブルジョア（borghesia）：自由業，企業経営者，従業員 15 人以上の企業家等．
「中上流階級」ホワイトカラー階級（classe media impiegatizia）：企業幹部職や中間管理職等．
「中下流階級」プチブル（piccola borghesia）：会社員，団体職員，家族経営企業の成員，従業員 15 人以下の企業家等．
「下流階級」工員階級（classe operaia）：工員，用務員，下級事務員等．
（Cobalti & Schizzerotto, 1994; Schizzerotto, 2002）．

*14 父が自由業ないし自営業である若者の 20.2％が父と同じ職業に就いていたが，父がブルーカラーで，自由業ないし自営業，企業幹部職に就いた若者は3％しかいなかった．逆に，父の職業的地位は高いが"プロレタリアート化"していた若者は 18.9％，父がブルーカラーで同じブルーカラーとなっていた若者は7割であった（Barbagli & Schizzerotto, 1997）．

*15 1970 年代までカトリック教会系組織が教区の若者支援で中心的な役割を果たしていたが，公共政策と結びつくことは稀であった．70 年代の学園紛争を契機に，当時の北部・中部イタリアの左派政権都市（トリノ，ミラノ，ボローニャ，モデナ，レッジョ・エミーリアなど）を中心とする地方自治体が，若者の反動勢力と地域社会との調停を図るために青年政策に乗り出すことになった．83 年の「イタリアカトリック労働者協会」（ACLI）による「青年計画」（Progetti giovani）が若者政策の原点といわれるように，90 年代まで関係各省の縦割り行政による個別政策にとどまり，国レベルで体系的な若者政策の制度構築はなかった．その背景として，ファシズム時代の家族政策や青年政策への国家介入に対する政治，文化的アレルギーも無視しえない（Montanari, 1996: 182-183; Lenzi et.al., 2001; Bazzanella, 2010）．

ることとなった。すなわち，すでにみたような雇用形態の多様化や労働市場参入の遅れ，若者の労働機会の不安定化と失業問題，親への依存にみる経済的・社会的自立の困難などである（Bendit, 2006: 51-52）。

雇用形態の流動化に柔軟に対応すべく労働市場の脱中心化にともない，地方自治体による雇用政策や労働市場への介入と責任が強調されるも，労働市場のグローバル化のなかで地方自治体での政策的介入にも限界が指摘されている（Isfol 2009）。若者を取り巻く雇用環境はつねに多様化し続け，キャリア形成や職業生活に関する問題も多元化している。じっさい労働の満足感や達成感など質的側面も考慮した若者政策を導くことは，極めて厳しい局面にある（Gosetti, 2004）。

2.1　若者政策と公的支援

イタリアにおける若者政策[16]の実質的な行政主体は，現在においても州，県，市町村（コムーネ）といった地方自治体である[17]。若者の労働機会促進のため1987年に「地方雇用促進センター」（CILO）が発足し，進路指導や職業能力開発，雇用創出などの政策が実施されてきたが，ようやく2004年に各地方自治体の統一性を欠く若者対策を調整する国レベルの機関として「全国青年フォーラム」（FNG）が発足した（2004年法律第311号）。欧州青年フォーラム（YFJ）に参画するこのフォーラムは，地方自治体やその連合組織である全国市町村会（ANCI）を中心に，学生団体や環境団体，政党青年部，宗教団体，スポーツ協議会などとの幅広い連携体制のもと，政治・教育・労働・文化

---

[16] イタリアの行政機関・法律等で頻繁に使用される"giovani"および"gioventù"（英語のyoung, youth）という言葉は，「青少年」と訳出される場合も多いが，本論では近年の欧州委員会や国連関係の訳語と，実質的な政策対象を勘案し，原則的に「青年」と翻訳する。また，イタリアにおいても「若者」という概念と年齢の関係は，若者問題の状況変化とともにつねに議論の対象となってきた経緯がある。若者研究の中核機関であるイアルド（IARD）研究所では，1980年代に15〜24歳の年齢層を若者と定義づけてきたが，その後の高学歴化と親からの自立の遅れの現象拡大をうけ，90年代にかけて"giovani-adulti"（英語のyoung-adult）という概念が若者問題の把握にとって鍵となった。これにともない調査研究の対象を24〜29歳へ，さらに34歳へと拡張していくことになった。じっさい，29歳までに親元を離れた若者は，1992年の約40％から2004年の32％へ低下した。

[17] イタリア憲法には母性および乳幼児，青少年への保護規定（第31条）があるが，若者政策の立案権限は基本的には地方自治体におかれている（90年法律第142号，97年法律第59号）。「若者の雇用対策に関する法律」（1977年第285号）において，若者の就職支援や職業教育などの計画推進のため，地方自治体に国の予算配分の措置が図られた。80年代より職業訓練制度や起業支援，事業資金貸付制度，男女機会均等政策など，地方自治体による積極的な若者雇用政策が展開されることになった（Baraldi & Ramella, 1999: 10）。

の領域にまたがる若者問題を国家政策のフレームのなかで全方向的に協議する場として一定の機能を果たしていたが，具体的な政策を実施する機関ではなかった[18]。

その後，多様化する若者問題に対応すべく 2005 年に全国市町村会に若者政策の専門部局である「青年政策委員会」が設置されることになったが，1990 年代から青年対策のための政府機関の設立が提案され続けてきたものの，それが実現することはなかった。じっさい 2006 年に国レベルの財政基盤を強化するために「青年政策・スポーツ活動庁」（POGAS）（以下，青年政策庁）[19]が内閣府（閣僚協議会）に設置されるまで，地方自治体ないし全国市町村会が，限られた予算配分のなかで，市町村というローカルレベルの現場で若者政策を実施していくしかなかった[20]。

青年政策庁が発足してからは，国レベルでの政策基本方針である「国家青年計画」（PNG）や「青年地方計画」（PLG）が策定されるようになり，特別財政措置法（2006 年法律第 248 号）にもとづき「青年政策基金」も組まれるようになる。年間 1 億 3000 万ユーロに上る財政基盤は，地方自治体による若者の社会参加を促進するための文化支援[21]や職業訓練政策，経済支援を目的としたり，青少年や社会的弱者を対象とする情報センターや集会センター等の社会施設の整備にあてられることになった。なかでも，ローカルレベルの地域密着型情報ネットワークである「青年情報センター」（informa giovani）[22]と「ユーロデスク」[23]は急速に整備され，全国を網羅する大規模な情報拠点へと成長していくことになった。

---

[18] たとえば「青少年対策法」（2000 年法律 6220 号）では，対策を講ずべき対象としての青年とは，学生，労働者，失業者，麻薬中毒・犯罪者など社会的弱者であった．

[19] 内閣府の「局」（Dipartimento）であるが，無任所大臣を配置していることから，本論では「庁」とした．また，2008 年のベルルスコーニ政権時には，後述するように組織再編においていったん「省」（Ministero）となった．しかし，イタリアの財政危機の深刻化から新たに組閣された 2011 年のマリオ・モンティ政権では，肥大化した政府をスリム化するため当該の大臣ポストが廃止され，名称も「局」に戻っている．

[20] 国レベルの政策立案は，1990 年代には内閣府社会局，青年政策庁が設置されるまでは社会政策省，社会保障省，保健省など，各省庁が個別対策を実施してきた．

[21] たとえば，伝統的に青年対策に取り組んできた「イタリア娯楽文化協会」（ARCI）に加えて，若者芸術家の育成を目的として 1989 年に「イタリア青年芸術協会」（GAI）が設立された．

[22] 欧州の「青年情報センター（インフォルマ・ジョーヴァニ）」は，1960 年代にブリュッセルから拡大し，イタリアでは 1980 年代に設置が始まった．設置状況によって地域間に情報格差が生じたため，2007 年に全国市町村会が中心となり，全国調整委員会が設置された．このセンターは，イタリア全市に 1,200 ヵ所以上設置されている．2007 年現在，全国で 1,219 ヵ所，各地域での設置数は，北西部 323，北東部 272，中央部 201，南部 312，島嶼部 111 であった．

このような拠点整備を含めてイタリア国内の若者政策は，他の欧州諸国によるイニシアティヴに後押しされるかたちで進展してきた面がある。2006年の欧州議会での決議（第1719号）を受け，政府と欧州委員会による監督のもと，若者政策の実効性を高めるために，独立公益機関として「全国青年機構」（ANG）が政府によって設置され，「青年行動計画（PGA）2007〜2013」が策定されることになったのも，そのような文脈において位置づけられる[*24]。この行動計画は，欧州各国の若者の社会参加を促進し，文化，教育の国際交流を振興することで，欧州市民レベルの若者対策を講ずる企てであり，イタリアの若者政策が欧州レベルの連携体制により本格的に組み込まれていったことを意味している。その点で，当該機関による政策は，かならずしも国内の若者が抱える雇用・労働問題をターゲットとしたものとはいえない。

　2008年のシルヴィオ・ベルルスコーニ政権時に青年政策庁は「青年庁」（Ministero della Gioventù）へと刷新され，若者政策がいっそう積極的に推進されることになった。その背景には，もはや看過しえないほどまでに深刻化していた若者の雇用，失業問題が国内の経済，産業の行く末に大きな影を落としていた危機的状況があった。非正規雇用形態が社会全体に浸透し，労働市場が流動化・不安定化するにしたがって経済危機のしわ寄せをもっとも受けるのが子どものいる若い世代の家族であり，若者たちであるという認識[*25]が広がり，若者問題の政策の中心課題が雇用環境の改善へとシフトしていくことになった。

2.2　青年庁による公的支援と雇用政策

　イタリアの若者政策は，地方自治体が主体となって取り組んできた歴史的経緯から，中央官庁としての青年庁ならびに若者問題に関係する省庁による実施対策は，地方自治体への財政支援を含めて，国と地方の連携体制のもとで進め

[*23]　1995年に若者支援の主軸となる情報提供として欧州委員会からの財政支援を受け，欧州主要国がユーロデスク制度（欧州本部：ブリュッセル）に加盟した．イタリアは1997年に加盟し，1999年より欧州加盟国において国内拠点の拡大が推進され，2010年現在，加盟国33ヵ国に約1,000ヵ所の窓口が設置された．イタリアの拠点窓口数は欧州内最大で101ヵ所であった．

[*24]　1997年に新たに設置された社会事業庁の大臣リヴィア・トゥルコは，1997年法律第285号「幼少年および青年の権利と機会の促進に関する措置」（いわゆるトゥルコ法）の強化を目的に，若者政策に特化した基金の創設や政府機関の設立を法案化したが，それが実現するのに10年待たなければならなかった．

[*25]　CENSIS調査によると，経済危機からもっともダメージを受ける社会的カテゴリとして，「子どものいる家族」（49.7％），「若者」（48.8％），「高齢者」（21.8％）が挙げられている（Censis, 2009）．

られている。若者問題の政策において財政基盤となる青年対策基金の42％が，国の直轄事業に投入され，残りの58％が州・県・市区町村に配分されている。予算配分を受ける地方の政策は，中央政府と州政府，県と市区町村は県連合（UPI）と全国市町村会が代表権をもって協定を締結し*26，予算執行されることになる。

いずれにしても，2008年に青年庁が発足した当初措定された課題は，極めて多岐にわたるものであったし，これまでにない大規模な競争的資金の導入によって，若者政策の実効力を高め，実績を積み上げつつあることは疑いえない（表8.8）*27。

公的な若者政策では，青少年の健全育成を柱にして，若者の社会的自立と参加を促進するため，多面的かつ複合的な諸政策が積極的に実施されるようになった。とくに若者の就職困難な時代において，人生設計の柱となる職業キャリアの糸口すら見出すことのできない若者が激増しているのも周知のとおりである。社会的自立と参加を啓発するためにも，若者の雇用や労働に関するキャリア支援は，とりわけ喫緊の課題となっている。

2.3 キャリア形成にむけた支援体制

イタリアの若者が初職で正規雇用の機会に恵まれることはまずないといってよい。雇主側ないし企業内の社員教育・研修制度や能力開発機会がある場合でも，新卒一斉採用という雇用慣行はない。若者は，学業期間および卒業後も非正規の雇用契約において職業経験を積みながら正規雇用の機会を獲得するか，独立したキャリアの道として起業家を目指すことになる。じっさい，不安定な雇用環境のなか，若者たちは多様な非正規雇用形態を渡り歩くことで，失業状態をかろうじて免れるという厳しい状況にある（表8.9）*28。

---

*26 全市の85.3％（6,918市）と全県の72％に，若者政策の代表責任部局が設置されている（Campagnoli, 2010: 92）。

*27 2007～09年の2年間に政府が公募した競争的資金に対して7,442件，州政府レベルで4,000件以上，全国青年協会に1,000件以上のプロジェクトの応募があった。1997年のトゥルコ法（本章注24参照）による10年間の資金助成実績が全体で7,902件のプロジェクトであったことを考慮するなら，その後の青年庁による取り組みがいかに積極的なものであったかがわかる（Campagnoli, 2010: 91-92）。

*28 イタリアでは通常労働形態を「従属的労働」（lavoro subordinato）と「自立的労働」（lavoro autonomo）に大別する。前者は正規，非正規などの雇用労働，後者は経営・自営，自由業などの労働をさす。近年，これらの中間形態として多様な労働契約による非正規雇用（準従属的労働）が増大してきた（表8.9参照）。

表 8.8　イタリア青年庁の若者政策課題プログラムと初年度実績（2009 年）

名称	プログラムの概要
未来への権利	・雇用：不安定化・柔軟化された労働待遇の改善と労働機会の保障 ・住宅：取得助成・賃貸補助等の居住環境の支援 ・家族：少子化対策，子育て支援，児童虐待・DV防止，妊娠低年齢化への性教育 ・機会の拡大：出自の不平等の克服と能力開発の支援
（実績）	・大学宿舎整備への助成：7500万ユーロ ・有期雇用契約の期間上限を36ヵ月，業務請負契約の廃止（観光業を除く），非典型労働に療養補償と産休・育児期間の所得保障制度の創設　・若手起業家への資金貸付制度 ・住宅支援：20～30歳に対する税控除，大学生への賃貸補助，低家賃集合住宅の供給など ・若年夫婦の住宅資金貸付担保金の助成：2400万ユーロ（2年間） ・企業説明会イベント「グローバル・ビレッジ・キャンパス」の開催：ローマ大学（経済学部：ポメツィア・キャンパス）で5週間，国内外の有力企業と学生の就職セミナー ・若年夫婦への少子化対策として，扶養控除枠の拡大
能力開発	・経済援助（奨学制度の拡充，ローン優遇） ・起業支援（免税措置，企業設立手続きの簡素化，企業文化の振興） ・研究支援（若手研究者の待遇改善，研究ポストの拡大） ・文化創造性の振興と才能開発支援（有望な若手芸術家への経済支援・環境改善，音楽コンテンツの付加価値税の減免措置） ・優秀な若手公務員の育成支援（インターンシップ）
（実績）	・大学誘致への地方自治体助成金：240万ユーロ，7プロジェクト（申請数16） ・奨学金：18万人，1億3500万ユーロ　・研究助成：5億ユーロ ・大学と連携した若者団体への助成：480万ユーロ（21プロジェクト，申請数213） ・若者（35歳以下）の創造活動（芸術等）への助成：1500万ユーロ（申請数1,822以上） ・「DE.MOプロジェクト」：若手創作者に対するデザイン・芸術の創作活動支援・奨励（「イタリア若手クォリティ賞」や「イタリア創造賞」などの褒賞制度の創設） ・若者の才能発掘を目的とするイベント開催：年間17回 ・大学生に対する生活資金融資制度：3万3,000ユーロ（青年庁とイタリア銀行協会との連携），学費，住居費，留学費用PC購入等の貸付（上限6千ユーロ／人）
若者の健全化	・善良なる市民の育成（価値や理念，権利・義務の共有化，マフィア対策，平和活動の啓蒙） ・市民的活動支援（ボランティアの育成・支援） ・犯罪対策（少年犯罪の防止，麻薬撲滅）
（実績）	・「サタデーナイト悲劇」対策（週末夜の犯罪防止・健全化）：450万ユーロ（申請数393） ・労働者の夜間学校，交通教育，運転代行サービス等の安全・安心化政策に200万ユーロ ・政府と若者を繋ぐメディアの設置：「ジョーヴァネ・ラジオ」（ラジオ）や「ジョーヴァネ.it」（インターネットサイト）の立ち上げ ・「カンポ・ジョーヴァニ2009」：夏休みの消防，海軍，沿岸警備隊での体験学習 ・「青年ビレッジ」プロジェクト：震災被災地（ラクイラ）でのボランティア活動の促進支援：4500名の若者ボランティア登録
若者の社会参加	・政治における若者世代の意思を反映させるしくみの構築（選挙権・被選挙権，若手議員） ・社会参加のための公共の場・施設の拡大（若者コミュニティの形成促進） ・若者コミュニティ形成のための情報網の整備 ・若者の市民活動を促進する国と地方自治体の連携体制の強化（フォーラムの設置，若者問題全国協議会の設置） ・若者問題に取り組む欧州諸国や世界との連携体制の強化
（実績）	・「メイド・イン・イタリー大使」制度：若者（18～30歳）の国際的な社会貢献活動への助成．募集人員600名，総額150万ユーロ（上限5万ユーロ／人） ・35歳以下の若者のコミュニティ形成のための法整備：500万ユーロ ・経済労働審議会（CNEL）部会の設置：若者団体と青年庁との連携体制に関する法整備 ・青年情報センターの整備拡充と運営，データバンク構築とサービス向上 ・地方自治体による若者政策への支援：全国市町村会による事業助成（1200万ユーロ，申請受理予定

（出典）Ministero della Gioventù（2008），Meloni（2009）より作成

雇用機会の多元化と労働市場の流動化という雇用情勢を前に，若者世代は就職機会，キャリア形成，職業能力開発において厳しい現実に直面している。これら問題に対し，イタリアでは制度的および財政的に公的支援体制が整備され，多様な対策が実施されてきた。それら支援の担い手は，大別して，①職業能力開発センター（CFP），②雇用サービス・キャリアセンター，③学校，④大学・高等専門学校，⑤企業（第三セクターを含む）の5部門にカテゴライズされる[*29]。

①は，公共ないし民間の企業・団体に設置されている機関であり，おもに初等・中等義務教育，高校，職業学校の修了者を対象に職業訓練・キャリア形成の促進を図るサービスを提供している団体である。具体的には，州政府や州認可（2001年からは県認可でも可）の公共団体，宗教・慈善団体，教育研究団体，協同組合などを拠点とする場合が多い。②は，「雇用センター」（CPI）や「労働キャリアセンター」（COL）「地方雇用促進センター」（CILO），「職業キャリアセンター」（COP），「青年情報センター」等，全国に拠点・窓口を擁する公的機関であり，そのほかに各種の職業斡旋・人材派遣部門の企業団体・協会も含まれる。③と④は，生徒・学生の職業・進路相談，就職支援，職業能力の開発プログラム等を実施している学校教育機関（国公私立の中学・高校・大学，高等専門学校，芸術〔音楽・美術〕学校等），⑤は職業訓練生・研修生の受入れや従業員に対する能力開発，キャリア支援，能力評価，研修等のサービスを実施している民間企業である。

ISFOLの2010年度調査では，キャリア支援の受け手側である利用者のサービス機関との関わり方やサービスに対する評価についても分析しているが，その結果からも学校から仕事への成人移行期におけるキャリア支援機関の活動とその問題点が浮かび上がってきた（**表8.10**）。とくに学業から初職へ移行する高校生や大学生が抱える将来の不確実性や不透明さに対する不安は，注意深く読み取る必要がある。

高校生は，おもに大学など高等教育への進学か就職かのキャリア選択を行うが，学校が提供する進路相談やキャリア支援への高校生の認知度は高く

[*29] これら支援団体・組織は，職業能力開発機構（ISFOL）が労働省，社会政策省との共同研究プロジェクトにおいて全国データベースとしてアーカイブ化している（http://www.rapporto-orientamento.it/archivio-nazionale）（毎年データ更新）．それによると，2011年現在の登録団体の総数は18,385団体，内訳は，①3,861 ②2,898 ③11,000 ④238 ⑤388であった．ISFOLは2010年度に全国の支援団体を対象に調査を行い，実態を明らかにした（表8.10）。

表8.9 イタリア非正規雇用の種別

雇用形態の名称	内容・特徴
研修(Stage, Tirocini) 省令第142号 (1998)	・企業／公共機関等において研修生が自ら職業適性を試行する期間限定労働 ・契約要件：有期契約が必要。法定契約期間の上限：高校生：4カ月間，無職または失業者・国立職業訓練学校生・高卒生・大卒生：6カ月間，大学生・罹災者等：12カ月間，障碍者：24カ月間 ・待遇：手当なし(無償)，ただし必要経費の払戻し可能な場合あり。教育課程で単位認定される場合あり
補助業務に 従事する 臨時労働 (Lavoro occasionale di tipo accessorio) 政令第276号 70条～73条 (2003)	・継続せず一時的に従事する労働 ・農業部門の季節労働(季節労働以外は，年間7千ユーロ以下の生産活動従事) ・農業部門以外の労働ами：家事手伝い／育児補助／清掃・園芸等／大工・建設工事／家庭教師・教育補助／スポーツ文化活動でのデモンストレーション指導／非常時の救援活動／年間1万ユーロ以下の家族経営会社の臨時労働／宅配・新聞や雑誌の配達／馬の調教・飼育等 ・対象：①年金受給者，②専業主婦，③学生(25歳以下，土日・休日のみ従事可)，③大学生(25歳以下，従事期間は問わない)。③と④は農業部門以外の従事も可能 ・上記の休日：(a)クリスマス休暇期間(12月1日～1月10日)，(b)復活祭休暇期間，(c)夏季休暇期間(6月1日～9月30日) ・待遇：1カ所(1雇用者)で年間手当手取り額5,000ユーロ(税込6,660ユーロ)以下 ・支払方法：チケット制10, 50ユーロ単位(切り離し不可の10ユーロチケット5枚綴)。10ユーロチケットから社会保険(年金)13％，労災補償保険公社(INAIL)保険料7％，社会保障保険公社(INPS)サービス料5％分を差引，7.57ユーロが手取り額 ・チケットの換金方法：全国の郵便局もしくは許可されたタバコ屋 ・利点：雇主は労災保険を契約する必要がなく，雇用者は手当に対し税金を支払わなくてすみ，年金・社会保険料支払いがチケットにより同時に処理される。不法労働を減らそうとする制度
職業訓練 (見習い) (Apprendistato) 政令第276号 47条～53条 (2003)	・専門的な職業能力を高め，開発するための訓練労働。職業適性を試行する上記の「研修」とは異なる。雇主は指導者を配して，職業上必要な技術指導を訓練者(見習い者)に実施しなければはならない ・対象：以下の4区分の契約カテゴリ ①典型的訓練生：15歳以上24歳以下(農業部門のみ29歳以下)，契約期間は最低18カ月以上48カ月間以内(農業部門除く) ②15歳以上18歳以下の学校在籍生，通学しながら職業能力開発として単位取得可能。最終1学年(15～16歳)を職業訓練として充当可能。契約期間は3年間上限 ③準専門的訓練生(apprendistatoprofessionalizzante)：18歳以上29歳以下，専門的技能を要する職種希望者 ④専門的職業訓練生：18歳以上29歳以下，高等専門学校や大学卒業資格に必要な高度な専門技術の修得希望者。契約期間は地元州の規則または学校と受入企業との協定による ・雇用契約：雇主による雇用契約が必要(受入側が書面約束しない場合，法的に期限なし雇用契約に変更することができ，受入側に差額給与と年金負担分を請求できる) ・待遇：契約カテゴリに準じた最低賃金，家族手当，疾病手当，労災補償，産休・育児休業等，他の労働者と同等の権利が保障される
参入労働 (Inserimento) 政令第276号 54条～59条 (2003)	・労働者自身のキャリア形成事前計画に基づき，職業能力を高め，労働市場参入を促進するために提供される労働機会 ・対象：①18歳以上29歳以下(無職含む)，②29歳以上32歳以下で1年以上無職状態，③50歳以上の現在無職で求職中，④最低2年間働いていない，⑤男性より20％も就業率の低い地域の女性(年齢不問)，男性より10％以上失業率の高い地域の女性，⑥重度の身体・精神障碍者 ・雇用契約：雇主による雇用契約が必要(雇主が契約順守しない，契約不履行の場合，法的に期限なし雇用契約とみなされ，雇主は罰せられる) ・受入法人：経済団体／公共機関／財団／民間専門機関，文化・スポーツ団体／民間または公共の研究所等 ・契約期間：最低9カ月～18カ月(ただし重度の障碍者は36カ月まで可能) ・禁止事項：同一受入先での契約更新 ・待遇：「職業訓練」と同じ

(注)「ワーカーズ・コレクティヴ」(Lavoro in cooperativa, 法律142号 (2001))や「資本拠出による事業参画」(Associazione di partecipazione)は雇用／被雇用関係があいまいであるため，除外している
(出典) Dipartimento della Gioventù (2010) より作成

第8章　イタリアの若者政策：現状と課題

待機労働（呼び出し労働） (Lavoro intermittente (a chiamata)) 政令第276号 33条～40条 (2003)	・雇主の要請（呼び出し）に応じて単発的に従事する断続的労働 ・禁止事項：ストライキの代替としての労働，契約前6ヵ月以内に雇用会社が集団解雇・正当な事由による雇用停止・労働時間短縮を行った場合，勤務先の安全・衛生が確保されていない場合 ・待遇：勤務先の団体交渉事項による規定賃金総額の20％を下回らない．勤務先で同一業務を行う場合，賃金，福利厚生，労災・失業補償等において他の従業員と差別されない
派遣労働 (Somministrazione di lavoro) 政令第276号 20条～28条 (2003)	・人材派遣会社の顧客である派遣先で従事する労働 ・雇用契約：原則として人材派遣会社と有期雇用契約を結ばなければならない（期限なし雇用契約も可） ・契約要件：勤務内容は派遣先企業の管理と指示に，労働条件の規定は労使契約を行う人材派遣会社に帰属する．派遣会社は期間を限定せず，複数の業務を雇用者に指示することができる．その場合業務のない期間，最低350ユーロの賃金補償を支払わなければならない ・契約期間：人材派遣会社と最大6回の雇用契約更新により最長36ヵ月．最初の24ヵ月間が2回以下の契約更新の場合，48ヵ月間まで可能．ただし同一派遣先で同一業務に連続36ヵ月以上従事する場合，雇用契約は法的に期限なし雇用契約とみなされる．また同一派遣会社と42ヵ月を超えて契約される場合，派遣先が異なっても期限なし雇用契約とみなされる ・待遇：「待機労働」の禁止事項，権利関係と同じ
有期契約 (Contratto a tempo determinato) 政令第368号 70条～73条 (2001)	・期間を限定して従事する労働 ・雇用契約：雇用期間を限定し，12日間を超える場合は書面による契約が必要．書面がない契約は，法的に期限なし雇用とみなされる ・契約延長：初回契約が3年以内，同一業務，合理的理由かつ雇用者が認める限りにおいて1回のみ可能．ただし，雇用全期間で3年を超えてはならない ・契約要件：契約期限を超えて業務を継続する場合，10日目まで日給2割増，11日目から4割増6ヵ月以内の雇用契約において期限から20日目を過ぎた場合，または契約期間を問わず期限から30日目以降の継続は，期限なし契約とみなされる．また期限後に，雇主が同じ雇用者に同一業務契約を結ぶ場合，期限なし契約とみなされる ・待遇：福利厚生・労災補償等を保障
プロジェクト契約(Contratto a progetto) 政令第276号 61条～69条 (2003)，法律 第2号(2009)， 第191号(2009)	・「自立的労働者」として，達成目標が明確な業務（プロジェクトやプログラム）に従事する労働 ・雇用契約：自立的労働者として，書面による雇用契約が必要．契約書面にプロジェクトの内容と達成範囲（業務内容），期間，雇用条件等を明記しなければならない ・待遇：出産補償・疾病補償（年間180日まで）等を保障．雇用者の労災補償保険機構（INAIL）への保険料負担割合は本人3分の1，雇主3分の2
分割労働（ジョブ・シェアリング） (Lavoro a temporipartito) 政令第276号41条～45条(2003) 同61条～69条(2003)，法律 第2号(2009)， 第191号(2009)	・雇用者2者間で業務を分割して従事する労働 ・雇用契約：雇主の了解なしに雇用者間で適宜業務分割してよいが，第三者を加える場合は雇主の了解が必要．雇用者の片方が離職・解職する場合，雇主が要請しない限り，雇用契約そのものが解除される ・待遇：失業保険，福利厚生・労災補償等を整備・保障
時限労働（パートタイム労働） (Lavoro a tempo parziale) 政令第276号 46条(2003)	・雇用契約：以下の3区分の契約カテゴリー ①水平型パートタイマー：1日の勤務時間を限定．労使が合意すれば規定時間を超える超過勤務可能 ②垂直型パートタイマー：週・月・年単位など期間内の勤務時間を限定．②③は，週間の規定労働時間を超過しない範囲内で超過勤務が可能 ③複合型パートタイマー」：①②の混合 ・契約要件：雇主がフルタイム労働者をあらたに採用する場合，すでに雇用されたパートタイマーがフルタイムへの契約変更を希望する時はそれを優先しなければならない ・待遇：勤務時間に準じて，有給休暇，出産・育児休業，労災・疾病補償，雇主による能力開発機会提供，組合活動，家族手当，失業保険等を保障

表8.10　イタリアのキャリア支援機関の活動概要（2010年度）

	活動概要（調査結果）
①職業能力開発センター	・職業訓練機関の約半数(48.5%)がキャリアガイダンスも実施. 多くの機関がキャリア支援の情報窓口を開設し(63.8%), 職業訓練にキャリアガイダンスを組み込んでいる(74.8%) ・職業訓練機関の22.7%が年間300時間以上のキャリアガイダンスを実施 ・キャリアガイダンスは, 個別相談(85.1%), 企業研修(79.3%), カウンセリング(76.2%), 情報提供(74.2%), 能力評価(70.4%) ・職業支援機関は, 19～25歳(80.6%), 25歳以上(77.8%), 初職求職者(76.4%), 長期失業者(66.7%), 再就職女性(63.2%), 移民(59.9%), 学校中退者(57.6%)が利用 ・キャリアガイダンスの担当スタッフ平均数7人（外部委託含む）. そのうち労働関係の専門家(31.1%), 心理学の専門知識のあるスタッフ(28.3%)が, 職業能力の評価や就職相談業務を担当
②キャリア・雇用サービスセンター	・全国組織あるいは国際組織の下部団体(22.1%), 雇用センターと青年情報センター(7割) ・職能訓練やキャリア支援の多様な業務を網羅的に実施. たとえば雇用センターのサービス内容：情報提供／相談窓口／カウンセリング／職能評価／職業選択アドバイス／学校中退者への再教育ガイダンス／職能訓練や企業研修の斡旋／就職支援／地域の支援体制の調整・構築など ・キャリア支援窓口(73.5%)を設置, 年間を通じて継続的にサービス提供(74%). 担当スタッフの8割弱(78.3%)がキャリア関連研修を受講 ・学生, 失業者, 再就職の順に利用者が多い. サービスの8割以上が無料(86.1%)
③学校	・中高校の半数以上が年間を通じてキャリアガイダンスを実施(高校61.7%, 中学51.5%) ・高校は年間200時間, 中学は100時間のキャリアガイダンス実施校が多い ・図書館や資料室, PCや面談室も活用されている ・高校では, 就職相談より大学進学相談の方が活発 ・ガイダンスに配置するスタッフは平均10.8人. 担当者の時間的制約が問題 ・進路指導やガイダンススタッフに要求される専門知識（雇用関係や心理カウンセリングなど）や技能（プランニング能力含む）の訓練強化が必要であり, 外部の専門家に依頼するケースが多い ・担当スタッフは学校業務との兼務が多く, 相談者への臨機応変の対応が困難 ・今後必要な対策は, 教員のガイダンス能力向上(17.2%), 教育・職業訓練・大学・雇用側の連絡強化(13.1%), 学校と地方自治体の連携(10.9%)
④大学・高等専門学校	・多くの大学で年間を通じて雇用・キャリアのガイダンスや催事を実施 ・もっとも中心となるサービスは情報提供(82%), サービスのほとんどが無料(80.6%) ・大学の約半数が年間1000時間以上, 約2割が500時間程度のサービスを提供 ・全国で約100万人の学生がサービス提供を受けられる（全大学生数の約半数. 調査推計値）. 提供を受ける学生は, 新入生, 在学生, 卒業生 ・北部地域より中部と南部地域（島嶼部を含む）においてサービス提供が積極的（北部は就職状況が良好） ・サービス提供を受ける学生は, 女子学生54%, 男子学生46%であり, イタリア大学生の男女比とほぼ同じ（サービスの受け手にジェンダー差なし） ・学生の就職状況に関する情報収集は各大学が個別に実施. 全国の大学間の情報交換は少ない ・ガイダンス担当スタッフは10名以下が多い. 外部から専門家を採用せず, 大学内部のスタッフ担当(35.5%) ・ガイダンス業務に必要な専門領域は, 心理学, 社会学, 教育学(53.6%), 労働市場に詳しい専門家. 専門スタッフはガイダンス業務の研修を受講(63.4%) ・最も重要な課題は, 地域の雇用と大学教育システムとの連動性を高めること(20.5%)
⑤企業	・提供サービスと実施割合：企業研修(73%), 職業訓練・能力開発(69.8%), 企業説明(57.1%), カウンセリング(55.6%), 情報提供(49.2%), 能力評価測定(47.6%)等 ・サービス利用者のうち, 企業外からアクセス(69.8%), 従業員へのサービス提供企業(38.1%), キャリア支援専用スペースを確保した企業(14.3%) ・担当スタッフの49.2%が専門研修を受講 ・担当スタッフに必要な能力：キャリア支援の理論や専門技術(50.8%), 雇用環境の知識(44.4%), 利用者とのコミュニケーション能力(27%), 法的実務知識(41.3%), 資金調達能力と政策立案力(36.5%), 利用者に対する心理学的知識(33.3%)等

第8章　イタリアの若者政策：現状と課題

(75.1％)，大部分は大学進学ガイダンス (66.5％) や青年情報センター (59.5％) が占めている。またそれらサービスの利用度でも，学校の進路指導や就職ガイダンス (59.4％)，地域の支援サービス (83.5％) の利用は比較的高いといえる。しかし，じっさいの進路選択をみると，親の影響 (56.8％) が，教員 (31.0％) や友人・知人 (28.5％) の影響を大きく上回っているのが現状であり，支援サービスの効果の限界が指摘されている。

　大学生は，大学提供のキャリア支援サービスとして就職ガイダンス (24.8％)，広報誌 (36.0％)，インターネット情報 (20.7％)，窓口相談 (19.5％) などの利用度が高く，高校生より支援サービスへのアクセスが自主的 (52.0％) に行われている。大学提供のサービス自体に対する満足度も低くはない (10段階評価で6.2) が，約半数 (47.0％) の男子学生がガイダンスは役に立たないと回答し，職業訓練の機会やインターンシップを通じた学校と労働市場との連携促進が望まれる。

　学校教育が若者の職業観や働き方に影響を与えることはいうまでもない (Cavalli & Argentin, 2007)。その点で，教育カリキュラムのなかに職業教育および職業体験を組み込む政策は，高校や大学など教育機関と企業との交流事業や産学連携を中心に，比較的活発に行われるようになっている[30]。しかし，そのような支援体制は，実施側である学校の評価は比較的高いものの[31]，生徒・学生側の評価は逆に厳しくなる傾向にある。CENSISによると，一般にイタリアの若者は，キャリア形成に対する学校教育の役割に否定的であり，現在

(表8.10の注)
　2010年現在，全国データベース (注29) に登録されたキャリア支援団体・組織を調査対象
　各カテゴリの回答数　①823，②750，③2,368，④93，⑤63
　利用者調査の回答数　高校最終学年 (5年生) 300人，大学生400人
　インターネットによる質問紙調査．居住地，高校，大学学部の種別 (理系，文系，技術等)，性別等が学校統計による母集団特性に準じるように標本抽出された (Isfol, 2010: 125-126, 138)
　(出典) Isfol (2010) (職業能力開発機構『2010年度　イタリアにおけるキャリア支援に関する全国調査』)

[30]　2009年度において，15〜34歳の若者の15.1％が在学中に収入をともなう就業経験があり，18％がインターンシップに参加している (Istat, 2010)．大企業の研修生受入れは約69％に達している (Gelmini et. al., 2010: 31)．また，高校と企業を結ぶ公的研修制度 (Alternanza scuola lavoro) (2003年法律第53号第4項に規定) では，2006〜07年度に高校824校，学生45,879名，2009〜10年度には高校1,331校，学生71,561名が模擬企業を設立運営するなど企業研修に参加し，受入れ企業数も3万社を超えている．

[31]　公的研修制度に関する調査では，高等学校長の71.2％が学校教育労働との接続が適切な雇用に役立つと認識しており，教育関係者の71.2％が生徒に職業に関する有益な知識を与えると肯定的に評価し，52.9％がこの制度の導入によって教育効果も上がると回答していた (Censis, 2009)．ただし，学校関係者の約半数 (46.1％) が予算不足を訴えていた．

雇用されている若者の過半数（63.9％）は学校教育が職業に役立っていないと考えていた，との調査結果もある（Censis, 2009）[*32]。就職機会に適合しない学校教育に対する不信は，若者が社会に対する信頼を失う問題の一つの側面を示唆している（Bazzanella et. al., 2007; Buzzi et. al., 2007）。

このような学校教育に対する無力感や否定的態度は，学校以外のチャネルを活用して労働市場に参入しキャリア形成する選択を若者に要請するが，雇用環境の閉塞のなかで多様化するキャリア支援政策において，若者に自律的な起業を選択させ，職業的自立を促進する動きも無視しえない潮流をなしている。たしかに革新的な起業は，市場の可能性を広げ，雇用機会を増大させ，技術革新による競争力を強化し，生産性を高めるであろう。その意味で若者による起業への社会的支援は経済発展にとっても貢献度が大きい。すでに80年代の雇用促進政策において若者の労働機会の拡大が目指され，そのなかで起業支援制度の法整備も積極的に図られてきた[*33]。しかし，労働市場の不安定化（非正規雇用の拡大）と労働機会の縮減に対する解決方法を起業という形で若者自身に求める政策も，成果を上げているとはいいがたい[*34]。

プレカリアートといわれる若者たちが，雇用や就職，あるいは起業という自律的なかたちで，キャリアの選択と形成を自らの意志と努力によって実現し，切り開いていくためには，キャリア支援政策のさらなる拡充と労働市場の拡大を前提要件として，より安定的な社会的地位を成人移行期にある若者たちに保証していく必要がある。

参考文献

Alietti, A., 2007, "Quali spazi di partecipazione e dialogo tra generazioni? Per non lasciarsi risucchiare dall'incompetenza sociale," *Animazione Sociale* 3: 20-28.

Almalaurea, 2011, *XIII Rapporto Almalaurea: Sulla Condizione Occupazionale dei Laureati*.

[*32] 15～19歳の12.3％がなんらかの職業能力開発プログラムに参加しながら，じっさいに就職できたのは3.5％，20～24歳では37.2％にすぎない（Censis, 2010）.

[*33] たとえば，「青年起業に関する法律」（95年法律95号（86年法律第44号修正）と「自由業に関する法律」（93年第236号）が政令185号（2000年）に統合され，「女性の起業支援に関する法律」（92年法律第215号）が制定されている.

[*34] 2007年調査では，大学修了3年後自営業は9.3％しかいなかった（Istat, 2009）．また，2004～09年の職業別人口では自営業がもっとも伸びておらず，企業経営は35.1％も減少していた（Censis, 2010）．イタリアの起業家は他国より平均年齢が高い傾向がある点にも注意が必要である（Global Entrepreneurship Monitor, 2011）.

第8章 イタリアの若者政策:現状と課題

Barbagli, M. & A. Schizzerotto, 1997, "Classi, non casti. Mobilità tra generazioni ed opportunità di carrier in Italia," *Il Mulino* 3: 547-557.

Barbier, J. C. & H. Nadel, 2002, *La flessibilità del lavoro e dell'occupazione*, Roma: Donzelli editore.

Bazzanella, A., D. Deluca & R. Grassi, 2007, *Valori e fiducia tra i giovani italiani*, Milano: Istituto IARD.

Bazzanella, A. (ed.), 2010, "La condizione Giovanile in Italia: Una Rassegna," A. Bazzanella (ed.), *Investire nelle Nuove Generazioni: Modelli di Politiche Giovanili in Italia e in Europa*, Trento: IPRASE, 27-69.

Bendit, R., 2006, "Youth Sociology and Comparative Analysis in the European Union Member States," *Revista de Sociologia* 79: 49-76.

Bugamelli, M., L. Cannari, F. Lotti & S. Magri, 2011, *Radici e possibili rimedi del gap innovativo del sistema produttivo, relazione al Convegno "Europa 2020: quali riforme strutturali per l'Italia?,"* Roma: Banca d'Italia, 21 aprile 2011.

Buzzi, C., 2001, "Diventare Adulti in Italia," *CISEM* 17: 6-9.

Buzzi, C., A. Cavalli & A. de Lillo, 2007, *Rapporto giovani. Sesta indagine dell'Istituto IARD sulla condizione giovanile in Italia*, Bologna: Il Mulino.

Campagnoli, G., 2010, "Verso un 'New Deal' delle Politiche Giovanili," A. Bazzanella (ed.), *Investire nelle Nuove Generazioni: Modelli di Politiche Giovanili in Italia e in Europa*, Trento: IPRASE, 70-128.

Carabetta, C. (ed.), 2010, *Giovani, cultura e famiglia*, Milano: Franco Angeli.

Cariani, D. & M. L. Farnese, 1996, "Modelli culturali della disoccupazione: una analisi psicosociale," *Quaderni di Psicologia del Lavoro* 4: 93-107.

Cavalli, A. & G. Argentin (ed.), 2007, *Giovani a scuola. Un'indagine della Fondazione per la Scuola realizzata dall'Istituto IARD*, Bologna: Il Mulino.

Censis, 2009, 43° *Rapporto annuale sulla situazione sociale del Paese*.

―――, 2010, 44° *Rapporto annuale sulla situazione sociale del Paese*.

Checcucci, P. (ed.), 2009, *Le situazioni di crisi occupazionale e il ruolo dei Servizi per l'impiego, Analisi* n. 1, Roma: Isfol.

Cnel, 2010a, *Vogliamo dare casa ai giovani? Inchiesta sulla condizione abitativa degli under 35 in Italia*.

―――, 2010b, *Rapporto sul mercato del lavoro, 2009-2010*.

Cobalti, A. & A. Schizzerotto, 1994, *La mobilità sociale in Italia*, Bologna: Il Mulino.

Colleoni, M. & S. Brena, 2007, "La difficile via della discontinuità. Un paese a confronto con un nuovo modo di lavorare con i giovani," *Animazione Sociale* 10: 62-69.

Dipartimento della Gioventù, 2010, *Buon Lavoro!: I Giovani e l'Ingresso nel Mondo del Lavoro*.

Eurisps, 2011, *Rapporto Italia 2011*, Istituto di Studi Politich, Economici e Sociali.

Ferritti, M., 2011, "I Millenials e il lavoro: Prospettive e criticita' delle nuove generazioni," in Isfol, *Osserbatorio* 1.

Galimberti, U., 2007, *L'ospite inquietante: Il nichilismo e i giovani*, Milano: Feltrinelli.

Gelmini, M., G. Meloni & M. Sacconi, 2010, *Italia 2020: Piano di azione per l'occupabilità dei giovani attraverso l'intergrazione tra apprendimemto e lavoro*, Governo Italiano (ministro della Gioventù), Ministero del lavoro and Mnistero dell'Istruzione, dell'Unversità e della Ricerca 19 giugno.

Global Entrepreneurship Monitor, 2011, *2010 Global Report*.

Gosetti, G., 2004, *Giovani, lavoro e significati: Un percorso interpretative e di analisi empirica*, Milano: Franco Angeli.

Guido, R. (ed.), 2010, "Rischiare politiche giovanili: Proposte, riflessioni, orientamenti per la politica e il lavoro sociale," *Animazione Sociale* 2/240: 5-125.

Iacovou, Berthoud, 2000, *Young People's Lives: A Map of Europe*, Colchester: University of Essex.

Isfol, 2009, "Le situazioni di crisi occupazionale e il ruolo dei Servizi per l'impiego," *Analisi* 1.

———, 2010, *Rapporto Orientamento 2010: L'Offerta e la Domanda di Orienamento in Italia*.

———, 2011a, *Osservatorio Isfol*, n.1.

———, 2011b, *La Laurea Paga: Occupazione Salari Migliori. Buone Opportunita' anche per I dipolomi tecnici e Professionali*, Comunicato stampa (06 giugno)

Istat, 2006, *Le difficoltà nella transizione dei giovani allo stato adulto e le criticità nei percorsi di vita femminili*.

———, 2009, *Universita' e lavoro*.

———, 2010, *The Entry of Young People into the Labour Market*, 30 September.

———, 2011a, *Rilevazione sulle forze di lavoro - Media 2010*.

———, 2011b, *Employment and Unemployment: Provisional Estimates*, 31 August.

Lenzi, G., M. Cuconato, C. Laasch, & L. Minguzzi, 2001, *National Report for the Project Youth Policies and Participation for Italy: Transitions to Work, Youth Policies and 'Participation' in Italy*, Università degli Studi di Bologna.

Livi, B. M., 2008, *Avanti giovani*, Bologna: Il Mulino.

Livi, B. M. & G. de Santis, 2007, "Le prerogative perdute dei giovani," *Il Mulino* 3: 472-

第 8 章　イタリアの若者政策：現状と課題

481.
Meloni, G., 2009, *Il primo anno dell'attività del Ministero della Gioventù*, Ministero della Gioventù.
Mencarini, L. & M. L. Tanturri, 2006, "Una casa per diventare grandi. I giovani italiani, l'autonomia abitativa e il ruolo della famiglia d'origine," *Polis* A. 20, n. 3: 405-429.
Ministero della Gioventù, 2008, *Linee programmatiche presentate dal Ministro Giorgia Meloni, alla Camera dei Deputati*, 16 luglio.
Ministero Politiche Giovanili e Attività sportive, 2007, *Il piano nazionale giovani: obiettivi e linee di lavoro*, Roma.
Montanari, F., 1996, "I Servizi per i Giovani in Italia e i Centri Informazione," L. Guerra, F. Hamburger & A. Robertson (eds.), *Educazione comunitaria in Europa: Dimensioni intercluturali del lavoro con i giovani*, Bergamo: Junior.
OECD, 2010, *Education at a Glance 2010: OECD Indicators*.
Pasqualini, C., 2009, "Scommettere sui giovani a partire dalla sociologia," *Studi di Sociologia* 4: 383-411.
Regoliosi, L., P. Misesti, & A. Terzi, 2006, *Giovani possibili. Adolescenti e nuovo welfare di comunità*, Bari: Molfetta.
Rosina, A., 2010, Verso un nuovo protagonismo dei giovani?," *Il Mulino* 447: 31-39.
Rosolia, A. & R. Torrini, 2007, *The Generation Gap: Relative Ernings of Young and Old Workers in Italy*, Roma: Banca d'Italia (Temi di Discussione 639).
Saccomanni, F., 2011, *La generazione esclusa: il contributo dei giovani alla crescità economica, Confindustria-Giovani Impreditori*, 41° Convegno, Santa Marta Ligure, 11 Giugno, 2011.
Salmieri, L., 2006, *Coppie flessibili: Progetti e vita quotidiana dei lavoratori atipici*, Bologna: Il Mulino.
Schizzerotto, A. (ed.), 2002, *Vite ineguali. Disuguaglianze e corsi di vita nell'Italia contemporanea*, Bologna: Il Mulino.
Schizzerotto, A. & S. Marzadro, 2010, "Social Mobility in Italy since the Beginning of the Twentieth Century," *Rivista di Politica Economica* 97, 3rd Series Issue IX-X.
Tiraboschi, M., W. Passerini & S. Pezzotta, 2006, "Molto precari o solo flessibili? Giovani tra proteste e speranze," *Vita e Pensiero* 3: 68-84.
Uil, 2011, "Dove, come e quanto si muove il lavoro in Italia: Assunzioni, cessazioni, flessibilita, giovani, donne e stranieri," *2° Rapporto Uil sulle comunicazioni obbligatorie Gennaio 2008-30 Giugno 2010*.
Unioncamere, 2010, *Il lavoro dopo gli studi. La domanda e l'offerta di laureati e diplomati*.

第9章 成人移行期にみる若者の自立問題
―― イタリアの家族関係のあり方

カルロ・ブッツィ

1. イタリアの成人移行期をめぐって

若者問題の分析は従来から一貫して，成人期への移行に重点がおかれてきた。青年期に特有の役割を徐々に放棄すると同時に，成人の役割と能力を担っていく移行期にあるのが若者だと考えられる。

こうした観点から，若者が親と同居する期間が長期化していることが，イタリアの社会的・文化的特異性をめぐる議論の中心テーマのひとつになっている（Livi & Bacci, 2005）。すでに1990年代にヨーロッパ（デンマーク，フランス，ドイツ，フィンランドにわたる）の多くの若者は，イタリアの若者に比べて5～8年早く親から自立していた（Iacovou, 2000）[*1]。自治体や国のレベルでいくつもの調査が実施され，国際比較によって若者の自立をめぐる現象を説明しようと，歴史的・経済的要因，社会政策に起因する要因，あるいはおもに文化に根ざした要因がさまざまな研究で指摘されてきている。

歴史的にみると，親からの自立が遅いという現象はイタリア各地にみられ，各地の生産・経済システムやそれが家族構成に与える影響と関係していると指摘されてきた（Barbagli, Castiglioni & Dalla Zuanna, 2003）。

この現象にもっとも影響を与えた構造的要因としてよくあげられるのは，高学歴化と，若者が有利な条件で労働市場に参入できないことである。くわえて，福祉政策が若者の自立や新婚家族の形成にほとんど目をむけてこなかった

[*1] 親元を離れる年齢の中央値は男性の場合，デンマークが21.4歳，フィンランドが21.9歳であるのに対し，イタリアは29.7歳。女性はドイツが21.6歳，フランスが22.2歳に対し，イタリアは27.1歳となっている（Iacovou, 2000）。

第 9 章　成人移行期にみる若者の自立問題

こともしばしば指摘される（Lucchini & Schizzerotto, 2001; Schizzerotto, 2002）。

その他の分析として，家族モデルの変化とそれが結婚に与える影響に着目した研究や（De Sandre, et. al., 1997; De Sandre, et. al., 1999），変化しつつある社会化プロセスの役割に焦点をあて，社会的ルールの世代継承よりむしろ感情のダイナミズムに重点をおく研究もある（Pietropolli, 2000）。ミラノにある IARD 研究所の調査によると，若者文化の動向，とくに可逆的な選択を好み，決定的な選択を先送りにする一般的傾向も，こうした現象の要因といえる（Buzzi, et. al., 2002）。

視野をさらに広げるなら，若者が大人になれないという困難によって，出生率が人口置換水準をはるかに下回る社会人口学的現象をも生み出しているのではないかと思われる[*2]。

いずれにしても，成人への移行時期と移行の仕方は歴史的・経済的・文化的事象に大きく影響されるだろう。方法論的な観点からいえば，現代社会には移行にいくつかの段階があり，青年期とは異なる成人としての社会的地位を恒久的に占めるには，その段階を踏まねばならない。成人への道にはおもに 2 つの局面があり（教育・職業と家族・婚姻），以下の象徴的な 5 つの段階をとおして若者は徐々に新たな役割や社会的責任を自覚していく。個人の心理的成熟という観点からは厳密には規定されないが，5 つの段階をすべてクリアすることが社会の物理的・文化的再生産には必要と思われる。

移行の第 1 段階は，若者が正規の教育課程を完全に修了した時点，第 2 段階は正規雇用の職に就いた時点，第 3 段階は親元を離れた時点で完了する。就職して経済的に自立すれば親の恒常的な保護から解放され，自立も得られる。この 3 つの段階は，成人として社会的認知を得るために誰もが踏まねばならない。第四・第五段階は成人としての地位獲得に不可欠なものではないが，社会の存続という観点からは不可欠である。第 4 段階は新しい家族の形成（婚姻によって制度的に認められる場合だけでなく，パートナーとの同居によって非公式に形成する場合を含む），第 5 段階は子どもが生まれて親の役割を担うことである。

西洋社会は長い間，一方では子ども期の短縮化，他方では成人期への移行の

[*2] イタリアの出生率（出産可能年齢にある女性 1 人が生涯出産する子ども数の平均）は，EU 域外から移民が大量流入した影響で，1998 年の 1.21 から 2008 年には 1.41 に上昇した．それでも物理的に人口を再生産するには低すぎる水準にあり，イタリア社会の高齢化を鈍化させることができない．

漸進的長期化という2つの傾向を示してきた。とくにイタリアは，成人期への移行段階の先送りがどの国よりも顕著で，子どもが非常に長く親と同居するという新しいタイプの世帯が徐々に増えている。

じっさい IARD 研究所は，第1回調査（1983）から第6回調査（2004）にわたり，イタリアの若者が5つの段階を経て成人になる移行過程を体系的かつ経時的に分析するなかで，調査対象者の範囲拡大を行ったが，それ自体，若者と若者に関する現象を根本的に定義しなおす必要があることを示している[*3]。

成人期への移行を経時的に分析すると，3つの特徴が浮かび上がる。第一に，各段階を終える年齢が「年長化」している（学業修了時期が延び就職年齢が高くなるにつれて，親元からの自立が遅くなり，新しい家族の形成や第一子誕生も遅くなる）。第二に，ひとつの段階を終えてから次の段階を終えるまでの期間が「長期化」している（たとえば，就職後，親元から自立するまでの期間がかつては数年だったのが，今日ではもっと長くなり，新たな家族の形成から第一子誕生までの期間も長くなっている）。第三に，5つの段階を順に踏むとは限らず，従来とは異なった移行パターンになるケースが増えている（たとえば，学校卒業後に就職するとは限らず，また新しい家族の形成が正規の学業の修了や就職，親元からの自立を必ずしも条件づけていない）。

つまり，移行過程の各段階での時期に大きな変化がみられるようになったということである。ジェンダーや社会的背景，居住地による相違も影響している。こうしたさまざまな要因が絡んで，一方では一連の段階を踏む従来の線形的な成長パターンが消えつつあり，他方では，家族形成や職業面でも移行過程がいっそう長期化し，青年期と成人期の中間にあって社会的に曖昧で中途半端な状態が何年も続くようになった。

2. 親と同居する若者類型の分析

2.1 若者の居住状況

今回の国際比較調査では，イタリアの移行過程について興味深いデータが示

[*3] IARD（イアルド）研究所は 1983〜2004 年，6回調査を行い，イタリアの若者の成人への移行過程を5段階にわたって分析した．若者が親元から自立するのがますます困難になることによって生じる状況の変化に応じて，調査の対象が拡大された．1980 年代に行われた最初の2回の調査では，15〜24 歳の若者が対象とされたが，1990 年代の調査では年齢の上限が 29 歳に，2000 年と 2004 年の調査では 34 歳に引き上げられた．

されている*4。本章では特に,親との同居,親からの自立,新しい家族の形成について分析する。学校から仕事への移行については,後の章を参照されたい。

回答者（ミラノ在住の 25～30 歳男女）の居住状況をみると,大多数（84.2%）は親と同居しており*5,結婚（またはパートナーとの同居）は 7.5%にすぎなかった*6。ひとり暮らしは 5.7%,その他は 2.6%であった。これらの数値から,30 歳以下のイタリアの若者は大多数が親と同居しており,自分で生計を立てるか新しい家族を形成して自立する若者はごく一部であった。成人期への移行において,結婚（またはパートナーとの同居）は主要な段階のひとつであるが,その時期はかなり遅くなっている。こうした傾向はすでにほかの調査でも明確に示されており,イタリアの若者の顕著な特徴になっていた（Buzzi, et. al., 2002, 2007）。既婚はごくわずかだが*7,結婚したカップルの約 13%はすでに離婚していた。子どもがいたのは 5.1%,その中にも親同居がみられた。

親同居・別居と移行初期の 2 段階（学校修了および就職）をクロス集計してみると,次のようなミラノ県在住の若者類型が得られる（**図 9.1**）。

37.1%は親と同居して安定した職を得ていたが,無職,求職中,不安定な臨時職も多い（33.6%）。在学中はさらに少ない（15.8%）。新しい家族を形成,親元を離れてひとり暮らしは前述のとおりである。

社会属性が若者のキャリア形成に大きく影響を与えていた。たとえば,就業後の親同居には,ジェンダーが密接に関わっているようである。男性 43.9%,女性 29.7%が就業後も親と同居していたが,女性が低いのは,在学中の女性が多く,労働市場参入が男性より困難な状況を反映している。さらに,女性は男性より早期に新しい家族を形成することもある。

自立にむけた移行が緩慢化していることは,新しい家族を形成または生計

---

*4　ミラノ調査では 2007 年 11 月,25～30 歳ミラノ県在住の男女 1,000 人を標本抽出し,CATI（コンピュータ支援電話調査ソフト）を用いて電話調査を行った.性別は男性 51.6%,女性 48.4%,地域はミラノ市在住 40.5%,県内他市在住 59.5%であった.ミラノ県を対象にしたのは,ミラノ県はイタリアでもっとも発展した地域のひとつであり,その社会的,経済的特徴から東京との比較に妥当性をもたせるためである.調査結果は,Buzzi, Loner, Peri & Sartori（2009）を参照.

*5　全体の 84.2%のうち,75.4%は両親と,8.3%は片方の親と同居,0.5%は祖父母（1 人または 2 人）と同居している.

*6　大半は結婚して新しい家族を形成し,パートナーとの同居はそのうちの 4 分の 1 程度である.

*7　結婚年齢は男性より女性が低い.同年齢で比較すると,女性の既婚者は 9.5%に対し,男性は 5.8%である.

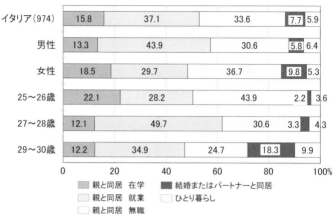

図9.1 イタリアの男女別,年齢別 親同居・自立の5類型

立てて自立する若者が,年齢上昇とともに増加していたことからもわかる。親元を離れた年齢は,25〜26歳5.8%,27〜28歳7.6%,29〜30歳28.2%で,親の社会経済的階層(職業上の地位)の影響はほとんどなかった。

2.2 親との同居

成人という言葉のもつ社会的な意味からも,親元を離れることは成人期への移行過程においてきわめて重要な節目であることは間違いない。親との同居に個人的に大きなメリットがあることは多数の研究で明らかにされてきたが(Barbagli, Castiglioni & Dalla Zuanna, 2003)[*8],30歳近い若者を親同居という理由で成人と見なさないわけにもいかない。愛情で結ばれた自立的な単位を自ら形成し,子どもをもうけるのは,親元から離れて初めて可能になるが,かといって親元から離れる過程の構造的な問題を強調するだけでは,あまりにも事態を単純視しすぎることになろう。たとえ親元から離れることが可能でも,それを妨げる文化的な要因があることは明らかである。

今回の調査でも,そのことが確認できる。親同居の回答者に,親と離れて暮らしたいかを質問したところ,予想とおり学生の63.8%が否定し,無職の39.5%が親同居に満足していた。また就業者の30.8%は親元を離れることを望

[*8] Barbagli, et. al. (2003) によれば,教育条件と労働条件が同じ場合,親同居の若者は社会資本,社会的流動性,精神的健康状態という点で有利な立場にある。

んでいなかった。さらに，親同居が過度の制約をもたらすことがなく*9，同居が若者の社会生活や恋愛関係の大きな妨げになっていないことも多くの調査研究で明らかにされてきた。若者に十分な自由が与えられるなら，親同居にメリットがあり，自立して成人の責任を担うデメリットは回避される（Buzzi, et. al., 2002, 2007）。とはいえ，親同居全体をみると，約半数強が親元からの解放を望んでいたことも強調されてよい。

　ここで2つの若者集団に焦点を絞ってみたい。ひとつは親元を離れて自立した若者たち，もう一方は親同居の若者たちである。まず前者については，聞き取り調査の時点で回答者の13.6％が自立していたが，高校卒業後（あるいは18歳以後），1年以上親元を離れた経験者が17％いた。この比率は男女とも同程度で，大きな差はない。つまり少なくともこの点で，家族内の社会化にジェンダー差はあまりみられない。また，ひとり暮らしは年齢上昇につれて増えていたが，30歳でも50％を超えることはない。親元を離れた動機は，自らの意思が過半数（53.4％），そのほか学業や仕事の動機が多かった。

　もうひとつの親同居の25～30歳の若者類型のうち，親から自立したいと回答した過半数（52.2％）に焦点をあて，もっとも大きな理由は何か，つまり，いかなる構造要因が自立への障害と見なされていたのかをみていこう。親同居か自立かの選択に，どのような動機づけが働いていたのか。どのような社会関係や状況が，親同居の継続に関係したのか（図9.2）。

　親元を離れて暮らすために必要な条件は，「自立できる収入」がもっとも多く（52.9％），次に安定した仕事（42.0％）であった。その他の条件はいずれも二次的か，少なくとも必須とは見なされていなかった。もちろん，学校修了（30.8％），住宅所有（11.4％）なども望ましいとされたが，両者とも必須とはいい難い。結婚（14.9％）やパートナーとの同居（11.4％）に結びつくような感情的な関係性は，重要な条件になっていなかった。また，独立した生活をともにシェアできる1人以上の友人（2.8％）をあげたのはほとんどいなかった。親もさほど大きな影響を与えていないようであり，親の経済的援助（3.0％）や，親が反対しないこと（1.6％）なども少なかった。

　これらの回答を男女別・居住状況別に分析すると，いくつかの特徴が浮かび上がってきた（図9.2）。女性は，安定的地位の達成（学校修了，安定した仕

---

*9　親同居の若者は家庭サービスの恩恵を無償で受けられるだけでなく，男女とも家庭の内外で十分な自由を享受できる（Buzzi, et. al., 2002, 2007）。

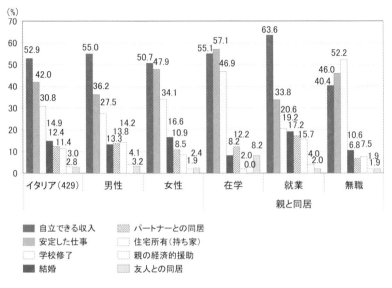

図 9.2 イタリアの男女別,居住・就業状況別 親元を離れる条件
「親から自立したい」回答者を対象 ( )は実数

事,結婚)を重視する傾向が強く,男性は道具的要因(収入,持ち家,パートナーとの同居)を重視する傾向がみられた。また学生は,安定した仕事や学校修了を重視し,就業者は収入,持ち家,結婚やパートナーとの同居を最重要条件としていた。さらに無職者は,現在仕事がなく自立の必要条件を考える余裕がないためか,明確な回答がみられなかった。

3. 新しい家族の形成

ミラノ県在住 25〜30 歳男女のなかで,結婚(またはパートナーと同居)して新しい家族を形成していたのは非常に低く,7.7%しかなかった。ただ,同居はしていないが将来結婚を考えている相手がいたのは約 40% と比較的高かった(男性 39.2%,女性 44.3%)。少なくとも 1 年以上の交際は 80.6% にのぼり,そのうち 43.5% は 3 年以上となっている。では,いかなる要因が新しい家族の形成を妨げていたのか,なぜ新しい家族形成が長引いているのか(図 9.3)。

結婚(またはパートナーと同居)しない理由をみると,半数近くが「まだ若

第9章 成人移行期にみる若者の自立問題

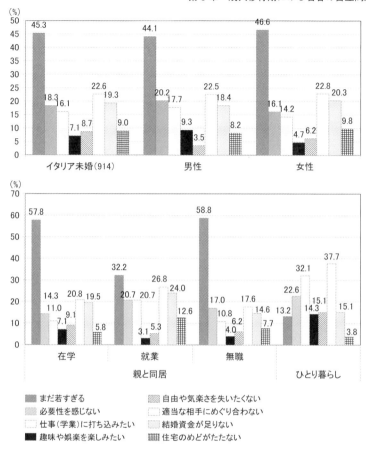

図9.3 イタリア未婚者の男女別，居住・就業状況別　結婚しない理由
「結婚」にパートナーとの同居を含む

すぎる」（45.3％）と答えていた。その他の理由としては，「必要性を感じない」（18.3％），「適当な相手にめぐり合わない」（22.6％）などがあげられた。経済的理由では，「結婚資金が足りない」（19.3％），「住宅のめどがたたない」（9.0％）があげられた。こうした結果から，結婚を妨げるおもな原因は，収入や住宅などの構造要因ではなく，結婚準備ができない事情によるだろう。この点も，とくにジェンダー差はない。ほかにも無視しえない理由として，「仕事（学業）に打ち込みたい」（16.1％），「趣味や娯楽を楽しみたい」（7.1％），「自由や気楽さを失いたくない」（6.2％）もあげられていた。結婚（またはパート

181

ナーと同居）していない3分の2は，優柔不断や不安感があるにしても，将来結婚する意思があり，大半は理想的な結婚年齢を30歳と答えていた。

まだ新しい家族を形成しない理由をみると，ほとんどジェンダー差は認められないが，学生・無職者と就業者とのあいだに大きな差異がある。学生と無職者は若すぎることを理由にあげる傾向が強いのに対して，親同居やひとり暮らしの就業者は，結婚（またはパートナーと同居）しない決定的な理由として，人間関係（適当な相手にめぐり合わない），心理（必要性を感じない），職業（仕事に打ち込みたい），実存（自由や気楽さを失いたくない，趣味や娯楽を楽しみたい）が多かった。

4. まとめ

これまでみてきた調査結果において，回答者が親元を離れないおもな理由として，経済的な要因をあげていたことからも，若者たちの非常に現実主義的な姿勢をみいだすことができる。とはいっても，若者たちの考え方や行動が，原因と結果を厳密に直結させるような合理的な論理に貫かれていると考えるのは，あまりにも短絡的に過ぎるだろう。はたして十分な収入があれば親元を離れて暮らすことになるのだろうか。多くの場合，それは必要条件たりえたとしても十分条件とはいえまい。

イタリアでは，移行過程の第3段階（親元からの自立）と第4段階（新たな家族の形成）が伝統的に同時進行してきた。じっさい，大多数の若者は結婚と同時に親元を離れる（結婚せずにパートナーと同居することは，いまだ少数派である）。たとえ自立できる収入や安定した仕事が自立にとって必要であるとしても，いざ新しい家族を形成する段になると，そこには心理的な要因（若すぎる）や人間関係要因（適当な相手にめぐり合わない）が立ちはだかり，愛情で結ばれたパートナーとの同居や親元を離れることを妨げる。

少なくとも数年間にわたり安定した仕事に就き，基本的に親元を離れて自立できるはずの25～30歳の若者が，親同居を続ける動機や主観的な要因を特定化することで，こうした状況は説明できるに違いない。

近年のイタリアの若者調査・研究は，若者世代の文化を特徴づける傾向を解読してきた（Buzzi, et. al., 2002, 2007）。自分の人生をまさに「現在」時点で組み立てていく若者たちの志向性は，すでにIARDの初期の調査で2回にわたり

詳細に報告された（成人移行期の長期化，つまり青年期の長期化は 1980 年代に始まり，調査は 1980 年代に実施された）。

「現在主義」という時間的な見方をとるなら，行動や行為として立ち現れてくるのが「プラグマティズム」である。その観点からは，若者に顕著にみられる特徴は，将来設計能力の低下，または親元を離れ新しい家族の形成に短期的または中期的な選択しかできず，長期的な視野に立った目標設定をなしえないことなどに表れている。

このような特徴は，おそらくこれまでも，不透明な将来の見通しのなかで，イタリア文化ほんらいの安定志向性を危うくしてきた近代化や急激な社会変動と結びつけて考えられてきたであろう。じっさい，1980 年代の若者にみられたプラグマティズムは，経済発展や技術革新によってもたらされた新しい社会状況に対処していく若者の柔軟性と適応力として読み解くことができるだろう。

その後の IARD 調査でつねに同様の調査データが得られたわけではなく，その解釈にも曖昧な点が残されているものの，一般的傾向として，現在志向をもつ若者の数が量的に増加しており，また質的な側面において，若者のプラグマティズムが人生経験のさまざまな局面に浸透していることが，明らかにされてきた。そこにおいては，若者の選択は可逆的，つまり不確かで矛盾に満ちた社会にあって取り消しできないものはなにもなく，あらゆる行動や選択はやり直しがきくと考えられている。偶発的で一時的なリスクや危険には対応できるが，人生において直面する決定的な選択の決定はすべて回避される。

こうした志向性は，ヨーロッパでは総体的な価値観（偉大な政治思想や宗教思想）の消滅によって，1990 年代のイタリアでは，政治，経済界の不祥事による制度への不信によって，生みだされてきたといってよい。

社会的に共有された道徳が依拠してきた伝統的な基盤が弱体化し，価値体系が相対化されてきた。今日の若者は，家族や学校，職場にひろく統合されることによって，そこでの価値，規範，規則を受け入れるが，他方で，そうした価値や規則の体系とは異質な若者の行為や態度も，容易にみいだすことができる。

そのことは，さまざまな場面において経験されよう。たとえば，特定の状況や場所に集う仲間集団（毎週繰り広げられるサタデー・ナイトを想像されたい）においても，場の共有に適ったまったく異なる価値や規則，ときに葛藤を

183

もたらすような多様な判断・道徳基準が形成されている。その意味で,プラグマティズムや現在志向性,価値や規則にみる相対主義,成人移行期の長期化も,同じ文化的基盤から生みだされた多様な現象ととらえることができるだろう。

参考文献

Bacci, L. M., 2008, *Avanti giovani, alla riscossa*, Bologna: Il Mulino.

Barbagli, M., M. Castiglioni & Dalla Zuanna, G., 2003, *Fare famiglia in Italia*, Bologna: Il Mulino.

Buzzi, C., A. Cavalli & A. De Lillo (eds.), 2002, *Giovani del nuovo secolo. Quinto rapporto IARD sulla condizione giovanile in Italia*, Bologna: Il Mulino.

―, 2007, *Rapporto giovani. Sesta indagine dell'Istituto IARD*, Bologna: Il Mulino.

Buzzi, C., E. Loner, P. Peri & F. Sartori, 2009, "The Work Careers of Young People in the Province of Milan, Italy," M. Iwakami (ed.), *International Comparative Survey on Career Formation among Youth*, University of the Sacred Heart, Tokyo. (岩上真珠編 2009『若者のキャリア形成過程におけるジェンダー格差の国際比較――労働,教育,家族政策より』平成18年度～平成20年度日本学術振興会科学研究費補助金基盤(B)研究成果報告書(研究課題番号18402035).)

De Sandre, P., F. Ongaro, R. Rettaroli & S. Salvini, 1997, *Matrimonio e figli: tra rinvio e rinuncia*, Bologna: Il Mulino.

De Sandre, P., A. Pinnelli & A. Santini, 1999, *Nuzialità e fecondità in trasformazione: percorsi e fattori del cambiamento*, Bologna: Il Mulino.

Iacovou, Berthoud, 2000, *Young People's Lives: A Map of Europe*, Colchester: University of Essex.

Lucchini, M. & A. Schizzerotto, 2001, "Mutamenti nel tempo delle transizioni alla condizione adulta: un'analisi comparativa," *Polis*, XV 3.

Pietropolli, Charmet, G., 2000, *I nuovi adolescenti. Padri e madri di fronte a una sfida*, Milano: Cortina Editore.

Schizzerotto, A. (ed.), 2002, *Vite ineguali. Disuguaglianze e corsi di vita nell'Italia contemporanea*, Bologna: Il Mulino.

第10章　就職と学歴──ミラノの若者を事例として

ピエランジェロ・ペーリ
エンツォ・ロネル

1. 雇用環境の変化

　若者が就職して仕事の世界へ参入していく移行過程には，さまざまな形態がある。中等教育を超えて教育期間が延長し続けてきたいま，ひとつの学校の卒業はかならずしも就職のスタート地点とはいえない。しかし，就職が若者にとって人生の大切な局面であり，おそらく成人の役割を担っていくうえでもっとも重要な段階といえることに変わりはない。実際，たとえ雇用形態が不安定であるにせよ，就職とは，親に経済的に完全に依存していた生活から自立して，成人に移行することを意味する。しかしほとんどの場合，この移行段階において親への依存が減少するとはいえ，完全になくなるわけではない。若者は，成人の役割取得にとって基本的な機能を果たす親元を離れることなく，そこでの家族生活を継続する傾向にある。

　就職は，どのような仕事でも必ずぶつかるであろう問題や困難を実際に経験する機会となるだけでなく，それまで他人の体験を見聞きしてきた現実に自ら直面することや，学生時代の願望や期待を考えなおしたり，下方修正したりするきっかけを与える。働きにでることは，人間関係の変化をともなうだろうし，それはしばしばきわめて重要な意味をもつことになる。就職は，学校や家庭とは違い，交渉の余地が限られているか，まったくない序列秩序のなかに，若者を投げ込む。学校生活での協同的で協力的な仲間関係や，家族・友人との情緒的な絆から離れて，職場という競争関係に足を踏み入れることになる。これまで馴染みのない場へと"参戦"し，そこに適応しなければならない。これまで先送りにしたり，人任せにしてきた責任も，否応なく負わされる。このよ

うな就職にともなって起こる文化的変化こそが，青年期から成人期への移行と社会的アイデンティティの再定義を特徴づけている。

　学校から仕事への移行過程は，これまで国および国際レベルにおいて長期にわたり多大な研究関心がむけられ，なかでも欧州各国間の比較分析が数多く実施されてきた*1。また，社会学的な議論としては，若者の就職へのアクセスを著しく長期化し，成人役割の取得を遅らせる労働市場の構造的問題に関する研究も広く行われてきた（Banks, et. al., 1992; Schizzerotto, 2002）。

　これらの調査研究は，おもに教育システムと労働市場の関係に焦点を絞っているため，若者の体験に直接的な影響を与え，彼らのおかれた状況を変えてしまうような"文化"には大きな注意を払ってこなかった。そのため，社会，文化的な側面に光をあてる調査研究においては，構造的問題──社会政策やガバナンスにとってはきわめて重要だが──よりもむしろ，個人が受ける影響や変化，移行モデルの再定義に目をむけていくことになる（Heath & Miret, 1996; Furlong & Cartmel, 1997; Buzzi, et. al., 2002; 2007）。学校から仕事への移行に関する文化変動に視点をおく研究だけでなく，若者の世界を多面的にとらえる調査研究や家族社会学，ジェンダー論からも，興味深い考察が加えられている。イタリアにおいても，学校から仕事への移行過程とそのライフコースに与える影響への文化的アプローチが試みられてきた*2。

　学校から仕事への移行過程における構造と文化の両面に目をむけるには，就職の機会を根本的に変化・拡大させることになった法律*3の制定を契機に，近年労働市場に生じている構造的変化にまず留意する必要がある。1997年までイタリアでの雇用契約は，労働者に安定した正規雇用の機会を最大限保証することを目的としたものであり，かなり厳格で強い拘束力をもっていたが，逆に一時的ないし柔軟な雇用機会をほとんど提供することはなかった。このような雇用条件は，労働市場に入り込むことのできた労働者を保護する一方で，度重なる危機にあえぐ脆弱な経済状況において，企業による人材確保や事業拡大を構造的に妨げてきた。また，一時雇用といった柔軟な契約ができないこと

---

*1　この点に関する近年の研究（Shavit & Muller, 1998; Hannan, Smyth & McCoy, 1999; Ryan, 2001; Gangl, 2002; Gangl, Müller & Raffle, 2002; Scherer, 2002, 2005; Hillmert, 2003; McVicar & Anyadike-Danes, 2003; Gangl, 2003; Eurostat, 2003a, 2003b, 2003c）を参照されたい．

*2　たとえば，次のような研究がある．Barbagli, 2000; Buzzi, Cavalli & De Lillo, 2002, 2007; Scisci, 2002; Santoro, 2002; Sgritta, 2002; Saraceno & Naldini, 2007; Crespi, 2008; Sartori, 2009.

*3　とくに雇用促進法（1997年法律196号，通称「トレウ法」）と労働市場改革法（2003年法律30号，通称「ビアジ法」）は，労働市場の流動化と雇用形態の多様化に甚大な影響を与えた．

は，正規雇用による超過労働に過剰に頼るなど，不規則な労働による穴埋めを助長してきた。

労働市場を「開放」する法律の実施後，新たな契約形態からまず影響を受けたのが，職業キャリアをスタートさせたばかりの若者たちであった。「プロジェクト型業務」*4 の雇用が急速に拡大し，少なくとも短期間ないし中期間に安定した仕事を得ることは，相当難しくなった。仕事の不安定化は，多くの若者に中・長期的な決断を困難にさせ，人生のあらゆる局面で不安を抱かせることになった。ライフコースは仕事と収入の不安定化に大きく左右されることになる。仕事の不安定は，人生の選択を延期させ，成人の役割取得を先送りするリスクを抱えている。

雇用の柔軟性とその濫用による弊害——任期付雇用は，契約更新に不安をもつ労働者に賃金や労働条件への要求を抑制させる——に関する議論は，政治や労働組合，ビジネスの世界を巻き込んできた。不況期にあって，いまや不安定で賃金の安い仕事であっても，まったく仕事がないよりまし，という考えが大勢を占めている。

大多数の企業が"リース労働者"と呼ばれる派遣労働者を利用することで，雇用の極端な柔軟性がいっそう際立ち，個人のライフコースに重大な影響をおよぼしている。このような新しい雇用形態は，労働者派遣業者などが雇主側の企業の需要に応じて労働力を供給し，労働者本人や労働組合への法的義務が軽減されるという，企業側に都合のよい制度といえるが，少なくともそのことによって，労働者個人の人生設計が大きく左右され，かつては常勤の正規雇用を基本としていた労働が，雇用期間の見通しが立たない不安定な労働へと変わりつつある。労働市場の構造変化が，若者の職業観やキャリア志向，それに関連するさまざまな意思決定に対し強い文化的影響力を及ぼしている。

2. 学校から仕事への移行

高校修了は，自らの人生や仕事に直接関わる選択や決断を迫られる点で，まさに将来への重要な分岐点となる*5。中学卒業時の選択は，難しいとしてもせいぜい，進学先の高校選択程度であり，しかも家族から助言を得ることがで

---

*4 企業の一時的な必要に応じて雇われる短期的な職務（第8章表8.9参照）．
*5 イタリアの高校は5年制であり，通常は19歳で卒業する．

きる。ところが高校修了となると，すでに精神的にも成熟し自立にむかう若者が，自分の将来に与える影響を見極めながら選択を行うことになる。しかし，その選択がまったく自立的になされるかといえば，決してそうではない。というのも若者が自分のおかれている経済的，文化的状況を勘案しながら，自己実現のチャンスを現実的なかたちで評価して選択しなければならないからである。そこで忘れてはならないのは，そのような若者が，従来どおり親に経済的に依存し続け，大学進学も家族の金銭的支援と子どもに対する親心に，あいかわらず頼っていたことである。選ぶべき重要な選択肢は無数にあるが，それらは次のような変数に依存している。すなわち，(a)家族が子どもに認める自主性の度合い，(b)家族の経済的資源，(c)両親の職業（とくに会社経営や自由業の場合は影響度が高くなる），(d)兄弟・姉妹の人数，(e)本人の性別，(f)本人の志望と家庭のそれが合致するか，(g)本人が学業継続よりも就業を志望するか，である。

今回のミラノ調査では，高校の最終学年時の将来の進路計画を質問した。学業を継続するか断念するかは，親の社会経済的地位の影響を強く受けると考えられることから，ここではそれをおもな説明変数としてデータをみていこう*6。

まず第一に，ミラノ県では大学進学を志望する若者が高校修了前から非常に多く，かならずしも正規入学とは限らない場合を含めて，回答者の約85％にのぼっている（図10.1）。ミラノ県がイタリアでもっとも産業化が進み，就業機会の豊富な圏域であることを考えると，この進路選択が，就職が厳しそうだからとりあえず大学に進学するといった，大学を一時的な「停留所」のようにとらえる価値観とは，ほとんど無関係になされていたと仮説的に考えられる。労働市場に求職者があふれたとき，保険のように大学を利用する風潮は，とくに若者に限らず失業率が高いイタリア南部で一般的にみられ，そこでは高校修了証書を手に入れたら，無職のままでいるか，大卒という学歴が就業機会を広げてくれることを期待して大学に進学するか，の二者選択を迫られることが多い。

第二に，ミラノの調査結果によると，進学の決断には親の経済的状況が重要

---

*6 イタリアでは，社会調査において個人収入の正確な回答を得ることはきわめて難しく，虚偽も多いという特有の事情がある．とくに今回のミラノ調査では，親の収入を知らない若者も多数に上ることが予想されたため，親の社会経済階層の指標として，親（父および／または母）の職業的地位で便宜上代用することにした．

第10章　就職と学歴

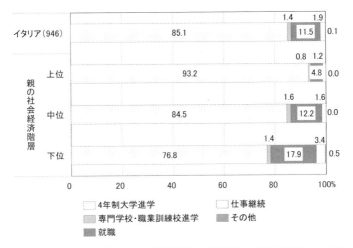

図10.1　イタリア　親の社会経済階層別　進路志望（高校最終学年時の希望）
（　）は実数（高校中退（4.4％，親の階層下位で約11％）を含む）
（注）親の職業的地位による上位／中位／下位の階層区分は，以下の職種を基準とする．
　上位＝会社経営，管理職，企業家
　中位＝上級公務員，自由業，職工，専門的職工，自営業，自営農
　下位＝その他の会社員・事務労働者，工員，日雇労働者など
　父母の職業的地位に差がある場合は，上位の階層を採用．「仕事継続」は大半が夜間学生または家族従業者

な役割を果たしていることがわかる。とくに親が上位階層の若者と比較して，中位階層や経済的なゆとりのない下位階層の若者は，一般に進学に対する期待度が低い。この点は，もちろん家庭の理由だけではない。たとえば，成績不振が，進学を断念して就職先を探すきっかけになる場合もあるだろう。ただ成績不振は，たしかに下位階層では学習意欲の喪失や将来の進路選択の要因になりえたとしても，学歴偏重の浸透した中・上位階層では，成績とは関係なく学位取得それ自体が優先目標となり，将来の展望に与える影響はわずかであるという見方もありうる。いずれにしても，大学進学を人生の成功への機会と考える若者もいれば，上位階層への社会移動に可能性を開くチャンスととらえる若者もいるだろう。

3．就職活動

今回のミラノ調査結果をみると，高校または大学の正規の教育課程修了者の

約3分の2 (65.0%) が現職（収入をともなう仕事）に就いている*7。この数値には，修了時の年齢や就職活動に費やした時間など，さまざまな要因が関係している。とくにジェンダーは大きな影響力をもち，じっさい男性は女性より早く就職する傾向にある*8。また，就職のパターンにも興味深い傾向がみられ，本人の年齢や親の社会経済的地位によって，大きく変化することになる。図10.2をみると，高校や大学などの正規の教育課程修了者（最終学歴となる学校の修了者）に占める就業者は，親が下位階層では線形的で，年齢が上がるにつれて徐々に増加する傾向が強いのに対して，中・上位階層では波型のラインとなっている。このような違いの理由を正確に把握するためには，さらなる調査が必要ではあるが，職種や雇主側の特性（民間か公共部門かなど）が何らかの形で関与している可能性が考えられよう。

すでに指摘したように，親が中・上位階層の若者は高校卒業後もさらに学業を継続する傾向が強い。図10.2の就職率が26～29歳で減少しているのは，まさにその年齢の多くの若者が，卒業せずに学生のままか，就職活動を継続中であることを示唆していた。イタリアでは，卒業や就職に長期間を要することを含意している。また別の考え方としては，卒業後の就職が不安定な非正規雇用契約であった場合に，契約終了から新たな仕事に就くまでの失業状態が長期におよんでいる，という説明も成り立つだろう。

若者たちが就職活動において直面する困難に注意をむけることは，職業キャリア形成を考えるうえで有益であろう。その場合も，やはり親の社会経済的階層が重要な説明変数となりうる点に留意したい（図10.3）。ここで大まかな傾向を読みとるなら，親の階層に関係なく仕事を探す苦労を経験した比率は，ある年齢（26～27歳）でいったん減少した後に，年齢上昇とともに増加する*9。また親の階層が上位であるほど，仕事を探す苦労を経験する比率は低くなる傾向がみられる。

親が上位階層であるほど仕事を探す苦労を経験しないことは，イタリアでは家族が資源としての社会的地位を可能なかぎり「動員」し，家族内で若者の就

---

*7 ここでは，回答者の仕事，職歴，達成目標について検討するが，職歴は高校または大学の正規の教育課程修了者が卒業証書または学位を取得した後の職業のみを対象とする．したがって，在学中のアルバイト・副業等は含まれない．

*8 性別は，若者の人生や仕事の選択に大きな影響をおよぼす．第11章を参照．

*9 親が上位階層の若者は，回答者の年齢によって仕事を探す苦労の経験比率が大きく変動している．先述したように上位階層ほど高学歴志向がみられ，また就職活動そのものをしない者が多い．サンプル数が極端に少ないため，データが適正に反映されていないと考えられる．

第 10 章　就職と学歴

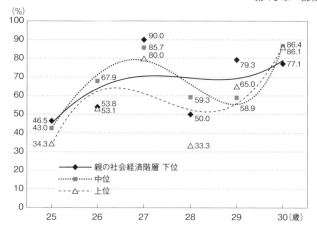

図 10.2　イタリアの年齢別，親の社会経済階層別　就職率
学校修了後に就業した比率

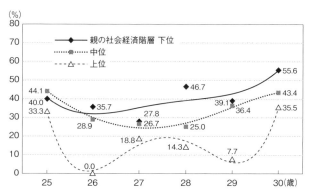

図 10.3　イタリアの年齢別，親の社会経済階層別　仕事を探す苦労の経験比率

職活動を支援するという事情を反映している。社会経済的に有利な環境ほど社会的ネットワークの力も大きく，人的ネットワークが貧困であれば，それだけ労働市場への参入が難しくなる。

　就職活動だけでなく，労働移動（転職）も階層の影響を受ける。ミラノ調査結果をみると，労働移動性（転職率）は下位階層で高く，逆に中・上位階層では著しく低かった。転職経験の有無では，下位階層の34.2％，中位階層の41.0％，上位階層の55.5％が転職の経験がなく，転職率の高さが親の階層に反比例していたことがわかる。上位階層ほど初職や転職において問題に直面する

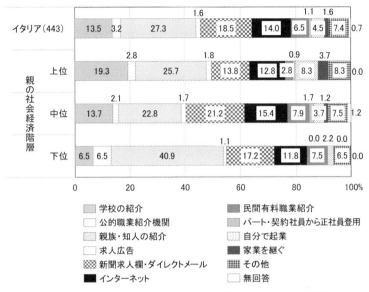

図10.4 イタリア 親の社会経済階層別 現職への入職経路

ことが少なく，転職する傾向も少なかった。また次の仕事に就くまでの失業期間をみると，上位階層ほど短い傾向があった（3ヵ月以上の失業経験者は下・中位階層39.3％，上位階層23.5％であった。また下・中位階層約18％，上位階層11％が正規雇用を希望したが非正規のパート労働に甘んじていると回答していた）。

現在の就業状況をみると，回答者の5分の4は雇用者であったが，調査対象となった年齢時点ですでに就業していた現職者は，学業継続を断念した下位階層に非常に高かった。しかし，職種をみると自営業は中・上位階層で著しく高く，下位階層の約2倍となっていた[10]。

また，現職が初職でない場合も含めて，どのような入職経路（就職活動の方法）がとられたのかを示したのが図10.4である。

入職経路として，まず顕著に多いのが親族・知人の紹介であり，次に新聞の求人欄やインターネットの情報が続いた。また学校の紹介も少なくなかった

---

[10] ちなみに近年のイタリアでは，従属的労働と自立的労働（自営業者）との中間形態として，有期の労働契約による非正規雇用（lavoro parasubornato）が急速に浸透してきた（第8章表8.9）。しかし今回のミラノ調査では現職者の4％未満でしかなかった．

(全体で 13.5％)。とくに上位階層に学校の紹介が顕著に多い理由は，上位階層は大学卒業資格を持つことが多いが，近年とくに大学と企業の連携によるインターンシップ制度や職業ガイダンスの機会が激増しており，その活用の成果と考えられる。他方，公的職業紹介機関や民間の職業紹介サービスなどの利用は一般的に低かったようである。さらに特徴的なのは，上位階層はほかの階層より自分で起業する比率が高いこと，中・上位階層で家業を継ぐ（商業・職人・工場）ことが多いなどがあげられよう。

4. 仕事の満足感

現在の仕事への評価をみると，おおむね現状を肯定的に評価し，4分の3弱が転職または違う分野の仕事を探すことに関心を示していなかった。また仮に転職を希望すると，中位階層（4.6％）と上位階層（3.7％）では自らの起業が一定程度みられたのに対して，下位階層は，あくまで雇用者としての転職（21.5％）が圧倒的に多かった。

これまでのキャリア機会の満足度（図 10.5）をみると，階層にかかわらず中程度が優勢で，いずれも過半数を超えていた点は，イタリアの一般常識からいって注目に値する（イタリアでは，大半の若者がキャリアに不満であるに違いないと信じられている）。

いずれにしても，親の職業的地位による階層差がよく表れているのは，「とても満足」と「まったく不満」である。上位階層は，他の階層より仕事の満足度が著しく高く（31.7％），逆に，不満は非常に低い。この結果は，前節で述べた事柄とあわせて考えるなら，上位階層ほど仕事を探す苦労を経験することが少なく，親や知人のネットワークを最大限活用しながら自分の志望に合った仕事を見つけている事実と関連づけられるだろう。上位階層の転職傾向が低いのも，現在の仕事が当初の志望とおおむね一致しているからであろう。

このことは，実際の仕事が学校修了時に思い描いた仕事あるいは望ましい仕事に近いか，という回答からも裏づけられる（図10.5）。

一般に，現在の仕事に対する満足度は，その仕事のやりがいに依存するといえるが，それは雇用環境や経済状況によって大きく左右される。たとえば，不況など就職難の時期には，求職者は自分のニーズや志望にそぐわない雇用条件でも受け入れるであろう。近年，新しい雇用形態が次々と導入されるも，多様

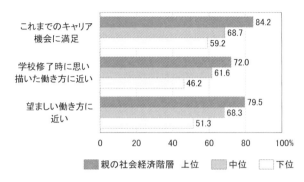

図 10.5 イタリア 親の社会経済階層別 キャリア機会の満足度と実際の評価
「現職なし」も含む．満足＝とても満足＋どちらかといえば満足

な雇用のあり方がいまだ社会に十分浸透していない状況にあって，若者たちは就職や転職の決断を迫られる。このことは，少なくとも彼らの人生設計や将来展望に好ましからぬ影響を与えているに違いない。

5. まとめ

ここで取り上げた調査結果は，調査全体からいえばほんの一部でしかないが，それでもイタリアの若者が学校から仕事への移行に際して直面する問題と，成人期への移行という不安定な状況から受ける影響の断片をつかみとることができる。過去10年にみられたような景気低迷期にあっては，ミラノ市やその近郊のようにイタリアでも特に産業化が進んだ地域でさえも，若者の就職活動はけっして容易でない。

流動化するグローバルな労働環境のなかで，イタリア政府も非正規の有期雇用を促進しつつ，不安定な雇用形態を続々と創出し，法的保護に十分支えられた終身雇用へのアクセスを妨げるような雇用契約を導入する法整備を図ってきた。流動化した労働市場の不透明さのなかで，求職者たちは多岐にわたる求人情報をあらゆるメディアを通じて収集し，マスメディアも，求人・求職の情報提供にこれまで以上に多くのスペースを割くようになった（全国紙・地方紙の求人欄，求人誌，地元のテレビ・ラジオの就職情報番組など）。

このような社会状況にあって，学校を取り巻く制度にも大きな変化がみられるようになった。なかでも学校教育機関が，学校から仕事への橋渡し役を担う

ことで，若者の就職やキャリア形成へ積極的な役割を果たすようになった意義は大きい。じっさい，学校の紹介やセミナー，インターンシップ，就職関連行事等の機会を通じて就職先を見つけた学生も多い。その一方で，若者たちは，個人的な人間関係や社会的ネットワークを活用して親族・知人というもっとも伝統的な縁故主義に頼りつつ，自らも人脈を積極的に構築するよう努力している。

いまや家族の絆を何よりも大切にするイタリアにおいても，現代家族の構成も構造も変化し，より小規模で不安定な集団になっている。家族内の人間関係も変わり，親たちは子どもの庇護者としての地位を保つのがやっとで，権威や文化を伝える立場を喪失している。学校教育の現場は，恐ろしく過保護な家族が遠慮なしに要求してくる諸事に追われる毎日である。不安定で不確実な日常のなかで，自らを守るべく個人主義や利己主義へと社会的な価値観が引きずられ，若者たちは現実に日々直面する問題のなかで自らの人生や将来を長期的に思い描くことができなくなっている。若者たちは，現実主義に徹底することで，自分の夢や希望を修正し，厳しい現実を自明で避けられないこととして受け入れざるをえないような状況に立たされている。

参考文献

Banks, M., I. Bates, G. Breakwell & J. Bynner, 1992, *Careers and Identities*, Milton Keynes, Philadelphia: Open University Press.

Barbagli, M. & C. Saraceno (eds.), 1997, *Lo stato delle famiglia in Italia*, Bologna: Il Mulino.

Barbagli, M., 2000, *Sotto lo stesso tetto, Mutamenti della famiglia dal XV al XX secolo*, Bologna: Il Mulino.

Boschetto, B., M. de Santis & L. Tronti, 2006, "I giovani e il lavoro: confronti internazionali, tempi di accesso e condizioni di precarietà," P. G. Bresciani & M. Franchi (eds.), *Biografie in transizione. I progetti lavorativi nell'epoca della flessibilità*, Roma: F. Angeli.

Buzzi, C., A. Cavalli & A. De Lillo (eds.), 2002, *Giovani del nuovo secolo. Quinto rapporto IARD sulla condizione giovanile in Italia*, Bologna: Il Mulino.

―――, 2007, *Rapporto giovani. Sesta indagine dell'Istituto IARD*, Bologna: Il Mulino.

Caruso, A. & S. Staffolani, 1999, *Il lavoro dei giovani*, Prisma.

Crespi, I. (ed.), 2008, *Identità e trasformazioni sociali nella dopomodernità: tra personale e sociale, maschile e femminile*, Macerata: EUM.

Eurostat, 2003a, "General Indicators on Transition from Work to School. Youth Transitions from Education to Working Life in Europe Part I," *Statistics in Focus*, Theme 3-4/2003, Luxembourg.

———, 2003b, "School Leavers in Europe and the Labour Market Effects of Job Mismatches. Youth Transitions from Education to Working Life in Europe Part II," *Statistics in Focus*, Theme 3-5/2003, Luxembourg.

———, 2003c, "Young People's Social Origin, Educational Attainment and Labour Market Outcomes in Europe. Youth Transitions from Education to Working Life in Europe Part III," *Statistics in Focus*, Theme 3-6/2003, Luxembourg.

Furlong, A. & F. Cartmel, 1997, *Young People and Social Change. Individualization and Risk in Late Modernity*, Buckingham: Open University Press.

Gangl, M., 2002, "Changing Labour Markets and Early Career Outcomes: Labour Market Entry in Europe over the Past Decade," *Work, Employment and Society* 16: 67-90.

———, 2003, "The Structure of Labour Market Entry in Europe: A Typological Analysis," W. Müller & M. Gangl (eds.), 95-116.

Gangl, M., W. Müller & D. Raffe, 2003, "Conclusions: Explaining Cross-National Differences in School-to-Work Transitions," Müller & Gangl (eds.), 277-305.

Hannan, D. F., E. Smyth & S. McCoy, 1999, *A Comparative Analysis of Transitions from Education to Work in Europe (CATEWE)* Vol. 1. A Conceptual Framework, Working Paper 118 (a), Dublin: Economic and Social Research Institute.

Heath, S. & P. Miret, 1996, *Living in and out of the Parental Home in Spain and in Great Britain: A Comparative Approach*, Working Paper Series 2, Cambridge Group for the History of Population and Social Structure.

Hillmert, S., 2002, "Labour Market Integration and Institutions: An Anglo-German Comparison," *Work, Employment and Society* 16: 675-701.

Müller, W. & M. Gangl (eds.), 2003, *Transitions from Education to Work in Europe. The Integration of Youth into EU Labour Markets*, Oxford: Oxford University Press.

Ryan, P., 2001, "The School-to-Work Transition: A Cross-National Perspective," *Journal of Economic Literature* XXXIX (Marc): 34-92.

Santoro, M., 2002, *A casa con mamma. Storie di eterni adolescenti*, Milano: Unicopli.

Saraceno, C. & M. Naldini, 2007, *Sociologia della famiglia*, Bologna: Il Mulino.

Sartori, F., 2009, *Differenze e disuguaglianze di genere*, Bologna: Il Mulino.

Scherer, S., 2001, "Early Career Patterns: A Comparison of Great Britain and West Germany," *European Sociological Review* 17: 119-144.

―――, 2005, "Patterns of Labour Market Entry. Long Wait or Career Instability? An Empirical Comparison of Italy, Great Britain and West Germany," *European Sociological Review* 21: 427-440.

Schizzerotto, A. (ed.), 2002, *Vite ineguali. Disuguaglianze e corsi di vita nell'Italia contemporanea*, Bologna: Il Mulino.

Scisci, A. & M. Vinci, 2002, *Differenze di genere, famiglia, lavoro*, Roma: Carocci.

Sgritta, G. B., 2002, *Il gioco delle generazioni. Famiglie e scambi sociali nelle reti primarie*, Milano: Angeli.

Shavit, Y. & W. Müller (eds.), 1998, *From School to Work: A Comparative Study of Educational Qualifications and Occupational Destinations*, Oxford: Clarendon Press.

第11章 イタリア女性にみる仕事観
―― ジェンダー問題を中心として

フランチェスカ・サルトーリ

1. 将来の進路選択と展望

「ジェンダー主流化」というアプローチ[*1]は，さまざまな社会領域や個人の自己認識のなかにある男女間の差異や不平等を把握可能にする考え方として，個々の研究者だけでなく，国レベル，EU，国連といった国際レベルでも広く認められている。このアプローチは，男女間の社会的地位をめぐる不平等の原因を特定し，完全に解消できないまでも改善措置や行動指針を提示するものとして期待されている（Piccone et. al., 1996; Sartori, 2009）。

もとより，性差が生まれる領域，現象，状況がいかに多様であり，そこにある特殊性を説明することは，きわめて複雑な作業といえる。男女間の行動様式の差異は，心理学的側面，性的指向性，文化的特徴の複合によって生みだされるため，それら要素を個別に抽出することは難しい。経済的変数，権力関係，社会文化的要因が，男性であれ女性であれ，個人の社会的機会を左右したり，それによって生じる障害，とりわけ不平等を決定づけている。ジェンダー役割に大きな変化がみられ，伝統的な考え方もかなり変化してきたにもかかわらず，いまだ多くの国々において女性は教育，職業，家族，政治などの領域，社会生活の各分野で不平等な立場におかれている。伝統に根ざす差別や女性の周縁化によって，女性は自らの潜在能力を十分に発揮できなかったり，自己実現の方法を自由に選択できない現実がある。

[*1] ジェンダー主流化は，あらゆるレベルで男女の機会均等促進と支援を目的とする戦略である．このアプローチは，社会の多様な領域のジェンダー問題に関する要求や現状，優先課題を体系的にとらえ，法，政治，行政，経済などの領域において，国際および国レベル，地域および企業レベルで取り組まれる行動とジェンダーの効果を明確にすることができる．

第 11 章　イタリア女性にみる仕事観

　青年期にある若者が自らの運命に受動的であることを拒否し，それに反発するように，女性たちは自分たちを取り巻く環境や，自分たちに期待される行動規範に異議を唱えてきた。若者たちは自分たちが同一化できるような新しい空間と領域を求めており，これまでとは異なる人生の目的や自己実現の方法を模索している。若者は固定的な文化の枠組みのなかにあった既存の成人役割に拘泥することなく，新しい行動様式をうまく取り入れる可能性をもっている。

　今回のミラノ調査の対象となった若者たちの女性性や男性性が，いかに社会的に構築されてきたのか，その過程を把握することはとくに重要である。その過程から不可避的に生まれるジェンダー・アイデンティティは，若者たちの将来への期待，希望，計画に影響をおよぼし，進学や就職に関わる選択，家族や出産に関わる決断を左右することになる。その意味で，とくに教育は個人の社会化に決定的な影響を与え，キャリア選択が個人のライフコースに重大な影響力をもつことも，無視できない考察対象となる。じっさい就学率調査にみられるように，中等・高等教育への女性の進学率の高さと高学歴化は，女性の労働市場への参入や経済的自立を強力に後押ししてきた経緯がある（Sartori, 2009）。

　ただ，イタリアの教育における男女別学は全体として減少しているものの，たしかに理系は男子，文系は女子といった進学先のジェンダー差はいまだ残っている*2（Istat, 2008; Almalaurea, 2009; OECD, 2007-08）。雇用機会の観点から，そのような教育機会の偏りが文化的に条件づけられることなく，また固定的なジェンダー・コードにとらわれない選択を可能にする社会環境が要請されているといえよう。職業のジェンダー差は，女性の労働市場参入が増加してきたとはいえ，イタリアではいまだ顕著にみられる。女性の就業率は女性の生産年齢人口全体の半数以下（47.2％，2007～8 年）にとどまり，この比率はほかのヨーロッパ諸国に比べて低いだけでなく，リスボン条約（2000）の目標値 60％からもほど遠い値となっている。高学歴の女性ほど雇用へのアクセスが容易である実態を考えるなら，いかに教育が女性の雇用拡大にとって重要であるかが理解されよう。

　職場での女性の職務や役割が変化し，働く環境も改善されてきたにもかかわらず，イタリアの女性の職業生活の期間はより短くなる傾向にある（仕事を始

---

　*2　教育の場における男女の棲み分けは，時代とともに減少傾向にある．過去 50 年間でもっとも顕著に減少傾向がみられたのは，高等教育である．

める時期が遅く,退職が早い)。他のヨーロッパ諸国と比較して,イタリアは女性の失業率が高く,男女間の賃金格差が大きい点で特徴的である。とくにイタリア南部においては,いまだ女性の職業的地位は低く,不安定な雇用契約に頼る点は注目に値する。こうした現状は,雇主側の企業にとって有利な条件となるだけでなく,家事と労働の両立を望む女性労働者側のニーズにも合致するという背景もあり,なかなか改善されにくい。しかしその代償として,女性の労働が周縁化され,キャリア形成の機会が不十分であり,低収入を余儀なくされるなどの弊害が,いまだ残存する結果を招いてきた (Istat, 2008; Almalaurea, 2009)。いずれにしても,女性の選ぶ職種にはいまだ偏りがみられ,とくに医療補助,社会福祉,教育(教員は例外),総務・経理といった資格を必要とする職種が選択されやすい傾向にある。それら職種が,いずれも管理職へのキャリア形成が難しい周縁的な性格をもつことは,いうまでもない。

女性労働は,家事,家計,人間関係(夫婦,親子,親族を含むケアワーク)をやりくりする家庭サービスを過重に負担するなかで条件づけられている (Sartori, 2009)。家族役割の過重負担は,出産や社会参加への機会を制約しているといってよい。今日の女性たちの経済的自立への強い志向性のなかで (Leccardi, 2002; 2007),家族制度は構造や世代間の人間関係の質において,これまで大きな変化を経験してきたが[*3],依然として家庭内のジェンダー役割の不平等は存在してきた (Lipperini, 2007; Sartori, 2007)。若い世代ではより平等主義的な方向へむかっているものの,家事と育児の分担は,いまだ著しく女性に過剰な負担を強いており,それとは対照的に夫やパートナーが家計や財政を担う責任は女性より大きく,しばしば支配的でさえある (Facchini, 2007)。

2. 仕事と家族にみるジェンダー意識

今回の調査対象となったミラノ県在住25〜30歳の男女は,国内でも有数な産業・商業都市に居住し,イタリア南部の若者に比べて,より多くの教育,文化的機会に恵まれていた。そのような先進的な社会,文化的環境にあって,仕事と家族役割にみるジェンダー意識の差異は,いくつかの質問項目においてか

[*3] こうした変化が生じた原因は,イタリア社会が社会的,文化的,経済的に変容してきた点にある。家族成員は,何世紀にもわたって男女の役割を生産と再生産,賃金労働と無償労働に峻別してきた文化的規範に縛られることが少なくなった.

なり解消されている（図11.1）。ただ回答者全体のおよそ5分の4が，男性も女性と同様に家事をすべきだと考えていたにもかかわらず，6割以上の回答者は，「子どもが幼い時夫は外で働き，妻は家にいるほうがよい」という伝統的な考え方を支持していた。さらに男女とも，女性は男性より家族に献身できると回答していた。

これらの結果から浮かび上がるのは，ミラノの若者は家庭内の役割分担においては平等主義的であるものの，女性の生物学的側面に依然として大きな意味づけを与えていたことである。4割前後の回答者は，女性である意味を母性（子どもをもつこと）に認めていた。他方で，男性に家計の維持や家庭の指揮権を求める意識は，他の質問項目よりジェンダー差が認められたが，女性の側にも男性の権威や経済力の優位性を是認する意識が若干存在したことは，注目に値する。女性が男性より家庭内の役割をより平等主義的な言葉で定義し直そうとしていたのは事実であっても，いまだ伝統的なジェンダー役割の考え方が深く根を張っていたことが確認できるだろう。

そこで次に，現在の仕事に対してジェンダー意識が反映されているかをみていこう（図11.2）。ここでも，全般的に著しいジェンダー差は認められず，両者とも仕事を通して専門能力を開発しキャリアアップをめざす関心が高く，女性も仕事に対して強いコミットメントを感じていたことがわかる。女性の仕事を経済的手段ととらえる従来の一般な見方とは異なるイメージが描かれていた。仕事の内容や働き方の意識において極端な違いはみられないが，高収入や管理職への志向性は男性の方が強いといえる。

仕事に対するジェンダー意識の差異は，少なくとも雇用環境がほかの地域より比較的良好なミラノにおいて，女性就業の社会的浸透とともに薄れてきたといえるが，仕事と家庭の二重役割に関係する質問項目では，男女差がいっそう明瞭になった。男性では高収入や出世といった職業的地位の達成が重視される一方で，女性に多かったのは，これまでの研究で指摘されてきたように，家族生活への関与に関係するものであった（Leccardi, 2002; 2007）。このことはとくに，図11.2の最後の3つの質問項目の回答に特徴的に表れていた。そこでは，女性の強い家庭志向性がうかがわれ，家族と共に過ごす時間がとりやすい仕事が望ましいと考える傾向が強くみられる。とくに，「稼ぐ必要がなければ子どもと一緒にいたい」や「子どもができたら家にいるつもりである」のジェンダー差は顕著であった*4。

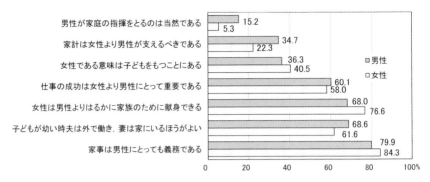

図 11.1 イタリアの家族役割意識・ジェンダー意識 ($n=463$)
各項目に賛成の比率　以下，すべて男女別の結果を示す

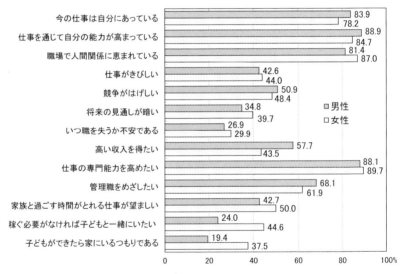

図 11.2 イタリア　現在の仕事観（とてもそう思う＋そう思う $n=463$）

---

*4　ちなみに伝統的なジェンダー役割意識の持続は，今回のミラノ調査の図 11.2 の有効回答数 (463) に対する主成分分析によっても確認されている．質問項目のうち「高い収入を得たい」「管理職をめざしたい」「稼ぐ必要がなければ子どもと一緒にいたい」「子どもができたら家にいるつもり」の 4 項目から「キャリア」「家族」という 2 成分を取り出した場合，それら成分によって全分散の約 7 割が説明でき，「キャリア」志向については男性，「家族」志向については女性のスコアが有意に高かった．

以上の結果を総合的にみるならば，いずれにしても近年のジェンダー役割の多様化のなかで，たとえ伝統的なジェンダー役割意識がいまだ持続しているとしても，徐々にではあるが，女性だけでなく男性の側からも仕事と家庭の役割選択や行動パターンに変化の兆しが表れていることは疑いえないであろう。じっさい多くの研究が明らかにしているように，家事と育児に積極的に参加し，子ども・家族を大切にすることを仕事上の成功より優先する男性の新しい生き方が，社会的に浸透しはじめていることは間違いない（Ventimiglia 1994; Pietropolli, 1995; Bruzzese & Romano, 2005; Sellenet, 2006; Crespi, 2008）。

3. 仕事の選択と満足感

　若者の成人期への移行期間は，就職による経済的自立がひとつの条件として通過点になるが，高等教育への進学率の上昇など教育を受ける期間が長期化する一方，経済危機による就職状況の悪化などによって，若者の労働市場への参入が遅れる傾向にある。親元を離れて新しい家族を形成することや子どもを持つことも，ますます先送りされている。そこで，まずどのような条件が満たされると親元を離れるのかをみていこう（図11.3）。

　雇用は，男性・女性ともに自立できる収入や安定した仕事が重要な条件となっていた。ただ後者は，1割強のジェンダー差がみられることから，男性にとって十分な収入は，かならずしも安定した仕事に直結しないことが考えられる。言い換えるなら，男性は女性より現実志向的で柔軟な職業選択の幅が大きいともいえる。そのことは，学校修了（正規の教育課程修了）という条件からもうかがわれた。とくに女性はたんに十分な収入を得るだけでなく，安定した仕事を獲得するためにも学歴は重要な条件と見なされていた。

　じっさい，高校または大学の正規の教育課程修了と入職時期には密接な関係があった。とくに若者の失業率が高いイタリアでは，初職に就くまで学生の身分でいることも一般的であり，20代後半でも求職中の学生はきわめて多い。いずれにしても，正規の教育課程修了者に占める就業者の比率（就職率）は，今回のミラノ調査全体では約3分の2（65.0％）に上り，女性より男性が高い（10.5ポイント差）。年齢別にみると，男女とも27歳まで緩やかに上昇した後，29歳まで下降し，29歳以後に再び上昇するという曲線を描いていたことがわかる（図11.4）。このような年齢別就職率の変動は，学業を早期に中断ないし

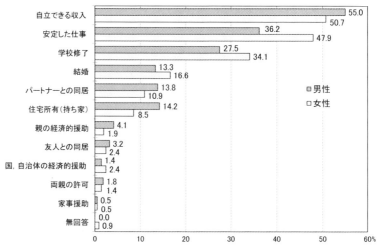

図 11.3 イタリア 親元を離れる条件 （複数回答）

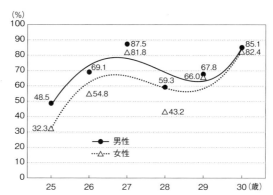

図 11.4 イタリア 年齢別就職率 学校修了後に就業した比率

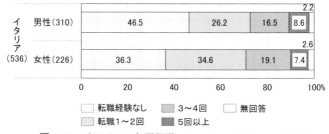

図 11.5 イタリア 転職経験 （$n=536$, 男性 310, 女性 226）

修了してスムーズに就職した若者，就職先がみつからず求職しながら学生の身分を続ける若者，より専門的なコースに進学して学業を継続する若者，調査時点で失業状態の若者など，20代後半までじつに多様な進路選択の局面に巻き込まれていたことを示唆する。なかでも，女性の就職率がつねに男性を下回っていたことに変わりはなく，同年齢の男女では，結果的に女性の就職は男性より遅れることを意味していたと考えられる[*5]。

　失業についてはどうであろうか。失業状態の深刻度や性質は，たんに無職の期間だけでなく，転職回数すなわち経験した仕事の数からも間接的に推し量ることができる。仕事の不安定性は，個人の経済的基盤を大きく揺さぶり，若者の将来設計を不透明で描きにくいものにすることからも，失業状態の長期化や転職の繰り返しは，成人移行期を長期化するだけでなく，いっそう困難なものにする（Buzzi et. al., 2002, 2007）。今回の調査では約半数の男性が一度も転職経験がないのに対して，女性の3分の2は転職経験があった（**図11.5**）。一般に転職理由としては，自分に合った収入の良い仕事がみつかった，仕事に不満がある（雇用契約の内容，労働条件，低収入，志望との不一致などの原因が多い），有期雇用の不安定性，解雇された，などが考えられる。とくにイタリアの女性の転職回数が男性よりあきらかに多いのは，やはり男性の仕事とは異なる労働の性質・雇用形態に原因を求めるのが妥当であり，臨時または有期の雇用契約や低収入が大きな理由と考えられる。

　転職は，かならずしもスムーズにいくとは限らず，新しい仕事が見つかるまで失業状態をともなうことが珍しくない。今回の調査では女性41.6％，男性34.2％が3ヵ月以上の失業期間を経験していた。しかも，そのような比較的長期にわたる失業状態を複数回経験している者も少なくない。多くは転職経験1～2回であるが，まだ20代であるにもかかわらず，転職経験3回以上が少なからずみられ，イタリアの若者が直面する就職とキャリア形成の問題の深刻さがうかがえる。失業や転職経験は若者の雇用不安定を如実に示している。

　きわめて流動的で不安定な若者の雇用状況にあって，パートタイム労働は，失業期間の緊急退避的な収入確保，転職までの一時的仕事，家事と仕事の両立を図る次善の策など求職者の需要も確かにあるが，労働環境やキャリア形成という観点から多くの問題を抱える形態といえる。とはいえ，今回の調査では男

[*5]　ちなみに，男女とも初職は雇用者が圧倒的に多く，自営業は男性に多くみられた（女性8％，男性17％）。

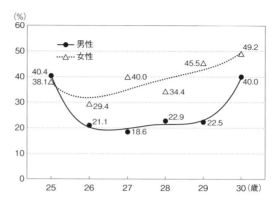

図11.6 イタリア　年齢別仕事を探す苦労の経験　(n=536，男性310，女性226)

性12.9％，女性21.9％がフルタイムの仕事がなく，パートタイム労働を余儀なくされたと答えていた。少なくとも若者たちの一定程度が，不安定な雇用環境のなかで不本意な働き方を経験してきたと自覚していることは間違いない。

若者の就職活動は厳しい状況におかれ続けている。平均して3人に1人（34％）が仕事を探す苦労を経験し，とくに男性より女性にその傾向が強く表れていた（**図11.6**）。苦労を経験した男性の比率は，大学修了後に徐々に下降し，20％前後を維持しながら求人が鈍る30歳頃に上昇するのに対して，女性は，26歳以後一貫して上昇し続けていた。女性は年齢の上昇とともに仕事を探す苦労を経験していたといえる。

就職活動の困難にみるジェンダー差は，回答者の意識にも示されていた。「男性は女性より就職が難しい」と回答したのは男女とも少なく，逆に「女性は男性より就職が難しい」は男性で約3割，女性で4割強を占めていた。また，「男女とも同じ」は，男性57.4％，女性44.2％で大差はなかった。

現職の就業状況をみると，就業率には大きなジェンダー差はなく，職歴では男性49％，女性41％が初職を継続していた。職種では，自営業が男性18％，女性12％と若干多く，イタリアの文化的要因が関係していると考えられる。じっさいイタリアでは近年例外も増えているとはいえ，自営業のなかでも専門的技能を要求される自由業（弁護士，医師，会計士，建築士など）をはじめとして，家族経営の中小企業が多く，男子に家業を継がせる文化的慣行が根強く残っている。大企業や公務員に男女雇用機会均等政策が強い影響を与えたとしても，それをイタリア企業の大部分を占める中小企業や家族経営体にまで浸透

第 11 章　イタリア女性にみる仕事観

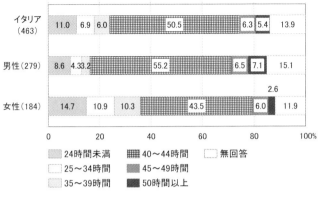

図 11.7　イタリア　週間労働時間（調査時点の 1 週前の実績）

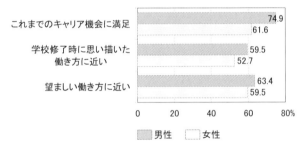

図 11.8　イタリア　キャリア機会の満足度と実際の評価
「現職なし」も含む．満足＝とても満足＋どちらかといえば満足

させることは，きわめて困難であろう．

　就業状況のジェンダー差は，実際の労働時間にもみられる（図 11.7）。女性では週実働時間 40 時間未満が 35.9％に達する一方で，男性はその半数以下の 16.1％にすぎない．この数値は，女性の多くがパートタイムや非常勤等の非正規雇用に従事し，男性よりフルタイムの正規雇用者として働く社会機会に乏しいことを示唆していた．そのことは，現在の仕事に対する満足度にも表れていた．

　現職を継続する意欲をみると，男性 76％，女性 68％がありと答えていた．また，これまでのキャリア機会の満足度では，男性 74.9％，女性 61.6％が肯定的であった（図 11.8）。これまでのキャリア機会の満足度は，職業経験，現在の職業的地位，仕事の適性に大きく左右されるだけに，女性に比べて男性の満

207

足度が高いことは，逆に女性のキャリア形成が不利な状況にあることを示しているといえよう。

　さらに，実際の仕事が学校修了時に思い描いた仕事に近いか，また望ましい仕事に近いかは，両者とも若干ではあるが，男性より女性に否定的な評価が多くみられた。全体として，男女とも5～6割がこれまでのキャリア機会に一応納得していたが，逆にみれば，残りの半数近くの若者たちは，望ましい仕事との距離を感じていたといえるだろう。じっさい，11％の女性が理想的な職業キャリア形成にとってジェンダーが障害になると答えていた（同意見の男性7％）。

4. まとめ

　現在多くの若いカップルは，家事・育児も，家族内の重要な意思決定も，共に担い，共に働いて家計を支えるという共通認識をもっている。仕事を通じて自己実現を図ることも，男女を問わず重視されている。調査回答者のミラノの若者たちも，仕事と家庭の役割意識に大きなジェンダー差はみられなかった。しかし，女性は依然として私的領域や家族役割に強く結びつけられ（とくに妊娠・出産・育児期），職業キャリア形成において不利な条件下にあるといえる。旧態依然とした伝統的なジェンダー役割に共感する回答も確かに存在する。伝統的なジェンダー役割によれば，男性は仕事に専念しその収入で家計を支え，家族の大黒柱と見なされる。かたや女性には，何よりもまず子どもの養育，家族のケアを自己犠牲的に担う母親役割が期待される。男性は女性より高収入や職業的地位の達成を重視し，有利な条件でキャリア形成と自己実現を図る一方，女性は仕事と家族責任のバランスを調整しながら，不利な条件で自己犠牲を強いられることもいまだ多い。女性は男性より就職活動に困難を感じ，不安定な雇用契約によるキャリア中断，転職，失業のリスクをいっそう抱えている。女性のキャリア機会の満足度が男性より低いのも，当然の帰結というほかない。

参考文献

Bruzzese, D. & M. C. Romano, 2005, "La partecipazione dei padri al lavoro familiare nel contesto della quotidianità," in A. Rosina & L. L. Sabbadini（ed.）2005, pp. 213-247.

Buzzi, C., A. Cavalli & A. De Lillo (ed.), 2002, *Giovani del nuovo secolo. Quinto rapporto IARD sulla condizione giovanile in Italia*, Bologna: Il Mulino.

―――, 2007, *Rapporto giovani. Sesta indagine dell'Istituto IARD*, Bologna: Il Mulino.

Crespi, I. (ed.), 2008, *Identità e trasformazioni sociali nella dopomodernità: tra personale e sociale, maschile e femminile*, Macerata: EUM.

Facchini, C., 2007, "Le giovani coppie," Buzzi, Cavalli & De Lillo (eds.), 2007.

Leccardi, C., 2002, "Ruoli di genere e immagini della vita di coppia," in Buzzi, Cavalli & De Lillo (eds.), 2002.

―――, 2007, "Stereotipi di genere," in Buzzi, Cavalli & De Lillo (eds.), 2007.

Lipperini, L., 2007, *Ancora dalla parte delle bambine*, Milano: Feltrinelli.

OECD, 2007-08, *OECD Indicators*, Paris: Education at a Glance.

Piccone, S. S. & C. Saraceno, 1996, *Genere. Le interpretazioni del maschile e del femminile*, Bologna: Il Mulino.

Pietropolli, C. G., 1995, *Un nuovo padre. Il rapporto padre e figlio nell'adolescenza*, Milano: Mondatori.

Pruna, M. L., 2007, *Donne al lavoro*, Bologna: Il Mulino.

Rosina, A. & L. L. Sabbadini (ed.), 2005, *Diventare padri in Italia: fecondità e figli secondo un approccio di genere*, Istat.

Saraceno, C., 1992, "Donne e lavoro o strutture di genere del lavoro?," *Polis* VI n. 1, pp. 5-22.

Saraceno, C. & M. Naldini, 2007, *Sociologia della famiglia*, Bologna: Il Mulino.

Sartori, F., 2007, "La vita con la famiglia d'origine," Buzzi, Cavalli & De Lillo (eds.), 2007.

―――, 2009, *Differenze e disuguaglianze di genere*, Bologna: Il Mulino.

Scisci, A. & M. Vinci, 2002, *Differenze di genere, famiglia, lavoro*, Rome: Carocci.

Sellenet, C., 2006, *Nuovi papà...bravi papà*, Milano: Fabbri.

Ventimiglia, C., 1994, *Di padre in padre*, Milano: Francio Angeli.

Vicarelli, G., 2007, *Donne e professioni nell'Italia del Novecento*, Bologna: Il Mulino.

Almalaurea, 2009, http://www.almalaurea.it/universita/occupazione/

Istat, 2008, Università e lavoro. Orientarsi con la statistica, edizione on line.

第12章　トロントの若者にみる
　　　　キャリアと家族形成

イト・ペング
メリッサ・モイザー

はじめに

　今日，アジア，ヨーロッパ，北米の多くの先進国では，成人期への移行は，1970年代と比較して大幅に長期化している。カナダのデータをみると，「成人期への移行先送り」現象の背後には，数々の構造的，観念的要因がうかがわれる（Clark, 2006; Myles, 2009; Beaupre, Turcotte & Milan, 2006a, 2006b）。具体的には，若者の高学歴化傾向が強まり，高等教育修了への期待が個人，家族とも強まっていること，脱工業化と知識集約型経済へのシフトにともなって労働市場で要求される技能に変化が生じていること，労働市場と雇用の不安定化が強まっていること，新規就労者と中高年労働者の間の賃金格差が拡大していること，そして最後に，親たちの側で，成人した若者たちを従来よりも長期間扶養してよいという意向が強まっていること，といった要因があげられる。カナダの社会経済が大きな変容を遂げてきたことが，現在の若者世代のライフコースに影響を与えてきたことがうかがわれる。
　本章では，カナダの若者のキャリア形成と家族形成の過程について検討する。われわれがトロントの1,001人の若者を対象として行った質問紙調査の結果には，以下のことが示されている。
　⑴1970年代，1980年代の同世代集団と比較して，本調査対象集団は，人種・民族的にはるかに多様化している。事実，われわれの調査対象集団のうちの過半数は，一世（カナダ国外で生まれた者）ないし二世のカナダ人である。
　⑵これら若者の大半は，高校卒業後1年以上にわたって親元を離れて生活した経験があるとはいえ，必ずしも完全に独立したわけではない。むしろ多くの場

合，若者たちは結婚ないしは事実婚の形で独自の家族を形成するまで，親元から完全に独立することはない。(3)若者の大半は，一生の「キャリア」となるフルタイムの仕事に落ち着くまでに何回も転職を繰り返す，キャリア開発の長期化を経験している。(4)これらの若者の大半にとって，雇用状況は不安定であり続けている。

本調査は，成人期への移行先送りに関する既存の研究の主張を裏づけるだけではなく，今日の若者たちが直面する成人期への移行の現実と，彼らが依拠できる制度的支援との間のズレも浮き彫りにする。

1. 先行研究の概観

1.1 経済再編との関連からみるキャリア形成

1970年代以降，多くの先進国で構造的・経済的基盤の変容にともなって，若年者にとって学校から仕事への移行はますます困難なものとなってきた。ポスト工業化経済へのシフト，労働者に要求される技能の高度化にともなう労働市場にみる競争の激化，働く女性の増加といった事態の進展にともなって，いまや中等以降の教育が，労働市場で勝ち残るための必要不可欠な条件となっている[1]。それに加えて，多くの国々で初任給が減少の一途をたどっている，つまり労働市場において若年成人の相対的な収入が減少し続けている結果，若年者にとって高等教育を受けることは，低賃金雇用や不安定雇用の泥沼に追い込まれないために満たすべき，従来以上に不可欠な要件となっている（Myles, 2009）。北米の若者たちは，中高年世代よりも在学期間が長期化しており，ひいては労働市場への参入時期も遅くなっているのは驚くに当たらない。しかし，最近の若年者集団が，旧世代と比較して高学歴化しているにもかかわらず，安定的なキャリアへの道筋に行き着く上で困難を抱えていることもまた，複数の研究結果から明らかになっている（Bradley & Devadason, 2008; Clark, 2008; Gardecki & Neumark, 1998; Mortimer et. al., 2008; Wolbers, 2007）。

ブラッドレーとデヴァダソンは，現代の若者が直面するキャリアへの道筋を複雑にしている原因は，「"フレキシブルな"資本主義」にある，と指摘する。"フレキシブルな"資本主義の主要な特徴である「人員削減（余剰人員の一時

---

[1] ここでいう「ポスト工業化」とは，脱工業化，サービス部門の拡大と知識集約型経済へのシフト，そして経済のグローバル化の進展を指す。

帰休や解雇）をともなう企業閉鎖，買収，あるいは合併をもたらす競争の激化，新たな製品やサービスの提供に必要な新たな技能に適応する順応性（すなわち「機能的柔軟性」）を労働者に要求する市場の不安定さ，および需要変動に対応するための短期雇用その他の非正規雇用の拡大という，労働力のより効率的な利用（「量的柔軟性」）」（Bradley & Devadason, 2008: 121）が，労働市場を若者にとってきわめて不安定なものにしてきた。

　"フレキシブルな"資本主義は，従業員に対して多くのマイナスの影響を与えるが，なかでも最たるものは雇用形態を不安定化させること（つまり，失業と"フレキシブルな"雇用形態を拡大すること）である。とりわけ若者は実務経験が浅いため，その影響を受けやすい。にもかかわらず，彼らは同業者たちに伍して，限られた仕事を手に入れるために競争しなければならない（Wolbers, 2007）。こうして現代の若者の多くは，労働市場参入と同時に，「雇用の入れ替え＝攪拌」（churning）と「次から次へ転職＝徘徊」（milling about）を経験することになる。若者が労働市場に参入して初めの頃，職のない状態あるいは将来性のない職を転々とする期間が続くことが多いのは，その表れにほかならない（Bradley & Devadason, 2008; Gardecki & Neumark, 1998; Mortimer et al., 2008; Wilkinson, 2008; Wolbers, 2007）。

　したがって，今日でもなお労働市場への参入は，若者の経済活動への参加の度合いを測る尺度と見なされるにもかかわらず，労働市場参入をもって若者のキャリア形成が完結することはめったにないのである（Brzinsky-Fay, 2007）。さらに，最初に就いた職が満足できる質ではないことから，フルタイムの学生生活を終えて就職を試みた若者の多くは，その後再び学校に戻ってさらに学歴や資格の取得を目指すことになる。したがって現代の状況の下で，若者のキャリア形成は，長期化され断片化されたプロセスとなっているのである（Bradley & Devadason, 2008; Irwin, 1995; Jacob & Kleinert, 2008; Worth, 2002; Young et al., 2008）。

1.2　成人期への移行と若者のキャリア形成

　「成人期への移行」とは，個人が青春期を終えた後，大人としての一連の役割を徐々に身につけていくライフコースの初期を意味する用語である（Gauthier, 2007）。これまで成人期への移行は伝統的に，生まれ育った家族（原家族family of origin）から機能的・金銭的な自立度の向上を示す，次のような相互

第12章　トロントの若者にみるキャリアと家族形成

に関連する5つの移行によって特徴づけられてきた。「学校修了，労働市場参入，独立した生計（親の家からの巣立ち），パートナーとの共同生活（最初の婚姻関係の形成），親になる」である（Fussell et al., 2007: 391; Fadjukoff et al., 2008; Nelson et al., 2007; Settersten, 2007）。

　近年，成人期への移行の長期化と脱標準化は，あらゆる先進工業社会の若年層に共通してみられる現象となっている（Elzinga & Liefbroer, 2007; Clark, 2008; Furstenberg, 2000; Fussell et. al., 2007; Horowitz & Bromnick, 2007; Myles, 2009; Ravenera et. al., 1998; Vinken, 2007）。欧米の先進諸国では，若者が成人したことを示す伝統的な指標に到達するのにより長い時間を要するようになっている。しかも，かつての世代が行ったように，学校修了→労働力参入→親元からの自立→結婚→子どもが生まれて親になる，といった予測可能な順序と指標で，これらを達成しているわけではない（Fussell, et. al., 2007）。

　事実，今日の若者にとって，成人期への移行を示す伝統的な複数の指標達成に至る過程は，達成の順序も，達成のタイミングも，ともに複雑化し，これまで以上に多くのオプションを含むだけでなく，順序逆転さえしながら進行する。ファーステンバーグほかは，この事情を次のように説明する。

　「現在，［若者たちは］教育と仕事を交互に，あるいは同時に追求し，親同居の期間とひとり暮らしの期間を交互に繰り返し，結婚と子育てを先延ばしにしている」（Furstenberg, Rumbaut & Settersten, 2004: 1）。

　さらに，若者がライフコースの初期段階を編成する仕方も，成人期への移行の道標となる規範的，法的，組織的なルールのうち1つか2つ，あるいはすべてが存在しないために，ますます不均等になってきた（Elzinga & Liefbroer, 2007）。

　ライフコースとの関連でいえば，キャリア形成は成人期への移行を示すほかの指標の達成にとって重要な意味をもつ。独立した住居を構えることと，家族を形成することは，一般には経済的な自立が前提となるためである（Irwin, 1995; Jacob & Kleinert, 2008; Sneed et al., 2007; Winkler-Dworak & Toulemon, 2007; Wolbers, 2007）。職探しで困難に直面している状況下では，若者たちは，住居や家族形成の面で成人役割を担いたい，という自らの意欲を折らざるを得ない。たとえば，ウォルバーズ（Wolbers, 2007）は，イタリア，スペイン，フランス，オーストリア，ドイツ，オランダ，英国，ノルウェーというヨーロッパ8ヵ国について，若者にとって，労働市場参入時に失業や"フレキシブルな"

雇用を経験することが，親の家から自立して自分の家族を形成する可能性を損なう影響をもつことを明らかにした。同様に，若者が大人かどうかを判断する基準に関する研究でも，個人的達成，とりわけ経済的な自立達成が突出していることを指摘している（Cheah & Nelson, 2004; Krings et al., 2008; Mortimer, et al., 2008; Nelson & Barry, 2005; Nelson et al., 2007）。したがって，労働市場が不安定化した結果，若者の多くは，一生の「キャリア」と思える仕事に就くまで，自分を成人と見なさなくなっている（Fadjukoff et al., 2007; Mortimer et al., 2008; Okano, 2004）。事実，アーネットは調査対象者のうち，キャリアの確立が大人であることの不可欠な要素だと考える者が3分の1近くにのぼることを指摘した（Arnett, 1997, 1998, 2003）。つまり従来研究対象とされてきた，結婚，親になる，フルタイムの職に就くといった，大人であることを示すそのほかの指標（Mortimer et al., 2008）以上に，キャリアの確立を重視している。したがって，成人期への移行の変化に関心を抱く研究者たちは，若者がキャリア形成においてどのような事態に直面しているか考えなければならないのである。

社会経済政策や公共政策の観点からは，若い成人たちのキャリア形成は，長期的な所得保障に与える影響の大きさからいっても，きわめて重要である。労働市場参入の先送りと初任給の低下があいまって，カナダを初めとするいくつかの国々で，子どもの貧困問題を拡大させてきた。マイルズ（Myles, 2009）が指摘する通り，子育て中の若い親たちが概して高学歴化しており，若い母親たちの就業率も高まっているにもかかわらず，現在のカナダでは子どもの貧困率は低下していない。その理由はまさに，1970年代の子育て世代と比較して，現在の若い親たちは，賃金水準がより低く，安定した仕事にありつけるチャンスも少なく，経済的な蓄えも少ないことにある。キャリアの開始が人生の後方に先送りされることは，多くの若者たちが，子どもをもちながらも，なおキャリア形成過程の途上にある可能性が高いことを意味している。さらに，初任給が低くなり，キャリア形成が先送りされる結果，現在の若者世代の生涯賃金は，中高年世代と比較して低くなる可能性が高いと思われる。そのことはさらに，退職後の個人と家族の生活にとって，経済的に大きな意味をもっている。

それと同時にキャリア形成の先送りは，出生率の低下をもたらす主要因の1つでもある。カナダの場合，初婚率が低下し初婚年齢が上昇しているにもかかわらず，カナダの若年層は結婚願望を抱いている，という調査結果が一貫して

示されている（Beaujot, 2000; Beaujot & Kerr, 2004）。結婚したいのに，実際の結婚が先延ばしになっているという，この結婚願望と現実のズレの要因の1つは，若者たちが教育に費やす時間が増えて，キャリア形成が遅れていることにある。今日のカナダで「正規の婚姻」関係以外で生まれる子どもの比率はかなり高いとはいえ，結婚が出産への最重要経路であることには変わりない。したがって，初婚年齢の上昇は，女性にとって出産のタイミングに関わる，現実的に重要な意味をもつ。データを見ると，一般的にカナダ人がもちたいと思っている子どもの数が，生殖期の終わりまでに実際にもてる子どもの数を上回っていること，そして第一子出生の先送りがその主要な要因であることがわかる（Statistics Canada, year）。

出生率の低下は，人口統計にみられる高齢化をもたらす直接的な要因となっている。さらに人口の高齢化は，社会保障，社会福祉サービス，労働市場，経済の各政策に直接的な影響を及ぼす。要するに，キャリア形成と成人期への移行の先送りは，個人，家族，社会にとって，広範な影響を及ぼすだけでなく，個人のライフコース，社会経済，人口動態，公共政策などにおいて重要な意味をもっているのである。

2. トロント調査の概要と目的

2.1 調査の実施

若者たちのキャリア形成と成人期への移行のパターンをより明確に把握するために，カナダの本調査チームは2010年3月にトロントで質問紙調査を実施した。調査にもちいたのは日本，カナダ，韓国，イタリア4ヵ国調査の一環として開発された共通質問紙調査の調査票である。インターネットを用いたWeb調査によって，トロント大都市圏（GTA）[2]の1,001人から回答を得た。郵送や電話など伝統的な手法ではなく，Web調査を採用した理由は，コストが低く，管理が容易かつ迅速で，より広範で多様な標本へのアクセスが可能なことにある（Fox, Murray & Warm, 2003）。Web調査は，協力者の匿名性を確保する利点もあるため，標準偏差（SD）のバイアスを軽減できると考えられる。

---

[2] トロント大都市圏（Greater Toronto Area; GTA）はカナダ最大の都市圏で，トロント市と周辺のピール郡，ヨーク郡，ダーラム郡，ホールトン郡の4自治体から成っている。2006年の国勢調査によると，GTAの人口は5,072,100人である。

さらに，いくつかの事柄も考慮した。

　第一は，成人期の初期にはライフコースに関わるさまざまな出来事が生じて，近距離あるいは遠距離の転居が必要になることから，若者たちの居住移動性が比較的高い（Swanson, Siegel & Shyrock, 2004）。それゆえ郵送連絡や追跡調査は，かなり困難で当てにならない。第二は，とくに若者たちの間では，固定電話の代わりに携帯電話がますます一般的になっている（Bain, 2009）。電話調査では，通常固定電話で使用されている電話番号をもとに抽出枠を確定する。2008年のアメリカ大統領選挙の頃に実施された調査によると，固定電話をもたず携帯電話しか連絡の取れない世帯は20%にのぼった(The Pew Research Center for the People & the Press, 2008)。同調査は，携帯電話のみの世帯とそれ以外の人々の間には，人口統計的，政治的に顕著な差異がみられることを明らかにしているが，このことを踏まえると，携帯電話しか用いない人たちを十分調査対象に含まない調査結果は，バイアスが生じるおそれがあることに留意すべきである。

　上記の点に配慮してこのWeb調査の母集団の抽出枠を，以下の基準に限定した。

(1) 18～35歳
(2) トロント市と周辺のダーラム郡，ホールトン郡，ピール郡，ヨーク郡の4自治体からなるトロント大都市圏（GTA）に現在居住
(3) データ回収が行われる週内に調査票を2通以上受け取っていない
(4) 今回の質問紙調査と内容が重複する調査に最近回答したことがない

2.2　インターネット調査の限界

　トロントの調査にはさまざまな限界がある。第一に，Web調査で接触可能な母集団は，Webにアクセスできる人々に限定されており，したがって一部の限られた社会を代表する一方，日常的にインターネットを用いる特定の種類の人々を過大に代表している可能性がある（Gosling et al., 2004）。しかし，最近のカナダでは，インターネットの普及率が高いことを示唆する研究結果がある。マッケオンら（McKeown, Koce & Czerny, 2007）の推計によると，カナダの成人の68%がインターネットを個人的な（仕事以外の）目的に用いているという。彼らの研究は2005年以降のCIUS（Canadian Internet Use Survey）データを用いたもので，インターネット利用比率が若者，都市居住者，英語を話す

人々の間で高いことが示されている。GTA に住む成人のインターネット利用比率は，年齢，居住地域，使用言語のすべてにおいて，全国平均より高いと推測される。

3. トロントの若者のキャリア形成と成人期移行の実態

3.1 基本的属性

本調査回答者は，2010 年 3 月時点でトロント大都市圏（GTA）に居住していた 18～35 歳の男女 1,001 人である。

回答者の年齢およびエスニシティ構成は，**図 12.1.1～3** の通りである。カナダの全国平均と比較すると，民族的多様性が顕著であり，カナダ移民一世，つまりカナダ国外生まれの比率もかなり高い。一世のカナダ人は，回答者の約 4 分の 1 の 25.3％にのぼった。この数値は，2006 年国勢調査における全国平均値をかなり上回っていた。カナダ生まれの回答者のうち，少なくとも両親のいずれか一方が国外生まれ，つまり二世のカナダ人は 37.3％，残りの 37.5％はカナダ生まれの両親をもち，本人もカナダ生まれの三世であった（図 12.1.2）。カナダ国内ではトロント，モントリオール，バンクーバーが移民人口の比率が際立って高く，もっとも多文化であることを考えると，トロント大都市圏の回答者に占める国外生まれの若年者の比率がこのように高いのは，驚くに当たらない。

3.2 居住形態・婚姻状況（現状と将来の見通し）・進学志望と実際

居住形態をみると，夫婦（もしくはパートナー）と子どもから成る家族がもっとも多く，次に親やきょうだいから成る定位家族（family of orientation 生まれ育った家族）であった。ひとり暮らしは 12.0％，ルームメートとシェアは 5.5％であり，若者たちが自分の家族を形成するまでに，親の家を離れるのは稀だといえよう（**図 12.2.1**）。とはいえ，学校修了後 1 年以上親と別居した経験は 6 割にのぼった。1 年以上親と別居したことが一度もない者は，25～29 歳 31.0％，30 歳以上 23.0％であった。別居経験のない者のうち，今後も親と同居したい者は，75.3％にのぼった。

回答者の 60％近くが未婚独身であった。一方，回答者の 4 割が結婚またはパートナーとの同居（事実婚）によって家族を形成していた。現在既婚または

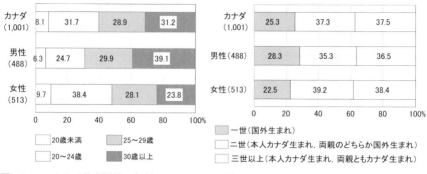

図 12.1.1　カナダ基本属性　年齢
トロント大都市圏在住 18〜35 歳男女の年齢構成
（以下すべて男女別の集計も示す）
平均年齢（歳）　全体 26.4　男性 27.3　女性 25.6
標準偏差（S.D.）全体 4.7　男性 4.7　女性 4.6

図 12.1.2　カナダ基本属性　エスニシティ
カナダ移民何世か（本人と両親の出生地）

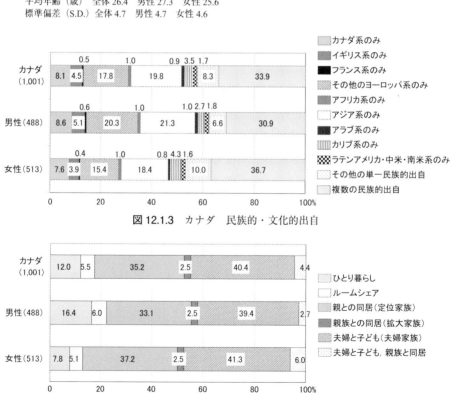

図 12.1.3　カナダ　民族的・文化的出自

図 12.2.1　カナダ　居住形態

第12章 トロントの若者にみるキャリアと家族形成

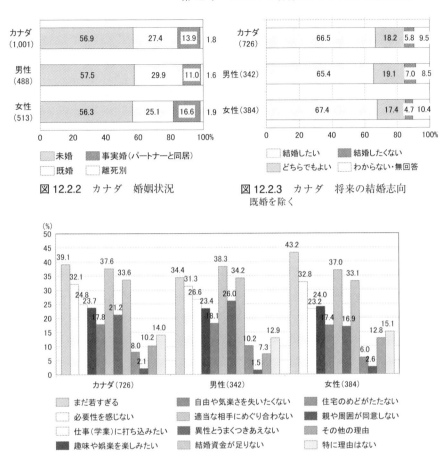

図12.2.2 カナダ 婚姻状況

図12.2.3 カナダ 将来の結婚志向 既婚を除く

図12.2.4 カナダ 現在結婚していない理由（複数回答．既婚を除く）

結婚歴のある者では，初婚の平均年齢は男性25.8歳，女性23.6歳であった。最初の事実婚を開始した平均年齢は，男性24.6歳，女性22.6歳であった。現在結婚していない者の過半数は，将来結婚したいと考えていたが，どちらでもよい，わからないと回答した者も約4分の1にのぼった。将来結婚したい年齢は，男女でかなりの違いがある。女性は30歳以下が約44％，男性は約36％であった。一般的に男性は，女性より晩婚志向がみられた。現在結婚していない理由をみると，3分の1以上が「まだ若すぎる」「適当な相手にめぐり合わな

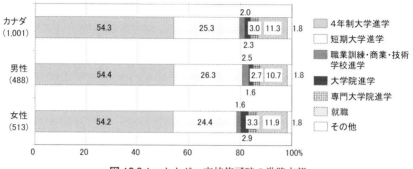

図12.3.1 カナダ 高校修了時の進路志望

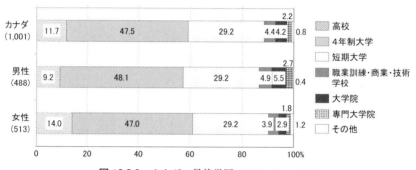

図12.3.2 カナダ 最終学歴（最後に通った学校）

い」「結婚資金が足りない」をあげた（図12.2.2〜4）。

高校卒業（中等教育修了）後，圧倒的多数がさらに何らかの上級学校進学をめざしていた。回答者の過半数が4年制大学進学を，4分の1が短大進学をめざしていた。そして実際に回答者の過半数は，高卒後に何らかの高等教育を受けた，あるいは現在教育機関に在学中であった。高卒後進学しなかったのは11.7%にすぎない（図12.3.1〜2）。

3.3 就業経験と初職

高校卒業後，最後に通った学校修了後に有給の仕事（初職）に就いたのは，78.1%であった。男女とも学校から仕事への移行は平均21歳前後であり，これは中等教育修了後に，3年ないし4年制の学士号・卒業証書・修了証書を取得する年齢にほぼ対応すると思われる。初職継続（転職経験なし）は，男女と

第 12 章　トロントの若者にみるキャリアと家族形成

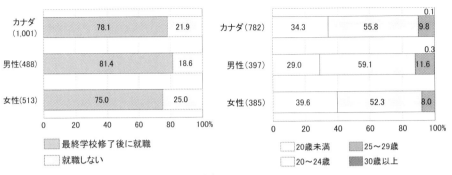

図 12.4.1　カナダ　学校修了後の就職率

図 12.4.2　カナダ　初職の開始年齢
学校修了後，初めて仕事に就いた年齢
平均年齢（歳）　全体 20.9　男性 21.2　女性 20.5　S.D.　全体 3.0　男性 3.0　女性 2.9

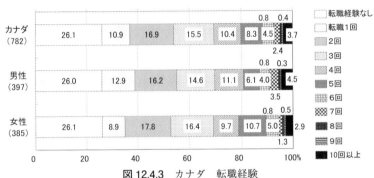

図 12.4.3　カナダ　転職経験
平均回数　全体 2.8　男性 2.9　女性 2.8　S.D.　全体 3.2　男性 3.3　女性 3.0

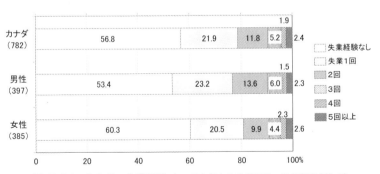

図 12.4.4　カナダ　失業経験（3ヵ月を超える失業回数，就学期間を除く）
平均回数　全体 0.9　男性 0.9　女性 0.8　S.D.　全体 1.5　男性 1.4　女性 1.5

221

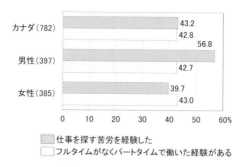

図12.4.5 カナダ 仕事を探す苦労の経験とパートタイム労働の経験

も26%にすぎなかった。男性の46.6%,女性の39.7%は,3ヵ月以上の失業期間を1回以上経験していた。仕事を探す苦労を経験したのは,半数近い数にのぼっており,女性より男性が比較的多い。半数近くがフルタイムの仕事が見つからず,パートタイムで働いた経験があった(図12.4.1〜5)。

初職の就業形態をみると,正社員(正規雇用)がほぼ半数,3割はパートタイム,契約社員,派遣社員であった。入職経路は,「親族・知人の紹介」「学校の紹介」「パートや契約社員から正社員登用」となっており,社会的ネットワークが重要な役割を果たしていた。インターネットや新聞等の求人情報は,それぞれ1割強であった。日本や韓国とは違って,カナダでは若者たちが学校の紹介や,公的・私的機関の紹介を通じて入職することは,比較的稀であった(図12.5.1〜2)。

産業別職種をみると,小売業,ホテル・飲食業の順に多く,若年層の最初の就職先には概して接客業が多いことがうかがわれた。賃金が低く,福利厚生も不十分,昇進の見込みも薄い業種であることを考えると,約8割が初職を自分のキャリアと考えていなかったのも驚くに当たらない。事実,過半数は初職を2年以内に辞めており,その理由は「もっとよい仕事が見つかったから」「仕事の内容に不満があったため」「給与や労働条件が悪かったため」の順であった。初職を辞めた理由として「契約期間が終わったため」と「学校に入るため・留学するため」は,それぞれ10%強であった(図12.5.3〜5)。

3.4 現職と転職経験

就業経験者の7割以上が有給の現職に就いていたが,男女別では女性より男

第 12 章　トロントの若者にみるキャリアと家族形成

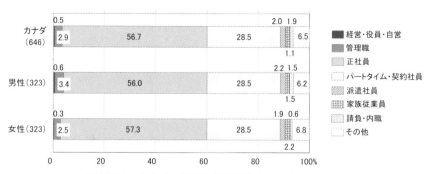

図 12.5.1　カナダ　初職の就業形態（現職が初職の者を除く）

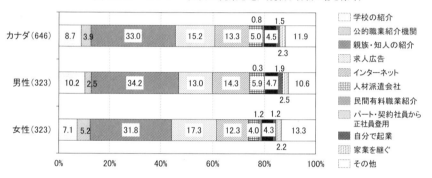

図 12.5.2　カナダ　初職への入職経路

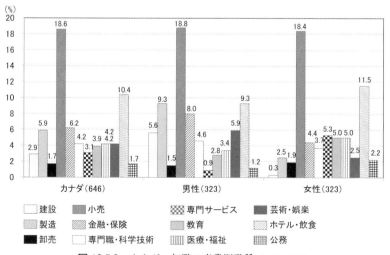

図 12.5.3　カナダ　初職の産業別職種（上位 12 種）

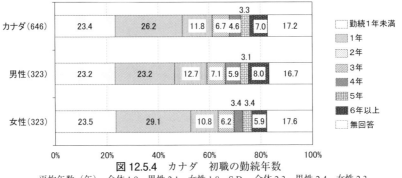

図 12.5.4 カナダ 初職の勤続年数
平均年数(年) 全体 1.9 男性 2.1 女性 1.8 S.D. 全体 2.3 男性 2.4 女性 2.3

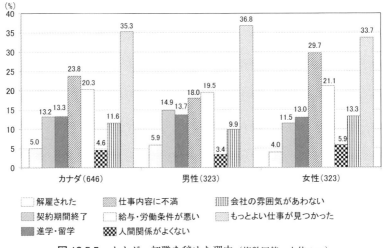

図 12.5.5 カナダ 初職を辞めた理由(複数回答,上位8つ)

性が高かった。現職開始の平均年齢は,男性25歳,女性24歳弱である。ただし,25歳以上は44.4%にのぼっていた。

初職と同じように,現職への入職経路も社会的なネットワークが大きな役割を担っており,家族や知人,学校の紹介,パートや契約社員から正社員登用が,ほぼ4割であった。また,インターネットや求人広告も多い(図 12.6.1〜3)。

労働市場のジェンダー分離を示す証拠もいくつかある。「正社員」は男女ともにほぼ同じであるが,管理職以上の地位は,男性が多い。逆に,パートタイ

ム，契約，派遣社員は，女性が高い。そのうち，正規雇用への登用希望は女性が低い。これはおそらく，収入も得られ，家事もこなせることから，非正規の就業形態を肯定する女性が多いためと思われる（図12.6.4）。

調査結果には，若者たちのキャリア形成としての転職傾向が示された。初職の産業別職種は小売業，ホテル・飲食業が多くを占めたが，現職は，小売業，金融・保険業，専門職，科学技術，教育，医療，社会福祉など，はるかに多岐にわたった。事実，小売業は初職18.6%から現職9.5%，ホテル・飲食業は初職10.4%から現職1.9%へ減っていた。若者はサービス産業の2部門で働き始め，やがてほかの部門へ移っていくことが示唆されたが，これは1つの職から試行錯誤を経て徐々に永続的なキャリアへ移動するためだと思われる。また，現職にはジェンダー差も多少みられる。たとえば，専門職，科学技術は男性が高いのに対して，教育は女性が高く，医療と福祉サービスも同様である。その一方で，第一次産業と第二次産業の減少，第三次産業の増加という男女両方に共通する傾向もみてとれた（図12.6.5）。

現職を一生のキャリアと回答したのは7割弱であったが，男女別では女性が少なかった。さらに現職継続の意欲は，「現職と同じ企業・分野を継続したい」は6割近いが，これも女性が少なかった。回答者の多くが現在の仕事観として「満足している」「自分にあっている」「仕事を通じて自分の能力が高まっている」と感じ，「職場の人間関係に恵まれている」ことを考えれば，このような結果は驚くに当たらない。大半の回答者が現在の仕事と職場に満足していたが，男女別では女性の満足度が低かった。興味深いことに，現職は競争がはげしいが，満足度が高くやりがいがあるのは，女性よりも男性に多かった。男女とも「将来の見通しが暗い」は4割弱，「いつ職を失うか不安」は4分の1であった（図12.6.6〜7）。

3.5 仕事の満足度と将来への意欲

現在の仕事は最終学校修了時に思い描いていた仕事に近いという回答は半数を下回り，望ましい仕事に近いという回答も同様であった。男女別では女性が上回っていたが，このことは，女性がより高い期待をかつて抱いていたか，あるいは現に抱いていたこと，または労働市場においてかつて失望を味わったことがより多いか，現に失望していたことを示唆している。では，仕事の理想と現実のこのようなギャップはどこにあるのだろうか。もっとも多い理由は，自

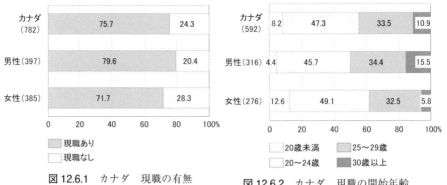

図 12.6.1　カナダ　現職の有無
就業経験者を対象

図 12.6.2　カナダ　現職の開始年齢
「現職あり」を対象．以下図 12.6.7 まで同じ
平均年齢　全体 24.4　男性 25.0　女性 23.6
S.D.　全体 3.8　男性 3.7　女性 3.7

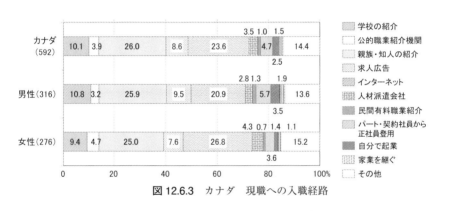

図 12.6.3　カナダ　現職への入職経路

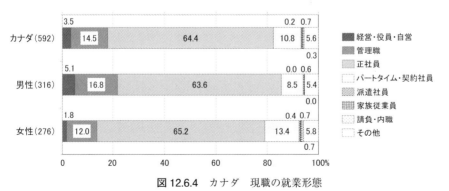

図 12.6.4　カナダ　現職の就業形態

第 12 章　トロントの若者にみるキャリアと家族形成

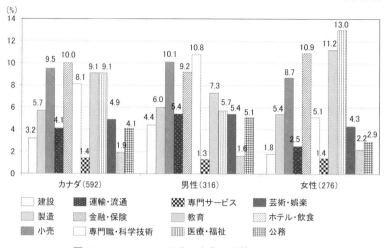

図 12.6.5　カナダ　現職の産業別職種（上位 12 種）

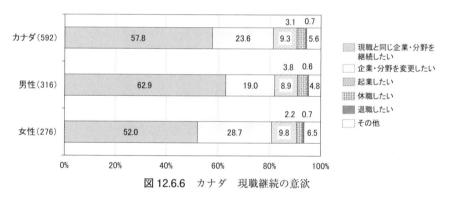

図 12.6.6　カナダ　現職継続の意欲

分自身の資質のなさに関わるもので，職歴，学歴，個人の資格・能力がないこと，などがあげられている。また，人的ネットワークの不備や資金不足をあげた者もいた（図 12.7.1～2）。

将来に関しては，大半の回答者は意欲的である。仕事を続けながら「専門能力を高めたい」のは，男女ともに 93％と高い。こうした高い意欲は，「管理職をめざしたい」，「昇進したい」，「高い収入を得たい」という回答にも表れていた。興味深いことに，将来について女性より男性の上昇志向が強かった。管理職をめざしたい，高い収入を得たいと回答したのは，女性より男性が高かった（図 12.7.3）。

227

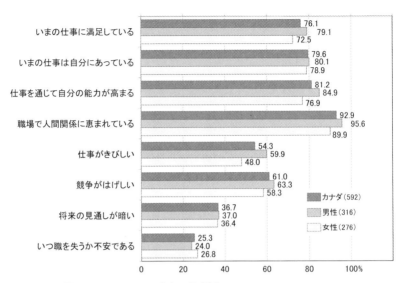

図 12.6.7 カナダ 現在の仕事観（とてもそう思う＋そう思う）

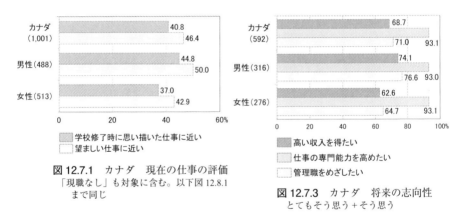

図 12.7.1 カナダ 現在の仕事の評価
「現職なし」も対象に含む。以下図 12.8.1 まで同じ

図 12.7.3 カナダ 将来の志向性
とてもそう思う＋そう思う

3.6 ジェンダー意識

ジェンダー意識では，「男性と女性は本質的に違う」を「そう思う」（とてもそう思う＋まあそう思う）は 65.1％，「男性は妻子を養うべきである」も 67.9％にのぼり，過半数の回答者はきわめて伝統的な性別役割意識をもっていた。男女別では，「男性と女性は本質的に違う」は女性が男性をいくぶん上回ったのに対し，「男性は妻子を養うべきだ」は男性 77.0％が女性 59.0％を大き

第12章　トロントの若者にみるキャリアと家族形成

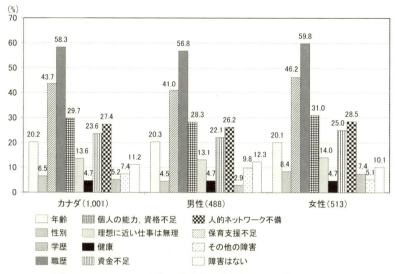

図 12.7.2　カナダ　理想の仕事と現実が異なる理由（複数回答）

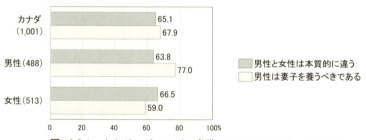

図 12.8.1　カナダ　ジェンダー意識　（とてもそう思う＋そう思う）

く上回っていた（図 12.8.1）。

4. 調査結果の要約

今回のトロント調査結果をまとめよう。調査時点において GTA に居住していた若者たちは人種的・民族的に多様であり、彼らの多くが移民一世ないし二世のカナダ人であった。これらの若者たちの圧倒的多数が中等教育修了後、さらに高等教育を受ける意向であったこと、そして実際に何らかの教育をすでに修了したか、在学中であったことからも察せられる通り、彼らは総じて教育水

準が高かった。居住状況は、回答者の約38％が親・きょうだいと同居し、約40％が配偶者または事実婚のパートナーと同居し、18％がひとり暮らしか、ルームメートと同居していた。結婚と結婚時期の態度は、かなり柔軟である。結婚していない者の約40％は「まだ若すぎる」と答え、結婚の適齢期などはないと考えていた。

　成人期への移行の実態をより正確に把握するためには、さらなる研究が必要であるが、本章における調査データの概観だけからも、カナダの若者たちにとって成人期への移行パターンがかなり複雑であったことがうかがわれる。調査結果から、若者たちの成人期への移行の歩みが、学校修了、労働力参入、親元を離れる、結婚、ついに親になる、という諸段階を順次たどる伝統的な移行パターンに従うのではなく、長期化し、個別化し、順序が入れ替わっていることが示された。若者たちが青年期から成人期への移行に長期間を要するのは、就学期間が長期化しただけではなく、1つの段階から次に移行する期間もまた、かつての世代よりも長期化したためである。

　たとえば、国勢調査によると、1971年にカナダ全体の若者の約4分の3が、22歳までに学校修了していたのに対して、2001年は約半数にすぎない（Clark, 2008: 15）。同様に、両親と同居し続ける20代の若者が増えている。ボープレらによると、カナダ全国で両親と同居し続ける若者は、25～29歳で1981年12％から2001年24％に、30～34歳で1981年5％から2001年11％に増えていた（Baupre, Turcott & Milan, 2007）。今回の2010年トロント調査にみられたように、親と同居し続ける「自立できない大人たち」の増加は、ボープレらの研究結果を裏付けている。

　同様に、カナダ全体の若年成人のうち婚姻同様の関係にあったのは、18～34歳で1971年61％であったが（Clark, 2008）、今回のトロント調査では18～35歳で2010年41.3％にすぎなかった。また、1971年に婚姻同様の関係にあった若者たちのほぼ全員が結婚していたのに対して、本調査ではそのうちの約3分の1が事実婚であった。最後に、カナダ全体で1971年18～34歳の44％に子どもがいたのに対して、2010年の本調査では23％にすぎなかった。

　また、若者たちが成人期へ移行する道筋は、成人期への移行過程を構成する複数の段階が結合したり、順序が入れ替わる傾向が強まっているため、数十年前と比較していっそう個別化している。1970年代の若者たちは学校を卒業すると直ちに、そしてスムーズに学校からキャリアへの移行を果たしたと思われ

るが，トロント調査結果によると，今日の若者の大半は，そのようなキャリアへ移行することはない。むしろ今日では，男女の若者たちにとって，現職にたどり着くまでに何度か転職を経験することは珍しくない。現在の若者たちは通常，初職は低賃金，それも多くの場合小売業やホテル・飲食業などで働き始め，次第に収入もより多く，より安定的で，多くの場合より専門度の高い仕事へ移動していくのである。現職にたどり着くまでの過程で，多くの若者たちは，生活のために非正規雇用（たとえば，パートタイム，契約社員，派遣社員など）に就いた経験をもつ。したがって，今日の多くの若者たちにとって，キャリア形成過程は長期化し，しばしば予測不可能となっている。それは何回も転職し，試行錯誤を経てようやく自分の一生の「キャリア」と思える仕事にたどり着いたという意味だけではなく，圧倒的多数の若者たちが現在の「キャリア」は最終学校修了時に思い描いていた仕事内容や働き方ではないと認めている意味において，そうなのである。

5. 結 論

　先進諸国における成人期への移行問題について多くの研究が蓄積されつつあるが，今回の調査もその一角をなすものである。今日のカナダにおいて，若者たちが成人期へ移行する道筋が，20〜30年前と比較して長期化し，より個別化し，所定の順序ではなくなったことを明らかにした。成人期への移行の先送りをもたらす因果関係を突き止めるためには，収集したデータをより綿密に分析することが必要であろうが，暫定的な分析から要因と思われることが読みとれる。若者たちが高学歴化に加えて，さらに高度の教育を望んでいることは，今回の調査から明らかであった。教育期間の長期化の結果，成人期への移行は必然的に長期化せざるを得ない。それに加えて，安定的で，働きがいもあり，高収入の仕事——「キャリア形成」の対象と呼ぶにふさわしいような仕事——が少ないことも，若者にとって自分のキャリアといえる仕事にたどり着くまでに従来より長い時間を要することを意味している。このことも，成人期への移行を先送りさせている一因である。要するに，カナダにおいて成人期への移行の先送り化は，経済・産業構造の変化，知識集約型経済へのシフトと密接に関連していると思われる。
　ここで指摘すべきもう1つは，国ごとにかなりの差異がみられることであ

る。トロント調査は，過半数の若者が初職でキャリアを決定づける仕事に就くことはないが，何回か転職した後に自分の一生のキャリアと思える仕事にたどり着くことが示された。さらに，このパターンは男女の別なくあてはまるように思われる。ところが日本では，労働市場参入の決定的な時期を逃してしまうと，個人が一生のキャリアとなる仕事にめぐり合うチャンスは大幅に限定される可能性がある（第2～3章参照）。さらに，日本や韓国などの国々では，労働市場における女性差別がきわめて広範なため，男性より女性が一生のキャリアとなる仕事にめぐり合うチャンスが限られる可能性がある。このように，成人期への移行の先送り化とキャリア形成の長期化という傾向は大半の先進諸国に共通してみられるとはいえ，キャリアを形成する具体的な経過は国ごとに大きな違いがあるといえる。

　成人期への移行の先送り化とキャリア形成の長期化が，政策に与える影響と意味合いは数多くあげられる。第一に，現在若者にとってキャリア形成が長期化する傾向は，比較的若い世代と年長の中高年世代の経済格差が拡大することを意味する。つまりマイルズが指摘する通り（Myles, 2009），その結果として子どもの貧困問題が生じて，公共政策は若年世代の国民の生涯賃金が減少する問題への対処を迫られるだろう。第二に，高等教育への期待と必要度がともに高まり，公共政策は教育費と教育へのアクセス問題への対処を迫られるであろう。

　カナダにおける複数の調査は，親の社会経済的階層と，子どもの学歴（高等教育比率）の間には強い相関関係があり，高等教育費用が高いことがその理由の一端であったことを明らかにしている。したがって，公共政策として，高等教育を受ける公平な機会の問題に対処することは，きわめて重要となろう。最後に，成人期への移行の先送り化とキャリア形成の長期化がもたらす人口問題への影響についても，長期的な対処が必要となるだろう。

参考文献

Arnett, Jeffrey J., 1997, "Young People's Conceptions of the Transitions to Adulthood," *Youth and Society* 28: 3-23.

―――, 1998, "Learning to Stand Alone: The Contemporary American Transition to Adulthood in Cultural and Historical Context," *Human Development* 41: 295-315.

―――, 2003, "Conceptions of the Transition to Adulthood among Emerging Adults in

American Ethnic Groups," in Jeffrey J. Arnett & Nancy L. Galambos ed., *Exploring Cultural Conceptions of the Transition to Adulthood: New Directions for Child and Adolescent Development*, San Francisco: Wiley, pp. 63-76.

Bain, Robert, 2009, "Phone Surveys Can't Last, Says Polling Boss," *Research Magazine* (August 12). Available at: http://www.research-live.com/news/news-headlines/phone-surveys-cant-last-says-polling-boss/4000651.article

Beaujot, Roderic, 2000, *Earning and Caring in Canadian Families*, Peterborough, ON: Broadview Press.

Beaujot, Roderic & Don Kerr, 2004, *Population Change in Canada* (2nd ed.), Don Mills, ON: Oxford University Press.

―, 2007, *Emerging Youth Transition Patterns in Canada: Opportunities and Risks*, Ottawa: Government of Canada, Policy Research Initiative on Investing in Youth. Available at: http://www.policyresearch.gc.ca/doclib/DP_YOUTH_Beaujot_200712_e.pdf

Beaupre, P., P. Turcotte & A. Milan, 2002, "Junior Comes Back Home: Trends and Predictors of Returning to the Parental Home," *Canadian Social Trends*, Winter 2006, No. 82, pp. 28-34.

―, 2006, "When is Junior Moving out? Transitions from the Parental Home to Independence," *Canadian Social Trends*, Winter 2006, No. 82, pp. 9-15.

Bradley, Harriet & Ranji Devadason, 2008, "Fractured Transitions: Young Adults' Pathways into Contemporary Labour Markets," *Sociology* 42: 119-136.

Brzinsky-Fay, Christian, 2007, "Lost in Transition: Labour Market Entry Sequences of School Leavers in Europe," *European Sociological Review* 23: 409-422.

Cheah, Charissa S. L. & Larry J. Nelson, 2004, "The Role of Acculturation in the Emerging Adulthood of Aboriginal College Students," *International Journal of Behavioral Development* 28: 495-507.

Clark, Warren, 2007, "Delayed Transitions of Young Adults," *Canadian Social Trends*, Catalogue No. 11-008, pp. 13-21.

Elzinga, Cees H. & Aart C. Liefbroer, 2007, "De-Standardization of Family-Life Trajectories of Young Adults: A Cross-National Comparison Using Sequence Analysis," *European Journal of Population* 23: 225-250.

Fadjukoff, Päivi, Katja Kokko & Lea Pulkkinen, 2007, "Implications of Timing of Entering Adulthood for Identity Achievement," *Journal of Adolescent Research* 22: 504-530.

Ford, Glyn, 2004, "Racism and Xenophobia in Europe: Stemming the Rising Tide," *UN*

Chronicle XVI (4), Online Edition: http://www.un.org/Pubs/chronicle/2004/issue4/0404p32.html

Fox, Jezz, Craig Murray & Anna Warm, 2003, "Conducting Research Using Web-Based Questionnaires: Practical, Methodological and Ethical Considerations," *International Journal of Social Research Methodology* 6: 167-180.

Furstenberg, Frank F., 2000, "The Sociology of Adolescence and Youth in the 1990s: A Critical Commentary," *Journal of Marriage and Family* 62: 896-910.

Furstenberg, Frank F., Rubén G. Rumbaut & Richard A. Settersten, Jr., 2004, "On the Frontier of Adulthood: Emerging Themes and New Directions," *Policy Brief of the Network on Transitions to Adulthood*, Philadelphia: University of Pennsylvania.

Fussell, Elizabeth, Ann H. Gauthier & Ann Evans, 2007, "Heterogeneity in the Transition to Adulthood: The Cases of Australia, Canada, and the United States," *European Journal of Population* 23: 389-414.

Gardecki, Rosella & David Neumark, 1998, "Order from Chaos ? The Effects of Early Labor Market Experiences on Adult Labor Market Outcomes," *Industrial and Labor Relations Review* 51: 299-322.

Gauthier, Anne H., 2007, "Becoming a Young Adult: An International Perspective on the Transitions to Adulthood," *European Journal of Population* 23: 217-223.

Gosling, Samuel D., Simine Vazire, Sanjay Srivastava & Oliver P. John, 2004, "Should We Trust Web-Based Studies ? A Comparative Analysis of Six Preconceptions about Internet Questionnaires," *American Psychologist* 59: 93-104.

Horowitz, Ava D. & Rachel D. Bromnick, 2007, "'Contestable Adulthood': Variability and Disparity in Markers for Negotiating the Transition to Adulthood," *Youth and Society* 39: 209-231.

Irwin, Sarah, 1995, "Social Reproduction and Change in the Transition from Youth to Adulthood," *Sociology* 29: 293-315.

Jacob, Marita & Corinna Kleiner, 2008, "Does Unemployment Help or Hinder Becoming Independent ? The Role of Employment Status for Leaving the Parental Home," *European Sociological Review* 24: 141-153.

Krings, Franciska, Adrian Bangerter, Veronica Gomez & Alexander Grob, 2008, "Cohort Differences in Personal Goals and Life Satisfaction in Young Adulthood: Evidence of Historical Shifts in Developmental Tasks," *Journal of Adult Development* 15: 93-105.

McDonald, Peter & Rebecca Kippen, 1999, Impact of Immigration on the Ageing of Australia's Population, Cangberra: Australian Government, Department of Immigration and Multicultural Affairs. Available at: http://www.immi.gov.au/media/publications/

research/ageing/_pdf/ageing.pdf

McKeown, Larry, Anthony Noce & Peter Czerny, 2007, "Factors Associated with Internet Use: Does Rurality Matter？" *Rural and Small Town Canada Analysis Bulletin* 7, Ottawa: Statistics Canada, Catalogue No. 21-006-XIE. Available at: http://www.statcan.gc.ca/pub/21-006-x/21-006-x2007003-eng.pdf

Mortimer, Jeylan T., Mike Vuolo, Jeremy Staff, Sarah Wakefield & Wanling Xie, 2008, "Tracing the Timing of 'Career' Acquisition in a Contemporary Youth Cohort," *Work and Occupations* 35: 44-84.

Myles, John, 2009, *Postponed Adulthood: Dealing with the new economic reality, Canadian Council on Social Development*, New Social Architecture Series.

Nelson, Larry J. & Carolyn McNamara Barry, 2005, "Distinguishing Features of Emerging Adulthood: The Role of Self-Classification as an Adult," *Journal of Adolescent Research* 20: 242-262.

Nelson, Larry J., Laura M. Padilla-Walker, Jason S. Carroll, Stephanie D. Madsen, Carolyn McNamara Barry & Sarah Badger, 2007, "'If You Want Me to Treat You like an Adult, Start Acting like One!' Comparing the Criteria that Emerging Adults and their Parents have for Adulthood," *Journal of Family Psychology* 21: 665-674.

Okano, Kaori H., 2004, "Japanese Working-Class Girls in their First Employment: Transition to Adulthood," *Journal of Education and Work* 17: 421-438.

Pew Research Center for the People and the Press, 2008, Calling Cell Phones in the '08 Pre-Election Polls, News Release. Available at: http://people-press.org/reports/pdf/cell-phone-commentary.pdf

Ravanera, Zenaida, Fernando Rajulton & Thomas K. Burch, 1998, "Early Life Transitions of Canadian Women: A Cohort Analysis of Timing, Sequences, and Variations," *European Journal of Population* 14: 179-204.

Settersten, Richard A., 2007, "Passages to Adulthood: Linking Demographic Change and Human Development," *European Journal of Population* 23: 251-272.

Sneed, Joel R., Fumiaki Hamagami, John J. McArdle, Patricia Cohen & Henian Chen, 2007, "The Dynamic Interdependence of Developmental Domains across Emerging Adulthood," *Journal of Youth and Adolescence* 36: 351-362.

Statistics Canada, 2010, *2006 Census Analysis Series*. Avairable at: http://www12.statcan.gc.ca/census-recensement/2006/as-sa/index-eng.cfm

―――, 2007, Microdata User Guide: Canadian Internet Use Survey, 2007, Ottawa: Special Surveys Division of Statistics Canada. Available at:http://www.statcan.gc.ca/imdb-bmdi/document/4432_DLI_D1_T22_V9-eng.pdf

Swanson, David, Jacob S. Siegel & Henry S. Shyrock, 2004, *The Methods and Materials of Demography* (Second Edition), San Diego, CA: Elsevier Academic Press.

United Nations, 2001, Replacement Migration: Is it a Solution to Declining and Ageing Population ? New York: Population Division of the Department of Economic and Social Affairs at the United Nations Secretariat. Available at: http://www.un.org/esa/population/publications/ReplMigEd/migration.htm

Vickerstaff, Sarah A., 2003, "Apprenticeship in the 'Golden Age': Were Youth Transitions Really Smooth and Unproblematic Back Then ? " *Work, Employment and Society* 17: 269-287.

Vinken, Henk, 2007, "New Life Course Dynamics ? Career Orientations, Work Values and Future Perceptions of Dutch Youth," *Nordic Journal of Youth Research* 15: 9-30.

Wilkinson, Lori, 2008, "Labor Market Transitions of Immigrant-Born, Refugee-Born, and Canadian-Born Youth," *Canadian Review of Sociology* 45: 151-176.

Winkler, Dworak, Maria & Laurent Toulemon, 2007, "Gender Differences in the Transition to Adulthood in France: Is There Convergence over the recent Period?" *European Journal of Population* 23: 273-314.

Wolbers, Maarten H. J., 2007a, "Employment Insecurity at Labour Market Entry and its Impact on Parental Home Leaving and Family Formation: A Comparative Study among Recent Graduates in Eight European Countries," *International Journal of Comparative Sociology* 48: 481-507.

———, 2007b, "Patterns of Labour Market Entry: A Comparative Perspective on School-to-Work Transitions in 11 European Countries," *Acta Sociologica* 50: 189-210.

Worth, Sean, 2002, "Education and Employability: School Leavers' Attitudes to the Prospect of Non-Standard Work," *Journal of Education and Work* 15: 163-180.

Young, Richard A., Sheila K. Marshall, José F. Domene, Matthew Graham, Corinne Logan, Anat Zaidman-Zait, Amy Mart & Celine M. Lee, 2008, "Transition to Adulthood as a Parent-Youth Project: Governance Transfer, Career Promotion, and Relational Processes," *Journal of Counseling Psychology* 55: 297-307.

若年者の家族・キャリア形成に関する国際比較研究調査

1. 調査票の記入は、青か黒のペン又はボールペンで記入してください。
2. 特に断りのない限り、該当する番号を1つ選んで○で囲んでください。回答に迷った場合には、今のお気持ちに一番近いものに○をつけてください。
3. 回答欄が空白のものは具体的にご記入ください（該当年月・回数・事項など）。

お忙しいところ誠にお手数でございますが、ご回答いただきましたら、同封の封筒（切手はいりません）に入れて、**11月30日頃**までにご返信ください。

2007年11月

若年キャリア形成研究会

＜研究代表＞
聖心女子大学教授　岩上　真珠

＜研究分担者＞
上智大学教授　岡本英雄　　　　放送大学教授　宮本みち子
早稲田大学教授　土屋淳二　　　聖心女子大学准教授　大槻奈巳
国立女性教育会館研究員　渡辺美穂　　立教女学院短期大学非常勤講師　酒井計史

【注】設問の中に、いくつか西暦で年を答えていただく箇所があります。西暦年がおわかりにならない場合は、下の元号対比表をご参照ください。

元　号	昭和63年	平成元年	平成2年	平成3年	平成4年	平成5年	平成6年	平成7年	平成8年	平成9年
西　暦	1988年	1989年	1990年	1991年	1992年	1993年	1994年	1995年	1996年	1997年
元　号	平成10年	平成11年	平成12年	平成13年	平成14年	平成15年	平成16年	平成17年	平成18年	平成19年
西　暦	1998年	1999年	2000年	2001年	2002年	2003年	2004年	2005年	2006年	2007年

1. まず、あなたのことからおうかがいします。

Q1-1　あなたの生年月と満年齢をお答えください。

西暦 19 ___ 年 ___ 月　満 ___ 歳

Q1-2　性別をお答えください。

| 1　男　性　　2　女　性 |

Q1-3　あなたは、何人きょうだいですか。「きょうだいのいない方」は、1人とご記入ください。

　　　___ 人（きょうだいのいない方は、「1」人と記入してください。）

Q1-4　現在、一緒に同居されている方に**すべて〇**をつけてください。（〇はいくつでも）
　　　ひとり暮らしの方は、「1　一緒に同居していない（ひとり暮らし）」に〇をつけてください。

```
1  一緒に同居していない（ひとり暮らし）→Q1-5にお進みください
2  配偶者                8  配偶者の父親
3  あなたの子ども         9  配偶者の母親
4  あなたの父親          10  配偶者の祖父母
5  あなたの母親          11  配偶者の兄弟姉妹
6  あなたの祖父母        12  あなたの婚約者や恋人
7  あなたの兄弟姉妹      13  その他（　　　　　　　　　　）
```

　Sq（一緒にお住まいの方がいる方に）現在、一緒にお住まいの方はあなたを含めて全部で何人ですか。

　　　___ 人　（あなたを含めて）

Q1-5　中学卒業以後、進学や留学、就職などであなたが1年以上親と離れて暮らしたことがありますか。
　　　（親の都合で別居した場合を除きます。）

1　ある
2　ない

Sq1（ある方に）
中学卒業以後、初めて1年以上親と離れて暮らしたのは、いつからですか。

西暦 ___ 年

Sq2（ない方に）今、親と離れて暮らしたいと思っていますか。

1　はい
2　いいえ
3　わからない

付録　調査票

Q1-6　あなたは、現在結婚していますか。(事実婚を含む)

1　している
2　結婚したが離死別
3　結婚したことはない

Sq1（ご結婚されたことのある方のみにおうかがいします）
ご結婚されたのは（初婚は）いつですか。

西暦　□□□□　年

（次のページの▼2．にお進みください）

（「結婚したことはない」とお答えになった方（未婚の方）に）
Sq2　具体的に結婚を考えている相手がいますか。

1　いる
2　いない

Sq3　将来、結婚したいと思いますか。(○は1つ)

1　したい　　2　どちらでもよい　　3　したくない

Sq3-1（「したい」「どちらでもよい」とお答えになった方に）
何歳くらいまで結婚したいですか。(○は1つ)

1　28歳くらいまで
2　30歳くらいまで
3　35歳くらいまで
4　40歳くらいまで
5　時期は考えていない
6　その他（　　　　　　　）

Sq4　結婚されていないのはなぜですか。あてはまるものすべてに○をつけてください。(○はいくつでも)

1　まだ若すぎる
2　必要性を感じない
3　仕事（学業）に打ち込みたい
4　趣味や娯楽を楽しみたい
5　自由や気楽さを失いたくない
6　適当な相手にめぐり合わない
7　異性とうまくつきあえない
8　結婚資金が足りない
9　住宅のめどがたたない
10　親や周囲が同意しない
11　特に理由はない

▼2. 次に、あなたの学生時代やお仕事を開始した時期のことについて、お聞きします。

Q2-1 あなたが中学校を卒業したとき、お住まいだった地域（都道府県）はどちらですか。
また現在、首都圏のどこにお住まいですか。（〇はそれぞれ1つずつ）

＜中学校を卒業したとき＞
1 首都圏（東京・埼玉・千葉・神奈川）
2 首都圏以外の道府県

＜現在＞
1 東京都
2 埼玉県
3 千葉県
4 神奈川県

Q2-2 あなたが中学校を卒業したとき、あなたの家庭の経済的なくらし向きはどうでしたか。
もっとも近いもの1つを選んでください。

1 ゆとりがあった
2 どちらかといえばゆとりがあった
3 ふつう
4 どちらかといえば苦しかった
5 苦しかった

Q2-3 中学校3年のとき、将来の進路についてどのように考えていましたか。（〇は1つ）

1 高卒後、4年制大学に進学　　5 中卒後、就職
2 高卒後、短大・高専に進学　　6 その他（　　　　　　　　）
3 高卒後、専門学校に進学
4 高卒後、就職

Q2-4 あなたが最後に通った学校はどれですか。（〇は1つ）
（在学中の方は、在学している学校をお答えください。大学卒業してから専門学校・別の大学に入った場合などは、
「8 その他」に具体的に記入してください。）

1 中学校　　　　　　　　　　　5 短大・高専
2 中学卒業後の専門学校　　　　6 4年制大学
3 高等学校　　　　　　　　　　7 大学院
4 高校卒業後の専門学校　　　　8 その他（　　　　　　　　　　　）

Q2-5 Q2-4の最後に通った学校は卒業されましたか。（〇は1つ）

1 卒業した　　　2 途中でやめた　　　3 在学中　→次のページのQ2-6にお進みください

（学校を卒業、途中でやめた方にお聞きします）
SQ1 その学校を終了した（卒業／やめた）のは何年何月ですか？

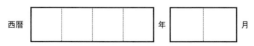

西暦　　　　　　年　　　　月

付録　調査票

【全員の方にお聞きします。】
Q2-6　最後に卒業した学校を終了してから今まで、収入を伴う仕事をしたことがありますか。学生のアルバイトは除きますが、<u>卒業後の一時的なアルバイト等やフリーターの経験は含みます。</u>
　　　【仕事をしたことがある方に】<u>初めて収入を伴う仕事をしたのは何年何月ですか。</u>
　　　　自営業の場合は、事業・商売を開始した時期を、社会人学生の方は最初の卒業以降の経験で、それぞれお答えください。

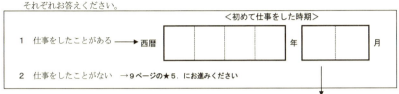

Q2-7　あなたはこれまで何回転職されましたか。
　　　　　（同じ企業内での出向や配属替えは数えません。派遣社員の方は派遣先が変わっても、登録している派遣会社が変わらない場合は転職と数えないでください。複数の職場をかけもちした方は、それもすべて数えてください。）

回（転職のない方は「０」と記入）

Q2-8　これまで次の1）～3）のような経験がありますか。
　　　1）3ヶ月以上の無職の期間がありましたか（学生の期間は除く）。あった方は何回ありましたか。

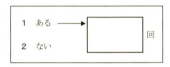

2）仕事を探すのに苦労したことがありますか。

　　1　ある　　　　2　ない

3）正規雇用の仕事が見つからなかったので、やむをえず短期間での仕事をしたことがありますか。

　　1　ある　　　　2　ない

Q2-9　現在、収入を伴う仕事をしていますか。（パート、アルバイト等も含む。）
　　　【仕事をしている方に】<u>現在の仕事についたのは何年何月ですか。</u>
　　　　会社の場合は、今の会社に入った時期、自営業の場合は事業・商売を開始した時期、派遣社員の方は派遣先に派遣された時期をお答えください。

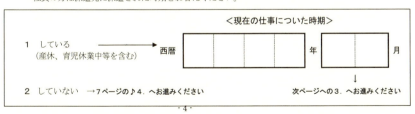

- 4 -

3. 現在お仕事をされている方に、現在のお仕事や、お仕事に対する考え方について、お聞きします。

Q3-1 今のお仕事はどのようにして探されましたか。主なもの1つを選んでください。

1 学校の紹介
2 ハローワークなど公的な機関の紹介
3 親族や知人の紹介
4 就職情報誌や新聞の求人欄、ダイレクトメール
5 インターネットの求人情報
6 貼り紙や看板、新聞の折り込みを見て
7 派遣会社を通じて
8 有料職業紹介で
9 パートや契約社員からの正社員登用
10 自分で起業、創業して
11 家業を継いで
12 その他（　　　　　　　　　　　　　）

Q3-2 今のお仕事の形態は次のうちのどれですか。（○は1つ）

1 経営者・役員、自営業主・自由業
2 課長以上の管理職
3 一般の正規雇用従業員、正社員、公務員
4 パート、アルバイト、臨時、契約社員
5 派遣社員
6 家族従業員
7 請負
8 その他（　　　　　　　　　　　　　）

Sq（「4. パート・アルバイト、臨時、契約社員」「5. 派遣社員」の方に。それ以外の方はQ3-3へ）
今後、正社員になりたいですか。（○は1つ）

1 正社員になりたい
2 今のままでよい
3 その他（　　　　　　　　　　　　　）
4 わからない

【仕事をしている方全員にお聞きします。】

Q3-3 今のお仕事の内容（職種）は次のうちでどれですか。主なもの1つを選んでください。

1 農林漁業の仕事　　　（農業、林業、漁業、庭師など）
2 専門・技術的な仕事　（教師、医師、看護師、介護福祉士、法律家、エンジニア、デザイナーなど）
3 管理的な仕事　　　　（会社や役所での課長以上）
4 事務的な仕事　　　　（一般事務、集金・経理、営業事務、企画など）
5 販売の仕事　　　　　（商店やコンビニの店員、ルートセールス員、訪問販売員、不動産売買など）
6 サービスの仕事　　　（飲食店主、調理師、美容師、客室乗務員、接客、ウエイトレス、パチンコ店員
　　　　　　　　　　　ホームヘルパーなど）
7 保安の仕事　　　　　（消防士、警察官、自衛官、海上保安官、警備員）
8 運輸・通信の仕事　　（運転手、通信士など）
9 生産工程・建設・軽作業の仕事（工場のオペレーター、組立工、修理工、大工、とび、清掃員など）
10 その他（　　　）

Q3-4 より具体的にお仕事の内容をご記入ください。
（例）・工場でお弁当を箱詰めしている　　　・イベント会社で経理関係の事務をしている（経理事務）
　　　・洋服屋で洋服を売っている（販売員）・小学校で数学の教諭をしている（小学校教諭）
　　　・ホームヘルパー

Q3-5 今のお勤め先、またはあなたのやっておられる事業や商売で、雇われている従業員は、<u>会社全体</u>で何人くらいですか。家族従業者は除いてお答えください。（○は1つ）

```
1  なし（自分や家族従業者のみ）      5  300～999人
2  1～29人                         6  1,000人以上
3  30～99人                        7  公務員または公立学校の教員
4  100～299人
```

Q3-6 あなたは先週、週何日、週合計何時間働きましたか。そのうち残業時間は週何時間でしたか。産休・育児休業中等の方は、「X」に○をつけてください。

週 □ 日　週合計 □ 時間　そのうち残業時間は 週 □ 時間

X　産休・育児休業中のため、先週は働いていない

Q3-7 今のお勤め先や事業で今後も働き続けたいですか。<u>1つだけ</u>選んでください。

```
1  現在の勤め先・事業で働きたい
2  別の勤め先・事業に変わりたい
3  独立して事業をはじめたい
4  働くことを一時中断したい
5  働くことをやめたい
6  その他（                                    ）
```

Q3-8 ふだん仕事をしていて、あなたは次のようなことをどのようにお考えになっていますか。それぞれの事柄について、「1」～「4」のうちお考えに近いものに<u>1つずつ</u>○をつけてください。

	とてもそう思う	まあそう思う	あまりそう思わない	まったくそう思わない
A．今のお仕事・職場について				
ア）今の仕事に満足している	1	2	3	4
イ）今の仕事は自分にあっている	1	2	3	4
ウ）仕事を通じて自分の能力が高まっていると感じる	1	2	3	4
エ）職場で人間関係に恵まれている	1	2	3	4
オ）仕事がきびしい	1	2	3	4
カ）競争がはげしい	1	2	3	4
キ）将来の見通しが暗い	1	2	3	4
ク）いつ職を失うか不安である	1	2	3	4
B．今後について				
ア）高い収入を得たい	1	2	3	4
イ）仕事の専門能力を高めたい	1	2	3	4
ウ）管理職（より上の）をめざしたい	1	2	3	4

Q3-9 今のお仕事は、学校を卒業して初めてついた仕事（初職）ですか。ただし、学生のアルバイトは含めないでください。（○は1つ）

```
1  今の仕事が初職である  →  9ページの★5．にお進みください
   （転職経験がない）

2  転職経験がある
```

♪4．あなたが学校を終わって、最初に経験したお仕事（初職）についてお尋ねします。（これまで仕事をしたことがない方、現職が初職の方は、9ページの★5．へ。社会人学生の方は最初の卒業以降の経験でお答えください。）

Q4-1 そのお仕事（初職）はどのようにして探されましたか。主なもの1つを選んでください。

```
1  学校の紹介                            7  派遣会社を通じて
2  ハローワークなど公的な機関の紹介      8  有料職業紹介で
3  親族や知人の紹介                      9  パートや契約社員からの正社員登用
4  就職情報誌や新聞の求人欄、ダイレクトメール  10 自分で起業、創業して
5  インターネットの求人情報              11 家業を継いで
6  貼り紙や看板、新聞の折り込みを見て    12 その他（                    ）
```

Q4-2 そのお仕事（初職）の形態は次のうちのどれでしたか。（○は1つ）

```
1  経営者・役員、自営業主・自由業        6  家族従業員
2  課長以上の管理職                      7  請負
3  一般の正規従業員、正社員              8  その他（                    ）
4  パート、アルバイト、臨時、契約社員
5  派遣社員
```

Q4-3 そのお仕事（初職）の内容（職種）は次のうちでどれでしたか。（○は1つ）

```
1  農林漁業の仕事          （農業、林業、漁業、庭師など）
2  専門・技術的な仕事      （教師、医師、看護師、介護福祉士、法律家、エンジニア、デザイナーなど）
3  管理的な仕事            （会社や役所での課長以上）
4  事務的な仕事            （一般事務、集金・経理、営業事務、企画など）
5  販売の仕事              （商店やコンビニの店員、ルートセールス員、訪問販売員、不動産売買など）
6  サービスの仕事          （飲食店主、調理師、美容師、客室乗務員、接客、ウエイトレス、パチンコ店
                            員、ホームヘルパーなど）
7  保安の仕事              （消防士、警察官、自衛官、海上保安官、警備員）
8  運輸・通信の仕事        （運転手、通信士など）
9  生産工程・建設・軽作業の仕事（工場のオペレーター、組立工、修理工、大工、とび、清掃員など）
10 その他（                                                              ）
```

付録　調査票

Q4-4　より具体的にお仕事の内容をご記入ください。
(例)・工場でお弁当を箱詰めしていた　　・イベント会社で経理関係の事務をしていた（経理事務）
　　・洋服屋で洋服を売っていた（販売員）　・小学校で数学の教諭をしていた（小学校教諭）
　　・ホームヘルパー

⎛　　　　　　　　　　　　　　　　　　　　　　　　　　　　　　　　⎞
⎝　　　　　　　　　　　　　　　　　　　　　　　　　　　　　　　　⎠

Q4-5　そのお勤め先、またはあなたのやっておられた事業や商売で、雇われていた従業員は、<u>会社全体</u>
　　　<u>で</u>何人くらいでしたか。家族従業者は除いてお答えください。（○は1つ）

```
1  なし（自分・家族従業員のみ）      5  300～999人
2  1～29人                         6  1,000人以上
3  30～99人                        7  公務員または公立学校の教員
4  100～299人
```

Q4-6　そのお仕事（初職）をお辞めになったのは何年何月ですか。

西暦 ☐☐☐☐ 年 ☐☐ 月

Q4-7　そのお仕事（初職）をお辞めになったのは、どのような理由からでしたか。<u>あてはまるものすべ</u>
　　　<u>てに○をつけてください。</u>（○はいくつでも）

```
1  病気や体調不良のため              8  学校に入るため・留学するため
2  結婚・出産・育児ため              9  仕事の内容に不満があったため
3  家族の介護のため                 10  給与や労働条件が悪かったため
4  家業を手伝うため、家業を継ぐため  11  人間関係が良くなかったため
5  独立開業するため                 12  会社の雰囲気が自分にあわなかったため
6  倒産・廃業したため、解雇されたため 13  もっとよい仕事が見つかったから
7  契約期間が終わったため           14  その他（　　　　　　　　　　　　　）
```

【ここから、現在仕事をしている方も・していない方も、仕事をしたことがない方も、全員にお聞きします。】
★5．あなたの生活や仕事に関するお考えなどについてお聞きします。

Q5-1 これまでのあなたの職業スタイル（仕事の内容や働き方）についてどのように感じておられますか。（働いたことのない方も、それが１つの職業スタイルであるとしてお答えください。）

1）最後の学校を卒業する頃、思い描いていたあなたの職業スタイル（仕事の内容や働き方）に近いですか。

```
1  はい
2  いいえ
```

2）現在、望ましいと考えている職業スタイル（仕事の内容や働き方）に近づいていると感じますか。

```
1  はい
2  いいえ
```

3）さらに望ましい職業スタイル（仕事の内容や働き方）の実現のために、以下の中で障害となっていることがありますか。あてはまるものすべて〇をつけてください。（〇はいくつでも）

```
1  年 齢                7  病気、けが、健康、心身の障害
2  性 別                8  お金・資金の不足
3  学 歴                9  人的ネットワークがないこと
4  職 歴               10  子どもを預ける場の不足
5  資格・能力           11  その他（              ）
6  なりたいポストがないこと  12  特になし
```

Q5-2 学校を終了して初めてつく仕事（初職）について、あなたの理想はA・Bのどちらにより近いですか。（〇は１つ）

　　　A　最初からずっと続けられる仕事を選ぶべきだ
　　　B　最初はいろいろな仕事をためしたほうがよい

```
1  Aに近い   2  どちらかといえばAに近い   3  どちらかといえばBに近い   4  Bに近い
```

Q5-3 ふだんの生活や仕事の中で、あなたは次のようなことを、どのくらいできていると思いますか。ア）～オ）について、それぞれ１つずつ〇をつけてください。

	よく できている	まあ できている	あまり できていない	まったく できていない
ア）自分の考えをわかりやすく説明すること	1	2	3	4
イ）自分の感情を上手にコントロールすること	1	2	3	4
ウ）自分から率先して行動すること	1	2	3	4
エ）人と協力しながらものごとをすすめること	1	2	3	4
オ）将来の目標をもってものごとをすること	1	2	3	4

付録　調査票

Q5-4　あなたの人生にとって、次のことはどのくらい重要ですか。
　　　　ア）～ウ）について、それぞれ1つずつ○をつけてください。

	とても重要である	まあ重要である	あまり重要でない	まったく重要でない
ア）社会的に成功する	1	2	3	4
イ）社会の一員として役に立つ	1	2	3	4
ウ）他人との競争に勝つ	1	2	3	4

Q5-5　男性、女性のあり方についての次のような考え方を、あなたはどのように思われますか。
　　　　ア）とイ）について、それぞれ1つずつ○をつけてください。

	とてもそう思う	まあそう思う	あまりそう思わない	まったくそう思わない
ア）男性と女性は本質的に違う	1	2	3	4
イ）男性は妻子を養うべきである	1	2	3	4

6．最後に、あなたのご両親、あなたの経済状況についてお聞きします。

Q6-1　現在、あなたの親の暮らし向きは、次のどれに近いですか。（○は1つ）

```
1  ゆとりがある
2  どちらかといえばゆとりがある
3  ふつう
4  どちらかといえば苦しい
5  苦しい
6  該当する人がいない（離死別）
```

Q6-2　あなたが中学校を卒業した頃、あなたのご両親のお仕事の状況は、次のうちどれに当たりますか。
　　　　お父さん、お母さんそれぞれについて、当てはまる番号（1～9）に1つずつ○をつけてください。

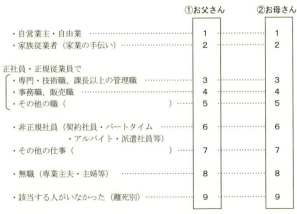

	①お父さん	②お母さん
・自営業主・自由業	1	1
・家族従業者（家業の手伝い）	2	2
正社員・正規従業員で ・専門・技術職、課長以上の管理職	3	3
・事務職、販売職	4	4
・その他の職（　　　　）	5	5
・非正規社員（契約社員・パートタイム・アルバイト・派遣社員等）	6	6
・その他の仕事（　　　　）	7	7
・無職（専業主夫・主婦等）	8	8
・該当する人がいなかった（離死別）	9	9

Q6-3 昨年1年間のあなたの個人の収入は、税込みでどのくらいでしたか。臨時収入、副収入を含めてお答えください。(○は1つ)

```
1  なし                          7  500万円台（500～599万円）
2  1～99万円                     8  600万円台（600～699万円）
3  100万円台（100～199万円）      9  700万円台（700～799万円）
4  200万円台（200～299万円）     10  800万円台（800～899万円）
5  300万円台（300～399万円）     11  900万円台（900～999万円）
6  400万円台（400～499万円）     12  1000万円以上
```

Q6-4 昨年1年間のあなたのお宅（世帯）の全収入は、税込みでどのくらいでしたか。臨時収入、副収入を含めてお答えください。(○は1つ)
（ひとり暮らしの方はQ6-3と同じになります。ただし、一人暮らし学生の方は、ご実家の世帯年収をお答えください。）

```
1  なし                          7  500万円台（500～599万円）
2  1～99万円                     8  600万円台（600～699万円）
3  100万円台（100～199万円）      9  700万円台（700～799万円）
4  200万円台（200～299万円）     10  800万円台（800～899万円）
5  300万円台（300～399万円）     11  900万円台（900～999万円）
6  400万円台（400～499万円）     12  1000万円以上
```

・最後に、若者の就職、働き方、結婚、少子化など問題について、ご意見などありましたらご自由にお書きください。

以上で終わりです。長い時間ご協力ありがとうございました。
返信用封筒にいれて、ポストに投函してください（切手はいりません）

著者紹介（執筆順）

酒井　計史（さかい　かずふみ）　第1章，第3章
独立行政法人国立女性教育会館客員研究員
専門分野・専攻　職業社会学，社会調査方法論
主著・論文
「正社員の仕事と家事等の拘束感タイプ――従業員調査から」2011，独立行政法人労働政策研究・研修機構編『中小企業におけるワーク・ライフ・バランスの現状と課題』労働政策研究報告書 No. 135.
「世界の父親の家族との関わり」2010，牧野カツコ・渡辺秀樹・舩橋惠子・中野洋恵編『国際比較にみる世界の家族と子育て』ミネルヴァ書房
Sakai,Kazufumi, "Analysis of Work: Child Care Balance of Male Workers in Japan and Their Desires to Take Child Care Leave," 2007, *Japan Labor Review* 4(4), JILPT, Japan : 59-78.
「父子の平日接触時間の日韓比較――接触時間の短さの影響と接触時間の規定要因」2007，独立行政法人国立女性教育会館編『研究ジャーナル』Vol.11: 11-22.

大槻　奈巳（おおつき　なみ）　第4章
聖心女子大学文学部教授
専門分野　社会学，労働とジェンダー
主著・論文
「雇用不安定化のなかの男性の稼ぎ手役割意識」2012，『揺らぐ男性のジェンダー意識――仕事・家族・介護』（目黒依子・矢澤澄子・岡本英雄編）新曜社
「いまどんな女性人材が求められているか――若年キャリア形成の視点から」2011，独立行政法人国立女性教育会館編『NWEC実践研究　女性人材育成』No.1: 20-35.
「扉を開いた女性たち――女性正規雇用者の軌跡」2011，（大門正克ほかと共編著『高度成長の時代3　成長と冷戦への問い』大月書店
「施設介護職員とホームヘルパーの職務の比較と賃金」2010，森ます美・浅倉むつ子編著『同一価値労働同一賃金原則の実施システム――公正な賃金の実現に向けて』有斐閣
Otsuki, Nami & Hatano Keiko, 2009, "Japanese Perceptions of Trafficking in Persons: An Analysis of the 'Demand' for Sexual Services and Policies for Dealing with Trafficking Survivors," *Social Science Japan Journal* 12(1), Oxford University Press : 45-70.

宮本　みち子（みやもと　みちこ）　第5章
放送大学教養学部教授
専門分野・専攻　家族社会学，青年社会学
主著
「若者の自立を保障する」2013，宮本太郎編『生活保障の戦略――教育・雇用・社会保障をつなぐ』岩波書店
『若者が無縁化する――仕事・福祉・コミュニティ』2012，ちくま新書
『二極化する若者と自立支援』（小杉礼子と共編著），2011，明石書店
「若者政策の展開―成人期への移行保障の枠組み」2006，『思想』983号：153-166.
『ポスト青年期と親子戦略』2004，勁草書房
『若者が〈社会的弱者〉に転落する』2002，洋泉社

裴　智恵（ぺ　じへ）　**第6章**
桜美林大学リベラルアーツ学群専任講師
専門分野・専攻　家族社会学
主著・論文
「男性のワーク・ファミリー・コンフリクトに関する日韓比較研究」2013，『桜美林論考　法・政治・社会』4号：39-54.
「女性の働き方と性別役割分業意識」2011，斎藤友里子・三隅一人編『現代の階層社会3　流動化の中の社会意識』東京大学出版会
「日本と韓国における男性の育児参加」2010，『慶應義塾大学大学院社会学研究科紀要　人間と社会の探求』68号：59-73.

平田　周一（ひらた　しゅういち）　**第7章**
元独立行政法人労働政策研究・研修機構主任研究員　2012年逝去
専門分野　社会階層と移動，経済社会学，産業社会学，社会統計学
主著・論文
「女性のライフコースと就業」2011，石田浩・近藤博之・中尾啓子編『現代の階層社会2　階層と移動の構造』東京大学出版会
「流動化する労働市場？」2002，原純輔編著『講座・社会変動5　流動化と社会格差』ミネルヴァ書房
Shuichi, Hirata & Yean-Ju Lee, 2001, "Women, Work, and Marriage in Three East Asian Labor Markets: The Cases of Taiwan, Japan, and South Korea," Mary C. Brinton (ed.), *Women's Working Lives in East Asia*, Stanford, Calif.: Stanford University Press, pp. 96-124.
『ホワイトカラーの昇進構造』（今田幸子と共著）1995，日本労働研究機構

土屋　淳二（つちや　じゅんじ）　**第8章**
早稲田大学文学学術院教授
専門分野　文化変動論，集合行動論
主著
『モードの社会学』上・下　2009，学文社
『集合行動の社会心理学』（田中淳と共著）2003，北樹出版
『イタリアン・ファッションの現在』（編著）2005，学文社

Carlo Buzzi（カルロ・ブッツィ）　**第9章**
トレント大学社会学部教授
専門分野　社会調査論，家族社会学，若者論
主著・論文
Buzzi, C. & F. Sartori, 2012, *Sociologia: questioni e metodi*, Milano: Apogeo
Buzzi, C., 2010, "I consumi culturali degli insegnanti," in *Gli insegnanti italiani: come cambia il modo di fare scuola*, Bologna: Il Mulino, pp. 97-110.
Buzzi, C., 2010, "I giovani e la transizione all'età adulta," in *Mosaico Italia. Lo stato del Paese agli inizi del XXI secolo*, Milano: Franco Angeli, pp. 352-356.

著者紹介

Pierangelo Peri（ピエランジェロ・ペーリ）第10章
トレント大学社会学部非常勤講師
専門分野　社会調査論，理論社会学，教育社会学
主著・論文
    Loner, E. & P. Peri, 2009, "Ethnic Identification in the Former Soviet Union: Hypotheses and Analysis," vol. 61, no. 8: 1341-1370.
    Peri, P., 2009, "Gli studenti immigrati," in *Insegnare in Trentino*, Trento: Iprase, pp. 164-174.
    Peri, P., 2008, "La soddisfazione del cliente come strategia organizzativa," in *Il dirigente pubblico come agente di innovazione*, Milano: Angeli, pp. 179-190.

Enzo Loner（エンツォ・ロネル）第10章
トレント大学社会学部研究助手
専門分野　環境社会学，社会調査法，若者論
主著・論文
    Loner, E., 2006, "Innovazione tecnologica e opinione pubblica in Europa: il caso delle biotecnologie," *QUADERNI DI SOCIOLOGIA* vol. L, no. 41: 11-42.
    Loner, E. & P. Peri, 2009, "Ethnic Identification in the Former Soviet Union: Hypotheses and Analysis," *EUROPE-ASIA STUDIES* vol. 61, no. 8: 1341-1370.
    Loner, E., 2001, *I giovani e l'ambiente: 1983-2000*, Milano: IARD.

Francesca Sartori（フランチェスカ・サルトーリ）第11章
トレント大学社会学部准教授
専門分野　理論社会学，ジェンダー論，家族社会学
主著・論文
    Sartori, F., 2010, "Il bullismo visto dagli insegnanti," *Gli insegnanti, come cambia il modo di fare scuola*, Bologna: Il Mulino, pp. 303-320.
    Sartori, F., 2010, "Politiche giovanili in una prospettiva di genere," *Ricercazione* no. 2010 / 2: 237-251.
    Sartori, F. , 2002, "Famiglia, coppia e ruoli di genere," *I giovani in Abruzzo*, Milano: Franco Angeli, pp. 103-129.

Ito Peng（イト・ペング）第12章
トロント大学社会学部および公共政策・政治学大学院教授
専門分野　政治社会学，社会政策，比較福祉国家論
主著・論文
    Peng, Ito, 2012, "Social and Political Economy of Care in Japan and South Korea," *International Journal of Sociology and Social Policy* 32(11/12): 636-649.
    Michel, Sonya & Ito Peng, 2012, "All in the Family? Migrants, Nationhood, and Care Regimes in Asia and North America", *European Journal of Social Policy* 22(4): 406-418.
    Peng, Ito, 2012, "Labor Market Dualization in Japan and South Korea" in Patric Emmenegger, Silja Housermann, Bruno Palier & Martin Seeleib-Kaiser (eds.), *The Age of Dualization: The Changing Face of Inequality in Deindustrializing Societies*, Oxford and New York: Oxford University Press, pp. 226-252.
    Peng, Ito, 2011, "The Good, The Bad, and The Confused: Political Economy of Social Care in South Korea," *Development & Change* 42(4): 905-923.
    Peng, Ito & Joseph Wong, 2008, "Institutions and Institutional Purpose: Continuity and Change in East Asian Social Policy," *Politics and Society* 36(1): 61-88.

Melissa Moyser（メリッサ・モイザー）　第 12 章
　トロント大学社会学部研究助手
　専門分野　家族社会学，人口論，階層論

編者紹介

岩上　真珠（いわかみ　まみ）　序章，第1章，第2章
聖心女子大学文学部教授
専門分野　家族社会学，ライフコース論
主著
『大学生のためのキャリアデザイン入門』（大槻奈巳と共編著）2014，有斐閣
『ライフコースとジェンダーで読む家族［第3版］』2013，有斐閣
『いま，この日本の家族──絆のゆくえ』（森謙二・鈴木岩弓・渡辺秀樹と共著）2010，弘文堂
『〈若者と親〉の社会学──未婚期の自立を考える』（編著）2010，青弓社
「高度成長と家族──『近代家族』の成立と揺らぎ」2010，大門正克ほか編『高度成長の時代2　過熱と揺らぎ』大月書店

国際比較・若者のキャリア
日本・韓国・イタリア・カナダの
雇用・ジェンダー・政策

初版第1刷発行　2015年3月5日

編　者　岩上　真珠
発行者　塩浦　暲
発行所　株式会社 新曜社
　　　　〒101-0051　東京都千代田区神田神保町 3-9
　　　　電話（03）3264-4973・Fax（03）3239-2958
　　　　E-mail：info@shin-yo-sha.co.jp
　　　　URL：http://www.shin-yo-sha.co.jp/
印　刷　メデューム
製　本　イマヰ製本

©Mami Iwakami, 2015　Printed in Japan
ISBN978-4-7885-1346-4　C3036

――――――― 新曜社の社会学書 ―――――――

目黒依子・矢澤澄子・岡本英雄 編
揺らぐ男性のジェンダー意識
仕事・家族・介護　　　　　　　　　　　　　　A5判224頁・3500円

田中洋美・M.ゴツィック・K.岩田ワイケナント 編
ライフコース選択のゆくえ
日本とドイツの仕事・家族・住まい　　　　　四六判408頁・4200円

香川めい・児玉英靖・相澤真一
〈高卒当然社会〉の戦後史
誰でも高校に通える社会は維持できるのか　　四六判240頁・2300円

S.D.ハロウェイ　高橋登・清水民子・瓜生淑子 訳
少子化時代の「良妻賢母」
変容する現代日本の女性と家族　　　　　　　四六判400頁・3700円

青山陽子
病いの共同体
ハンセン病療養所における患者文化の生成と変容　A5判320頁・3600円

東　園子
宝塚・やおい、愛の読み替え
女性とポピュラーカルチャーの社会学　　　　四六判344頁・3400円

山田昌弘・小林 盾編
データで読む現代社会
ライフスタイルとライフコース　　　　　四六判近刊・2500円

G.アラン　天木志保美 訳
家族生活の社会学
家庭内役割の不平等はなぜ続くのか　　　　　四六判近刊・予価4500円

関西学院大学先端社会研究所
叢書　戦争が生みだす社会　全Ⅲ巻
　Ⅰ巻　戦後社会の変動と記憶　荻野昌弘 編　　四六判320頁・3600円
　Ⅱ巻　引揚者の戦後　島村恭則 編　　　　　　四六判416頁・3300円
　Ⅲ巻　米軍基地文化　難波功士 編　　　　　　四六判296頁・3300円

――――――― 表示価格は税抜き ―――――――